国别经济研究

发展的一个解释及其验证

陈江生 著

上海三联书店

目　录

世界经济的发展

"人们首先必须吃、喝、住、穿,然后才能从事政治、科学、艺术、宗教等等;所以,直接的物质的生活资料的生产,因而一个民族或一个时代的一定的经济发展阶段,便构成为基础,人们的国家制度、法的观点、艺术以至宗教观念,就是从这个基础上发展起来的,因而,也必须由这个基础来解释,而不是像过去那样做得相反。"[1]包含着各个国民经济的世界经济的发展又岂能免俗,它也是建立在人类生产发展的基础上,因此我们把对各国经济研究的目光聚焦到了人类生产的发展上,通过回顾人类生产的发展史去设法寻找生产发展的决定性因素,去思考这些因素是怎么决定了人类生产,决定了国民经济发展的。

人类既没有虎狼的尖牙利齿,大象的巨无霸身材,也没有昆虫的超强繁殖能力,本应是这个星球上的弱势群体,是什么让他脱颖而出,成为万物之灵? 我们当然地认为是进化的结果,但是进化是怎么发生的呢? 工具的运用是怎样从偶然到必然的? 至今我们仍然知之甚少。但是我们能够知道的是:在新石器时代之前的漫长岁月里,人类从一个弱小的生物群体发展壮大的过程,是人类所掌握的物质力量不断积累的过程;而通过这个过程积累起来的物质力量的大小又决定了人类能够怎样地发展自己组织自己。

旧石器时代是这样,新石器时代也是这样。当物质力量积累到了一定程度,人类的生产方式就会发生新的变化,与之相应的人类自身的组织

---

① 马克思,恩格斯. 马克思恩格斯全集(第一版):第 19 卷. 北京:人民出版社,1963.

方式也会发生变化。从已知的资料我们可以看出,新石器时代带来的物质力量积累终于在某一个时期推动人类实现了从采集和渔猎经济转向种植和畜牧经济。至公元前 6000 年,部落定居后的农业在一些最适合人类生存的区域发展起来,并向世界的其他地方传播。在这一过程中,实现了生产工具和农业技能的不断进步、生产效率的不断提高。人类越来越能够储存更多的物质产品或财富,为维持更大的人口规模提供保障。于是,他们第一次可以相对永久地定居,并有更多的时间、精力投入到与生存无关的活动中,人际关系和社会关系也逐步趋于稳定。紧接着的是以两河流域、尼罗河流域和黄河流域为代表的人类社会的蓬勃发展[1],原始社会迈向了奴隶社会。

进入阶级社会后,人类仍然是依据物质力量的积累而不断强大,并不断地调整自身的组织以适应不断累积了的物质力量。

人类为什么会进入奴隶社会?是生产力发展到一定水平,物质力量积累到一定程度,需要为自己更有效率地积累开辟道路的结果。首先,物质力量的积累到了这样的程度,有些人不仅已经能够养活自己,而且养活奴隶已经不是问题。这些奴隶大多是原始社会中的战俘,也就意味着他们会被吃掉或杀掉,而原始奴隶主的出现给予他们幸免于难的机会,他们自然而然地成为被剥削者。奴隶主则以相对较低的水平养活这些能够帮助他们进行生产生活的奴隶,由此便可以获得更多的财富,这为保障奴隶最基本的生存需要以及吸纳新的劳动力提供了可能。其次,在这样的物质条件下,使用奴隶劳动是更能提高生产效率的组织形式。先是形成家长奴隶制。作为奴隶主的家长支配着妻子、儿女、奴隶以及全部家产,自己一般也未完全脱离生产劳动,但部分地依靠剥削奴隶已经使得生产出现剩余,相较于原始社会生产效率得到大幅提升。后来,家长奴隶制逐步发展成为发达的奴隶制。在奴隶制最为典型的古希腊和古罗马,奴隶人数几乎与自由人相等,且奴隶人口是绝大部分的社会劳动力。奴隶主完全依靠剥削奴隶的剩余劳动过活,为了获得更多的物质财富,更残酷的超经济奴役开始产生。由此出现了比家庭奴隶制下更大规模的生产劳动和

---

[1] 高德步,王珏.世界经济史.北京:中国人民大学出版社,2011.

更细的分工协作,随之带来生产效率和社会生产力的进一步提升。

我们看到,奴隶制的出现显然是符合当时的生产力发展水平的。在奴隶制社会中,人类文明发展表现出了物质力量的不断积累,人口规模的不断扩大。原始社会精致的磨制石器被不断出现的青铜器甚至是初级改良的金属工具取代,出现了犁、镢、锄、耙、镰、铚等农业工具,以及削刀、锥、钳、砧等手工工具。世界人口总量从公元前 3000 年的 3000 万人[①]增长至公元前 2000 年的 5000 万人[②];此后,世界人口增长速度加快,至公元元年,世界人口总量已经达到了 2.31 亿人[③]。

社会生产力的提高,更高效率的物质力量积累,人口规模的扩大,使得以奴隶主为代表的一部分人可以摆脱体力劳动,专门从事脑力劳动,并利用所拥有的科学文化知识不断强化军队、监狱、法庭等国家机构的建设,加强对奴隶的统治;而以奴隶为代表的另一部分人由于被剥夺了接受科学文化教育的权利,只能从事体力劳动。例如,在埃及中王国时期,中小奴隶主大量增加,构成了新兴奴隶主阶层,他们或出任官吏、或成为农场主、或经营手工业作坊,并拥有几个甚至几十个奴隶;而作为被剥削阶级的奴隶,除了用于最艰苦的体力劳动外,还被成批地当作殉葬品。

脑力劳动和体力劳动的分工、生产技术的改善、劳动力的大量增加、简单协作或以分工为基础的复杂协作的日益广泛,使得劳动生产率进一步提高,物质财富不断积累。同时,社会不仅要供养奴隶主还要供养不担任奴隶主但脱离直接劳动的脑力劳动者们,使得奴隶社会中两大阶级:奴隶阶级和奴隶主阶级的力量不断壮大,两大阶级的矛盾不断激化。奴隶主的残暴统治,迫使受着最残酷剥削的奴隶一再发动大规模武装起义,加速了奴隶制的崩溃。例如,公元前 73 年,古罗马奴隶领袖斯巴达克领导了世界古代史上最大的一次奴隶起义,尽管以失败而告终,但它加剧了罗马奴隶制的经济危机,沉重地打击了奴隶主统治阶级,促使罗马政权由共和制向帝制过渡。

---

① [英]科林·麦克伊夫迪,[英]理查德·琼斯. 世界人口历史图集. 陈海宏,刘文涛译. 北京:东方出版社,1992.

② [苏]德·伊·瓦连捷伊主编. 马克思列宁主义人口理论. 北京:商务印书馆,1978.

③ [英]安格斯·麦迪森. 世界经济千年史. 北京:北京大学出版社,2003.

一边是在奴隶制下物质力量的积累,生产和社会组织达到了一个新的水平,并渴望向新的阶段发展。社会生产力的大幅提高带来了经济的迅速发展,至公元元年,世界 GDP 达 1025 亿国际元[①],人均 GDP 达 444 国际元。并且,以血缘及血缘观念连接起来的初级群体已经不能占据所有社会组织,生产的发展和生产方式的转变使得次级群体开始缓慢出现。例如,中国春秋时期统治阶级为镇压奴隶反抗和扩大势力范围而形成的"肆"(类似于早期的行会),是手工业者为官府造作的地方。

一边是阶级矛盾日益尖锐,奴隶制已经成为阻挡物质力量加速积累的桎梏。在奴隶制社会的经济制度下,奴隶难以获得改进生产技术和工具的回报,由此产生的消极态度阻碍了科技进步。以古罗马为例,帝国初期出现了带轮的犁、割谷器、起重装置、排水机等先进工具,但被迫劳动的奴隶往往虐待牲畜、破坏工具,排除了在奴隶制生产关系下创造和使用新生产工具的可能性。由此引发的生产力和生产关系之间的尖锐矛盾,加之穷途末路的奴隶制度导致了罗马帝国的全面混乱,史称"三世纪危机"。

作为解决问题的唯一方案,奴隶社会不可避免地过渡到了下一个社会形态,封建社会。

封建社会初期,进行小规模农业生产的个体农户拥有独立性后,因为提高产量不仅对地主而且对自身也有好处,改进生产工具的积极性变高,工具的改进又进一步提升了生产效率和产出,使生产得到新的发展。这种发展的带动力是巨大的,很快(当然再快这也是一个历史过程,需要几十年甚至数百年的反复确认)新的依附关系确立,农民和地主的封建关系取代了奴隶和奴隶主的主仆关系,封建社会确立。

我们可以明显看出,封建制度的出现是符合当时生产力发展的要求的。在封建社会中,人类文明发展表现出了物质力量的不断积累,人口规

---

① 本书所用国际元均为《世界经济千年史》(安格斯麦迪森,2003 年)一书中所使用的 1900 年的国际元。国际元直译为吉尔瑞-开米斯元(简称 G - K 元),是多边购买力平价比较中将不同国家货币转换成统一货币或国际元的方法。最初由爱尔兰经济学统计学家 R. G. Geary 创立,随后由 S. H. Khamis 发展。参见 R. G. Geary, "A Nota on Comparison of Exchange and PPPs between countries", Journal of the Royal Statistical Society, Series A, 121, pp. 97 - 99, 1958 和 S. H. Khamis, "A New System of Index Numbers for National and International Purposes", Journal of the Royal Statistical Society, Series A, 135, pp. 96 - 121,1972.

模的持续扩大。随着冶铁技术的发展及广泛应用,出现了楼车、曲辕犁、筒车等农业工具;水利建设也取得了很大进步,如中国南宋淳熙元年修治坡塘沟洫 22451 所,灌溉农田 442.42 万亩。① 与此同时,世界人口总量在 1000 年达 2.68 亿人,相比公元元年上升了 16.25%;至 1500 年达 4.38 亿人,相比 500 年前,增幅超过 60%。②

脑力劳动和体力劳动之间的分工依然存在,并有了进一步的发展。生产力的发展使得社会有了更多的剩余可以用于供养更多的不直接从事物质生产的个人,包括更多的脑力劳动者。他们从事商业的经营管理、征收商税,繁荣了商品交换,孕育了新的社会生产方式;他们从事管理国家等活动:封建社会拥有更深化的国家机构、层级更分明的国家官吏、规模更庞大的镇压反抗的军队等,也就意味着有更多从事国家管理的脑力劳动者。例如中国秦汉时期设立的三公九卿制,即在皇帝领导下,以总揽政务的宰相与军事和监察首脑三人组成的权力核心,以及中央九个行政机构(掌宗庙、礼仪的奉常,掌宫殿警卫的郎中令,掌宫门屯卫的卫尉,掌御用车马的太仆,掌刑法的廷尉,掌民族事务的典客,掌皇族、宗室事务的宗正,掌农业、财政的治粟内史,掌山海池泽之税及皇帝的生活供应的少府),在保证剥削阶级挥霍的同时,保证了社会的相对稳定和物质财富的积累;他们设计宫殿、庙宇、剧场、住宅,设立艺术、科学等研究机关,从事科学艺术等研究,为生产力新的突破奠定新知识基础。

生产力的发展进一步推动了工商业的更加活跃。活跃的工商业不仅极大地促进了商品的生产和交换,也逐步打破了地区间闭塞隔绝的状态,对外贸易逐渐登上历史舞台。例如,中国西汉时期形成了当时世界上最重要的商路,即"丝绸之路",基于这条商路的密切互通有无一直持续到封建社会后期的闭关锁国;明朝永乐年间,郑和曾率领商船队七次下"西洋",先后访问了 30 多个国家,用丝绸、瓷器、茶叶、铜铁器等商品同所到国家进行贸易,并换回香料、珠宝、象牙和药材等物品。再如,地中海贸易圈不仅将沿岸国家联系起来,同时也将西欧各国和东方各地区联系起来;

① 张芳,王思明. 中国农业科技史. 北京:中国农业科技出版社,2001.
② [英]安格斯·麦迪森. 世界经济千年史. 伍晓鹰等译. 北京:北京大学出版社,2003.

12世纪中叶，日本出现大量中国宋朝的铜钱，大都是与宋朝贸易而输入的。

封建制度与当时生产力发展要求的相适应保证了物质力量的积累，生产和社会组织的新发展，为生产关系向更高层次迈进做好了准备。公元元年—1000年，世界年均GDP增速为0.01%；而在1000—1500年，世界GDP有了更大幅的提升，年均增速为0.15%。① 同时，粮食产量也有所增加，以中国为例，清朝中前期（鸦片战争前）的亩产比战国时期增长了70%左右。② 随着生产力和商品经济的发展，次级群体在人类社会中的作用持续上升。以中国封建社会后期明清两代的江南地区为例，为适应社会经济发展的需要，该地区农村出现了会馆公所、善会善堂、商会、农会等新的社会组织；西欧封建制度下，教会组织普遍建立，这在日益加深的混乱状态中起到了稳定器的作用。

为生产关系向更高层次迈进做准备的还有封建社会的两大阶级，农民和地主阶级的对立。在封建社会，尽管封建制相较于奴隶制有了更大的自由，但剥削和压迫的社会本质是不变的，而且随着封建制度的不断完善，剥削率不断提高，禁锢日益严重。有压迫就会有反抗。在东方，经历了从秦朝的大泽乡起义到清朝的太平天国运动总计大小数百次的农民起义，沉重地打击了地主阶级和封建王朝，为封建社会的终结进行了无数量的积聚。在西方，随着庄园制度的瓦解，规模较大的农民起义不时爆发，如法国的扎克雷起义、英国的瓦特·泰勒起义、德国的农民起义等，不仅促进了封建经济结构的解体，还把资本主义经济结构的要素解放出来。

到了封建社会后期，与奴隶社会晚期类似的，新的物质力量已经积累到了一定的程度，阶级对立的积累也到了一定的程度，原有自给自足的小农经济已经难以维系。资本主义生产关系应运而生。

与生产力的不断发展相一致，经过"生产方式和交换方式的一系列变革"并"伴随着相应的政治上的进展"③，资产阶级得以形成。在资产阶级确立统治前，简单协作的手工业向资本主义工场手工业转化，由于在工场

---

① ［英］安格斯·麦迪森.世界经济千年史.伍晓鹰等译.北京：北京大学出版社，2003.
② 吴慧.中国历代粮食亩产研究.北京：农业出版社，1985，35—36.
③ 马克思，恩格斯.马克思恩格斯全集（第一版）：第4卷.北京：人民出版社，1958.

内部实行劳动分工,劳动生产效率得到极大的提高。然而,随着社会生产力的进一步发展,以手工生产为基础的物质技术已经远不能适应日益扩大的国内外市场原始积累和商品经济发展的需求,资本家为了在竞争中获取更多的利润,迫切要求通过科技革命发展社会化大生产,建立资本主义制度的物质技术基础。于是,第一次工业革命爆发了。

从 18 世纪 60 年代到 19 世纪 60 年代,欧美等少数先进国家相继爆发了工业革命,即在蒸汽机的发明和广泛应用的基础上,机器大工业取代了工场手工业,工业取代了农业成为主导产业部门。在第一次工业革命的推动下,资产阶级力量极大增强,并在 19 世纪六七十年代战胜封建主义,开始确立对世界的统治,资本主义世界体系初步形成。

资产阶级确立了自己的统治之后,资本主义国家由采取自由放任和自由贸易政策的自由资本主义阶段过渡到垄断资本主义阶段。先是过渡到私人垄断资本主义阶段。随着生产和资本加速集中,少数资本主义大企业为了获取高额利润,对商品生产和销售进行控制;之后私人垄断资本主义阶段又发展到国家垄断资本主义阶段。为克服资源配置不当等问题,国家垄断资本主义直接参与社会资本的再生产过程。

显然,资本主义制度的出现是符合当时的生产力发展水平的。在资本主义社会中,人类文明发展表现出了物质力量的持续增加,人口规模的不断扩张。例如,第一次工业革命后,英国铁路已经超过 1 万公里[1];受第二次工业革命的影响,德国铁路长度由 1870 年的 18667 千米增至 1914 年的 61749 千米[2];第三次科技革命促使美国电子计算机销售由 1979 年的 25 万台迅速增长至 1983 年的 200 万台[3]。世界人口总量在 1700 年增长至 6.03 亿人,较 200 年前增长了 37.82%;并在 1700—1870 年、1870—1950 年和 1950—1998 年各翻了一番,人口规模实现飞跃式扩张。[4]

社会生产力的发展推动劳动分工迈向更高层次。一方面,脑力劳动

① 史仲文,胡晓林. 世界全史百卷本:第 62 卷. 北京:中国国际广播出版社,1994.
② Hubert Kiesewetter. *Industrielle Revolution in Deutschland*: *Regionenals Wachstumsmotoren*. Stuttgart: Franz Steiner Verlag, 2004.
③ 龚淑林. 论第三次科技革命对美国的影响. 南昌大学学报(社会科学版),1996(01):84—90.
④ [英]安格斯·麦迪森. 世界经济千年史. 伍晓鹰等译. 北京:北京大学出版社,2003.

和体力劳动的分工有了新的发展。由于科技突飞猛进的发展,脑力劳动者的需求日益增多,从事脑力劳动的科学家、工程技术人员、企业管理人员等与体力劳动者的分工日益凸显。并且,脑力劳动者在工人总数中的占比逐渐提高甚至超过体力劳动者。以美国为例,1956年白领工人的数量首次超过蓝领工人;到1970年白领工人与蓝领工人的比例已经超过5∶4。[①] 另一方面,资本主义国际分工逐渐形成并发展。其一,由于机器大工业所需要的农业原料和粮食愈加无法由欧美先进国家自身生产来满足,因此"一种和机器生产相适应的新的国际分工产生了,它使地球的一部分成为主要从事农业的生产地区,以服务于另一部分主要从事工业的生产地区"。[②] 工业生产集中在先进的欧洲、北美和日本,而农业原料和粮食生产则集中在亚洲、非洲、拉美国家。其二,由于需求和比较优势等的差异,工业生产国内部也会出现分工。例如,英国侧重于生产材料工业的钢铁,德国侧重于发展化学工业,挪威侧重于专业化生产铝,芬兰侧重于生产木材加工产品等。

有了日益成熟的国际分工,也就有了愈发频繁的国家间产品交换,对外贸易也有了新的发展。一方面,对外贸易促进了资本原始积累;另一方面,形成了具有世界性质的国际贸易。产业革命促使社会生产力实现质的突破,可供交换的商品空前增加,加之交通和通讯越来越便利,国际贸易取得了异乎寻常的增长,在1800—1913年间每10年增长33%,而在1840—1870年间达到53%的最高增长率。[③] 逐步形成了国际分工不断深化、生产国际化程度日益提高的世界性贸易市场,譬如18世纪—20世纪上半叶以英国为中心的全球贸易,这是它作为"世界工场"的地位所决定的。但是,与此同时,导致国际贸易受阻的关税战、货币战等国际商战也愈演愈烈。例如,1937—1938年,工业国对农业国的关税,德国由27%增至82.5%,捷克斯洛伐克由36.3%增至84%,法国、意大利等国家也有较大增长。[④] 再如,各国相继放弃金本位后,很多国家实行货币贬值以抬

---

① [美]丹尼尔·贝尔. 后工业社会的来临——对社会的一项探索. 北京:新华出版社,1997.
② 马克思,恩格斯. 马克思恩格斯全集(第一版):第23卷. 北京:人民出版社,1972.
③ 宋则行,樊亢. 世界经济史(上卷). 北京:经济科学出版社,1994.
④ 宋则行,樊亢. 世界经济史(上卷). 北京:经济科学出版社,1994.

高别国商品价格,削弱对手的国际竞争力,英国、瑞典、丹麦、芬兰等国家都是用的这一手段。

随着科技突飞猛进的发展、劳动力规模的扩张、劳动分工的专业化、国际贸易水平的提升,劳动生产率迅速提高,物质力量实现大规模积累,生产和社会组织上升到新的高度。至 1700 年,世界 GDP 达到 3714 亿国际元,相比 200 年前增长了约 50%;此后,世界经济增长速度越来越快,1870 年的 GDP 比 1700 年翻了约 2 倍,1950 年的 GDP 比 80 年前翻了约 4 倍,1998 年的 GDP 比短短不到 50 年前还翻了 5 倍以上。[1] 以工业发展最迅速的美国为例,1870—1913 年期间,生铁产量由 84 万吨增加至 3146 万吨;钢产量由 1.2 万吨增长至 3180 万吨;煤的开采量由 1820 万吨猛增至 5 亿多吨。新型工业部门也实现迅速发展,石油产量由 1860 年的 50 万桶猛增至 1900 年的 20960 万桶;汽车产量在 1900 年为 4200 辆,在短短 13 年剧增至 486000 辆。[2] 在资本主义社会中,人们接受的教育主要是次级群体教育、参加的劳动主要是次级群体劳动,各级政府和管理机关也主要是以次级群体的形式出现,因此次级群体在社会组织中的地位和作用还会继续上升。

然而,资本主义从一诞生,就种下了否定自身的因素,主要表现为资本主义私有制与社会化大生产之间的矛盾。这一矛盾使得资本主义经济在运行中不可避免地爆发经济危机,如 1929—1933 年的大萧条等。同时,生产资料私有制促使资本家为获得更多剩余价值不断加大对无产阶级的剥削,导致资本主义社会中的两大阶级:无产阶级和资产阶级在力量不断增强的同时,斗争日益尖锐化。起初,由于资本主义生产方式所产生的资产者与无产者的矛盾才开始形成,无产者对资产者的认识是不成熟的,斗争方式多是本能的反抗和消极的抵制。后来,在无产者和资产者逐渐扩大的矛盾运动中,诞生了社会主义思想。再后来,马克思发现了唯物主义历史观和剩余价值规律,洞悉了社会发展和资本主义生产的秘密,实现了社会主义从空想到科学的飞跃。由此引发无产阶级革命在一些国

① [英]安格斯·麦迪森.世界经济千年史.伍晓鹰等译.北京:北京大学出版社,2003.
② 刘宗绪.世界近代史.北京:北京师范大学出版社,2004.

家爆发。20世纪初,十月革命在俄国的胜利开启了社会主义制度的实践,随后社会主义在欧亚一系列国家取得成功;但由于20世纪90年代东欧社会主义国家政局的急剧变化、苏联的解体,给世界社会主义带来了强烈冲击。

虽然社会主义发展遭遇了空前的挑战,但是作为与当前生产力发展相适应的一种社会制度,其生命力是强大的。进入新世纪,中国特色社会主义道路历经国际国内斗争的考验更加成熟,社会主义在中国取得了巨大的成功。一是对科学社会主义理论的原创性发展。以"八个明确"和"十四个坚持"从理论和实践上系统回答了新时代坚持和发展什么样的中国特色社会主义、怎样坚持和发展中国特色社会主义,并形成了习近平新时代中国特色社会主义思想。二是对国家治理体系的创新性发展。建成了在中国共产党的全面领导下,包括经济、政治、文化、社会、生态文明和党的建设等各领域的系统完备、科学规范、运行有效的国家治理制度。三是对社会主义核心价值观内涵的丰富。建成了世界上最大规模的教育体系,形成了自由、平等、公正、法治的中国特色社会主义的社会价值追求。四是社会整体实现巨大进步。成功建立起了全世界最完整的现代工业体系,形成了庞大而富有活力的科技创新体系,并发展成为世界第二大经济体。科学社会主义在二十一世纪的中国焕发出强大的生机与活力,中国特色社会主义伟大旗帜在世界上高高举起。

可见,当前时代,随着生产力的发展,作为比资本主义制度更符合生产力发展方向的社会制度正在实现新的超越。一方面,随着第三次科技革命形成的技术变革不断深入并向全球扩散,劳动者对社会的认识和要求有了新的飞跃,初步开始在"在最无愧于和最适合于他们的人类本性的条件下"[①]运用合理的方式、消耗最小的力量来调节人与人、人与自然、人与社会之间的物质变换,而不是让社会的盲目力量来统治自己。与第三次科技革命的成果扩散和深化相伴随的这种人的觉醒,使得更适应觉醒了的人的社会主义制度对资本主义制度的竞争优势日益显现。另一方面,以光电芯片、人工智能、5G通信、基因编辑等为代表的一批新技术在

---

① 马克思,恩格斯. 马克思恩格斯全集(第一版):第25卷.北京:人民出版社,1974.

全球应运而生,新科技革命的发展推动资源、技术、信息、人员等在全球范围内流动。正在引发生产的社会化进一步提高,从而促使资本主义的固有矛盾加剧,使得资本主义的生存空间进一步收窄;给本来就是基于生产的社会化的社会主义创造了更好的发展环境,使得社会主义的活力进一步激发。另外,新科技革命的发展逐步把劳动者从直接的物质生产过程中解放出来,进而使他们有更多的时间来全面发展自己,为走向马克思"人的自由全面的发展"创造条件。

在社会主义与资本主义制度长期并存,并且开始取得竞争优势的当前时代,人类文明发展表现出了物质力量的不断快速增长,人口总量的持续上升。就美国固定资产净存量而言,2018 年住宅以及非住宅的设备和软件、建设、知识产权产品的当前成本大约都比 2000 年时翻了一番。① 就中国交通运输而言,城市运营线路网长度由 2006 年的 125857 公里增长至 2017 年的 795935.4 公里②;2019 年民用航空通航的机场数比 2003 年几乎翻了接近 1 倍达 238 个③。就工业机器而言,世界工业机器人销量由 2000 年的 78055 台猛增至 2018 年的 422000 台④。就通讯设备而言,全球每百人移动电话使用量由 2000 年的 12.04 部增长至 2018 年的 106.43 部;每百万人互联网服务器由 2001 年的 21.65 台剧增至 2018 年的 6172.81 台。⑤ 就人口而言,2018 年世界人口总量超过 75 亿,比 2000 年增长了 24.19%;人类自身的安全也有了长足的提高,全球出生时平均预期寿命由 2000 年的 67.55 岁增加至 2017 年的 72.38 岁,这为劳动力的进一步扩张提供了可能。⑥

社会生产力的提高、人口数量和质量的提升使得劳动力的分工进入新阶段。一方面,脑力劳动和体力劳动的分工有了新变化。在很多领域,脑力劳动和体力劳动的分工变得越来越模糊,脑力劳动对体力的消耗变大,体力劳动的强度因为机器的原因变弱。另一方面,国际分工日益深

---

① 数据来源于美国经济分析局统计数据。
② 数据来源于国家统计局统计数据。
③ 数据来源于中国民用航空局统计数据。
④ 数据来源于国际机器人联合会统计数据。
⑤ 数据来源于世界银行统计数据。
⑥ 数据来源:世界银行统计数据。

化。既形成了在劳动要素密集型产业、资本要素密集型产业和技术要素密集型等不同产业之间的全球产业链分工,也形成了在相同产业相同产品的价值链上具有劳动要素密集、资本要素密集、技术要素密集或其他要素密集性质的不同生产环节之间的全球价值链分工。

有了愈发细化的国际分工,生产的全球化也就实现了,加之实物资本和人力资本的活动能够更便捷地从国界走向全球,随之而来的是贸易的全球化。首先是全球贸易量的迅猛增长,2019 年,全球商品贸易出口总额和进口总额比 2000 年增长了近 200%①;全球贸易占 GDP 的比重也由 2000 年的 39.03% 增加至 2018 年的 46.14%②。其次是国际贸易对象的多样化,虽然传统的货物贸易仍是国际交换的主体,但现代服务贸易也有了迅猛发展,2018 年,全球商业服务出口总额和进口总额比 2000 年翻了 2.5 倍左右③。再次是贸易范围持续过大,涉及的国家和地区日益增多,并形成了新的国家和地区间的合作倡议或组织,如“一带一路”倡议、跨太平洋伙伴关系协定(美国退出后更名为全面且先进的 TPP)、区域全面经济伙伴关系等。相应的,资本全球化、科技全球化等也成为世界经济发展的重要趋势。但是,也会出现逆全球化浪潮,一般是守成大国为维护其利益及地位而削弱拥有竞争实力的经济体、打击异己并从别国薅更多羊毛等。特朗普政府上台后,美国掀起的逆全球化浪潮就是很好的佐证。

劳动力规模持续扩张,全球化进程加快,劳动生产率进一步提高,物质力量积累更加迅速,由此带来了人类社会经济的进一步发展。2018 年世界 GDP 达到了 859097.27 亿美元,比 2000 年增长了 150%左右,经济呈现飞跃式扩张。④ 就农业而言,全球谷物产量由 2000 年的 3088.74 千克/公顷增长至 2017 年的 4074.18 千克/公顷。⑤ 就工业而言,世界纸及纸板产量由 2000 年的 32329 万吨增加至 2017 年的 41969 万吨⑥;2018

① 数据来源:WTO 统计数据。
② 数据来源:世界银行统计数据。
③ 数据来源:世界银行统计数据。
④ 数据来源于世界银行统计数据。
⑤ 数据来源于世界银行统计数据。
⑥ 数据来源于《中国造纸年鉴》。

年石油产量达 94718.49 千桶/天,比 2000 年增长了 27.11％[①];铸件产量在 2018 年超过 1.1 亿吨,相比于 2000 年增幅超过 70％[②];2019 年汽车产量高达 91786861 辆,比 2000 年增长了 57.24％[③]。就新兴产业而言,全球公有云服务的市场规模由 2010 年的 769.4 亿美元增长至 2016 年的 2092.4 亿美元;2011 年大数据的市场规模为 73 亿美元,在短短 6 年间翻了 5 倍还多,达 485 亿美元。[④]

通过简要回顾世界范围内的经济发展,我们发现,生产力发展的作用因素主要就是实物资本积累达到的程度、人力资本积累达到的程度、科技发展达到的程度。正是这些因素的作用决定了生产力发展的快与慢,进而决定了经济发展的快与慢。而另一方面,在人类社会日益复杂化以后,制度安排的作用也越来越重要,不仅对经济发展的影响力越来越大,甚至在某些极端情况下会导致经济发展的倒退。前苏联的解体以及资本主义国家的经济危机等正是印证了这一观点,由于经济体制不符合生产力的发展要求,进而引发制度崩溃或经济全面衰退。由此可见,实物资本、人力资本、科学技术以及经济制度是影响经济发展的重要因素。

---

① 数据来源于《BP 世界能源统计年鉴》。
② 数据来源于《Modern Casting》杂志统计数据。
③ 数据来源于中国汽车工业协会统计数据。
④ 数据来源于市场研究公司 Gartner 新闻整理。

第一章

经济发展原因的解释

　　绪论中世界经济史的简单梳理,我们实际上已经表明了对什么是经济发展,经济发展由哪些要素决定的基本认识,即我们是基于唯物史观来看待发展的,对于影响发展的要素的认定也是基于唯物主义的。在这个基础上,本章将围绕"什么是'经济发展'？影响经济发展的基本要素是什么？"做一个讨论,并用这些要素勾勒出一个发展的模型,作为后面对具体经济体经济发展研究的理论基础。

第一节　什么是"经济发展"

　　作为一个与国家综合实力和人民生活水平息息相关的经济学概念,经济发展自经济学诞生之日起就备受关注。随着世界整体经济的不断向前发展,处于不同历史时期的学者对经济发展的理解也不尽相同,经济发展概念本身也随着世界经济的发展而处于不断的变化和发展之中。

一、国外学者对"经济发展"的认识

　　在发展经济学形成并受到广泛关注之前,西方经济学流派对经济发展的认识主要集中在经济增长上,这种发展观是以经济总量和人均产出增长为中心的。但是,国外学者对经济增长是怎么发生的、如何促进的等问题各持己见。

　　古典经济学派在建立和完善最早的系统的经济学理论时,都直接或

间接地透露出他们对"经济发展"这个概念的理解。这一时期的学者们对经济发展的关注,主要体现在如何促进一个国家财富的积累。威廉·配第在《赋税论》中提出了政府应怎样征收和使用赋税才能促进财富增长,进而增强国家的经济实力。亚当·斯密通过《国富论》系统论述了分工如何提高生产效率,"看不见的手"如何主导自由市场,以及绝对优势下的贸易如何更好地实现整个社会财富的增加等。让·巴蒂斯特·萨伊在《政治经济学概论》中将政治经济学划分为财富的生产、分配和消费三部分,并认为这三个部分在政治经济学中处于同等和并列地位,还指出是"生产给产品创造需求"①,进而刺激财富的创造。托马斯·马尔萨斯的《政治经济学原理》则集中论述了有效需求不足理论,认为如果生产能力和有效需求不平衡,就会制约财富增长,甚至引发经济危机。此外,大卫·李嘉图对相对优势贸易理论的分析,约翰·穆勒对财富生产和分配规律的研究,弗朗斯瓦·魁奈对经济部门管理和农业重要性的论述,以及安·杜尔哥对资本积累内在原因的分析,都为处于资本原始积累阶段的西方国家提供了财富积累的理论指导和政策建议。可以说,古典经济学家们对经济发展的理解主要体现在"国富"两个字上。

以阿尔弗雷德·马歇尔为代表的新古典经济学派主要是利用数理知识对供求关系进行分析,建立起了系统的微观经济学体系,并开始关注自由市场在经济资源优化配置和经济增长中的重要作用。马歇尔在《经济学原理》中改变了传统只重视研究生产的思路,并将研究重点转向了消费、需求以及资源的优化配置上。通过这一转变,经济学逐渐由一门主要研究整个国家怎样致富的学问,转变为主要研究个别消费者行为、个别厂商行为以及价格决定机制的学问。新古典经济学派对经济发展的关注重点也由国家财富积累,进一步扩充到优化经济资源配置模式和反对国家干预的自由发展模式上。作为凯恩斯主义学派的奠基人,约翰·梅纳德·凯恩斯在《就业利息和货币通论》中否定了传统经济学供给本身创造需求的理论,更多地关注国民经济的短期、周期性问题,并且对有效需求不足、总供求关系等有了新阐述,也使人们可以从另一个角度来看待经济

---

① [法]萨伊. 政治经济学概论. 北京:商务印书馆,1964.

发展问题。同时,凯恩斯主张政府实施积极的宏观调控政策来推动经济增长,这也是对之前主流经济学普遍认可的自由市场模式的挑战,为国家经济体制的制定和实施提供了新的选择。20世纪30年代以来,凯恩斯主义经济学派将国民生产总值作为国民经济统计体系的核心,其对经济发展的认识则主要体现在国内生产总值(GDP)的核算和国家干预的发展模式上。

第二次世界大战后,随着民族运动的兴起,许多发展中国家获得独立,并出现在世界政治和经济的舞台上。这些经济上比较落后的国家如何实现经济发展引起了学者们的广泛关注。一些学者开始对经济发展落后国家或农业国家实现工业化、现代化,实现经济起飞和经济发展等问题进行研究,形成了狭义上的发展经济学。发展经济学的发展大致可以划分为三个阶段:第一阶段是20世纪40—60年代,威廉·刘易斯、阿尔伯特·赫希曼、劳尔·普雷维什等发展经济学家们提出了结构主义发展理论,即从工业化、不平衡增长、国家二元区分等方面分析了发展中国家的经济发展。刘易斯在《经济增长理论》中指出,经济发展的问题就是如何提高人口平均产值的问题。第二阶段是20世纪七八十年代,西奥多·舒尔茨、杰拉尔德·迈耶、塞尔索·富尔塔多等发展经济学家们开始讨论经济增长和经济发展之间的区别,论述了收入分配、减少失业等因素在经济发展中起到的重要作用。第三阶段是20世纪80年代中期以后,在"华盛顿共识"和新古典主义经济理论的影响下,西蒙·库兹涅茨、古斯塔夫·拉尼斯、贝拉·巴拉萨等发展经济学家们的理论呈现出多元化的趋势,对经济发展的研究重点也开始从结构研究转向组织和政策研究,从一般研究转向不同类型的研究,并开始更多地从全球视角考虑经济发展问题。总体而言,历经这三个阶段的发展,发展经济学越来越多地侧重于对经济发展规律、经济发展与社会发展的相互关系规律和以经济发展为基础的社会发展等领域的研究,经济发展的内涵和外延也越来越广。

与此同时,经济发展造成的环境污染和能源消耗等问题也日益显现。自20世纪70年代以来,联合国和世界银行等国际组织在研究和推广绿色GDP等方面开展了大量工作,也即在传统GDP的基础上融入资源和环境等相关因素。德内拉·梅多斯等学者在《增长的极限》中提出了低碳经济、生态足迹等话题,并强调地球的有限性决定了增长是有极限的,只有采用以全球均衡状态为目的的发展方式才能解决全球性的发展问题。1980年,世界自然保护联盟(IUCN)、联合国环境规划署(UNEP)、野生动物基金会(WWF)等共同发布的《世界自然保护大纲》明确提出了可持续发展的概念。之后,经济发展和生态环境、经济发展的可持续性等问题更多地进入学者们的视野,并受到越来越广泛的关注。1987年,世界环境与发展委员会(WCED)在《我们共同的未来》报告中正式使用了可持续发展的概念,并对其作出了详细的阐述。可持续发展概念的提出,对经济发展以及经济学的研究产生了重要且深远的影响。自此之后,越来越多的国家和国际组织把可持续发展纳入经济和社会发展的长远规划中,经济发展的内涵也开始与生态环境以及可持续发展能力等相关要素紧密联系起来。

20世纪80年代后,经济发展的概念进一步融入了以人为本的思想。佛朗索瓦·佩鲁在《新发展观》中视发展为经济、政治、科技、社会、生态等要素的综合协调发展,并提出发展应以人的价值、人的需要以及发挥人的潜力为中心,进而促进生活质量的提高和共同体每位成员的全面发展。这种关注重心由客体向主体的转移,标志着经济发展概念发生了质的转变。也就是说,以人为本思想的引入,强调了在促进经济增长的同时,还应兼顾社会和谐、人与自然和谐,并将人自身的和谐发展作为一个目标来追求。

二、 国内学者对"经济发展"的认识

早在建国之前,我国还是一个落后的半殖民地半封建社会的农业国家时,那些立志救亡图存的学者,就已经开始研究应该怎样进行经济建设。20世纪20—40年代,学者们从我国当时落后的经济情况出发,掀起了一场关于"以农立国"还是"以工立国"的争论。一些学者基于几千年来积累的农本观念和农业生产经验,主张"以农立国"[1][2],他们认为乡村建

---

① 郭双林.章士钊卷(中国近代思想家文库).北京:中国人民大学出版社,2015.
② 梁漱溟.乡村建设理论.上海:上海人民出版社,2011.

设对中国经济发展具有重要作用,中国工业化的前提在于复兴农村,代表人物有董时进、梁漱溟、章士钊等。另一些学者着眼于中国面临的困境和世界发展状况,主张"以工立国"[1][2][3],比如贺岳僧、孙倬章、吴知、恽代英、杨明斋等,他们认为发展工业是改变中国落后面貌的先决条件,只有振兴都市工业才能救农村。此外,还有一部分学者反对完全的农化或工化的观点[4],主张农工并重、相依相辅、相得益彰、不可偏废,代表人物有陈宰均、杨铨等。民国四大经济学家[5]也对"工农立国"有着各自不同的见解,方显廷的经济发展学说根本着眼点在于借助工业化的发展路径和统制经济的制度安排来求得中国的繁荣富强;马寅初认为只有重工才能让国家尽快富裕起来,但作为一个传统农业大国,中国在重工的同时必须重农;刘大钧着眼于生产增加和平均分配两个经济问题,并且将工业化视为以工业为核心的整个国民经济的发展;何廉创立的南开经济研究所最为重要的学术研究方向则是如何在一个传统的以农业经济为主的国家开始工业化进程。

新中国对经济发展的认识主要是以马克思主义发展观为立论基础的。马克思主义的发展观主要可以归纳为以下三个方面。一是生产力的进步。社会发展取决于社会生产力的发展,而生产力的发展是社会变革最根本的因素,且"劳动生产力是随着科学和技术的不断进步而不断发展的"[6]。二是以人为本。人的本质就其现实性来说,"是一切社会关系的总和"。[7] 发展应该是以人为目的、以人为动力,并且以人的全面自由发展为最终目标的。三是人与自然的和谐统一。"人本身是自然界的产物"[8],应当发挥主观能动性,有目的、有计划地活动,利用好自然环境、保护生态环境,以实现人类社会的全面协调可持续发展。国内相关研究大

① 孙倬章. 农业与中国. 东方杂志,1923,20(17).
② 贺岳僧. 解决中国经济问题应走的路. 独立评论,131 号,1934-12-16.
③ 吴知. 中国国民经济的出路. 大公报,1936 年 7 月 15 日.
④ 杨铨. 中国能长为农国乎?. 申报,1923 年 10 月 28 日.
⑤ 纪辛. 经济史学家〈方显廷回忆录〉读后. 中国经济史研究,2007(2):115.
⑥ 马克思,恩格斯. 马克思恩格斯全集(第一版):第 23 卷. 北京:人民出版社,1972.
⑦ 马克思,恩格斯. 马克思恩格斯全集(第一版):第 8 卷. 北京:人民出版社,1961.
⑧ 马克思,恩格斯. 马克思恩格斯选集:第三卷. 北京:人民出版社,2012.

多数是在马克思主义发展观的基础上继承和发扬的,是在不同时期结合我国发展的实际及世界经济发展的成功经验,形成的对经济发展的认识。

新中国成立后,随着国民经济的逐渐恢复,工业化成为经济发展的重要内容,这段时期学者们对经济发展的认识主要围绕如何推动生产力进步而展开。1956年底,我国的社会主义改造基本完成,并且逐步形成了高度集中的计划经济体制,极大地束缚了当时中国生产力的发展,经济学家们开始反思片面追求单一所有制结构的弊端,中国市场经济的思想开始萌发。这些思想主要包括:卓炯认为商品经济的集中表现形式是市场,而市场是人类经济生活进步的一种表现,从市场的大小和规模可以看出一个社会经济、文化的发展程度;顾准强调要重视商品货币关系和商品价值规律;孙冶方反思了计划经济的种种弊端,并重申价值规律是第一规律;薛暮桥系统地总结了新中国经济建设成败并开出"药方",要积极推动经济体制的市场取向改革。就经济发展战略而言,张培刚最早提出建立适合发展中国家的经济发展模式,他认为农业发展本身就是工业化进程中不可分割的一部分,要把农业工业化作为工业化的重要环节,把农业和工业作为整体来发展,进而实现农业国家或经济落后国家的经济起飞和经济发展;马寅初则主张提高人口质量,控制人口数量,进而达到提高劳动生产率和拉动经济增长的目的[①]。

改革开放以来,一大批学者们高度重视社会主义市场经济,并且充分认识到不论是公有制还是私有制、计划还是市场都只是实现经济发展的方式,经济发展理论迅速发展,涌现出了许多有影响力的观点。郑林庄认为农业现代化的目标即为提高农业生产效率。周叔莲强调片面地优先发展重工业会引发严重的消极后果,应该加快轻工业的发展,并把发展轻工业放在优先地位上。无论是农业现代化还是工业现代化,资源的稀缺性凸显了调节各种资源配置的客观必要性,董辅礽探究了如何把稀缺的或者说有限的资源利用好,进而使得社会生产的比例符合社会需要的比例。吴敬琏认为经济波动的体制根源在于新旧两种体制的相持状态,必须使新经济机制发挥效能。厉以宁否认了以一定时期内总产值或人均总产值

① 田雪原. 马寅初全集:第十五卷. 杭州:浙江人民出版社,1999.

的增长作为标志衡量经济发展指标的全面性,认为其掩盖了社会成员间的收入差距和在物质文化生活水平上的差距。为解决我国区域发展不平衡问题,张培刚提出了"牛肚子理论",也即在沿海开放的同时实行中部崛起,带动西部开发,进而实现整个国家经济的腾飞。于光远指出社会主义的经济目标应该是在可能的范围内最大限度地增产人民需要的最终产品,因此在计划和安排整个社会生产时应从增产最终产品出发。最后,生态平衡及建立生态经济学也开始得到学者们的广泛关注。他们提出要搞好社会主义生产和社会主义建设必须遵守自然规律和经济规律,进一步发挥生态经济学在我国经济建设中的作用,促进经济、社会、生态协调发展。

进入 21 世纪后,高新科技迅猛发展,知识经济蓬勃兴起,经济全球化进程加快。实践的发展和对马克思主义发展观认识的深入,使得新世纪的学者们对经济发展理念有了全新的解读。主要可以归结为以下几个方面。第一,强调建设现代化经济体系。建设现代化经济体系是我国发展进入新时代,社会主要矛盾发生历史性变化后的重大战略任务,要在实现经济现代化的同时实现制度现代化,培育新的增长动力和竞争优势,推动经济增长方式转变。第二,强调经济发展本身的稳定性。一方面,重视经济政策以及计划的持续性。面对错综复杂的局面,必须制定和执行稳健的货币政策以维护金融稳定,进而推动经济持续发展。另一方面,在保证经济发展开放性的同时努力提高抗干扰能力。一则坚持国内国际双循环以顺应经济全球化的潮流,保证系统的开放性;一则逐步提升内循环的主导地位,增强系统的抗干扰能力。第三,强调以人为本的经济发展。必须改变传统的以物质生产为中心的经济增长模式,把增进人民福祉、促进人的全面发展作为发展的出发点和落脚点,要让每一个人都能获得经济发展的福利,让"旁观者"变成"分享者"。第四,强调平衡协调的经济发展。注重解决高速经济增长发展方式下区域发展不平衡问题,中国各地的经济结构转型升级的路径,以及高质量发展的具体表现形式千差万别,各地需要采取因地制宜的产业政策,并结合自身禀赋结构特征因地制宜地采取因势利导的金融创新,以更精准的定位满足本地实际的金融需求。第五,强调绿色发展和可持续发展。

三、 对"经济发展"的几点思考

由以上两部分的讨论可知,不论是国内还是国外,经济发展概念本身是处于不断变化和完善之中的。随着国内外学者和各国政府对经济发展的认识越来越深入,其所涵盖的内容也越来越丰富。综合起来,我们认为,到目前为止,经济发展主要涵盖以下三个方面的内容:

一是经济总量的增长,即一个国家或地区经济产出总量的增加,它构成了经济发展的物质基础。总产出通常用 GDP 来衡量,其中,用现价计算的 GDP,可以反映一个国家或地区的经济发展规模,以不变价计算的 GDP 可以用来测算经济增长的速度(即当期不变价 GDP 与前期相比实现的增长)。

二是经济增长的稳定性,即经济总量和人均产量在一个时期内稳步地显著上升,不会出现剧烈波动。这既包括一国经济产出本身的稳定性,也包括受到国际冲击下经济增长的稳定性。一般而言,我们用不同外生冲击下的经济稳定程度来衡量经济增长的稳定性,也就是以给予一个单位的国内或国际冲击,经济增长所受影响的强弱来反映。

三是经济增长的可持续性,即:其一,在保证经济稳定增长的前提下,能否改善和提高最大多数人的生活水平,这既包括人们的精神文明和物质文明得到极大的提升,也包括人们的各项权利越来越得到保障;其二,能否推动由较低效率向高效率生产方式的转化,优化资源的利用方式,促进经济资源的合理、有效、可持续利用;其三,能否提高生态文明水平,实现经济活动过程和结果的"绿色化"、"生态化"。

综上所述,我们可以认为经济发展包括:经济总量的增长,这是经济发展最根本的表现形式;经济增长的稳定性,即一个国家或地区抵抗内外两方面冲击的能力,这是展现经济发展质量的重要内容之一;经济增长的可持续性,既能够满足我们自身需求的发展,又不影响后代满足其需求,这才是真正能够让人类实现永续发展的经济发展。据此,我们给出如下结论:只要一个国家或地区能够在满足可持续的要求下稳定地实现经济总量的增长,那么我们就可以认为其经济是在向前发展的。

第二节　影响经济发展的要素

在资本主义发展的前期，学者们对经济发展的认识主要是集中在物化资本，以及以简单劳动为代表的劳动力上①。第二次世界大战后，罗伯特·索洛等经济学家们开始重视技术水平的提高对经济发展的作用。与此同时，发展经济学的兴起，发展中国家关于经济发展的体制改革实践，以及愈发成熟的国家宏观调控理论，使得人们越来越关注经济体制对经济发展的重要作用。而 20 世纪 60 年代后，西奥多·舒尔茨等经济学家们开始愈发侧重于研究和阐述人力资本在经济发展中的作用。那么，哪些要素是影响经济发展的基本要素呢？通过对世界经济发展的历史回顾，我们认为，实物资本、人力资本、科学技术以及经济制度是影响经济发展最为重要的四个要素。本章我们将基于这四个要素建立经济发展模型，并在后续章节中代入世界各国经济发展的回顾和前瞻，对该结论进行验证。

一、实物资本

这里的实物资本是指由人类生产出来并被用于之后的生产活动的物质生产资料，如机器、设备、厂房、建筑物、交通运输设施等。实物资本的积累和发展程度决定着人类社会的发展。人类社会由原始社会、奴隶制社会、封建社会，发展到今天的资本主义社会和社会主义社会，每一次重大的历史变革无一不是以物质资料生产能力的大幅提升为前提、以实物资本积累量的迅速增加为表现形式的。

实物资本对经济发展的作用主要体现在以下两个方面：首先，人类的生存离不开衣、食、住、行等日常行为，而这些行为都必须建立在消耗实物资本的基础上，只有在人类所积累的实物资本满足基本生产生活需要的前提下，人类的劳动能力才能够得到充分保证，人类社会才会有更多的

---

① 晏智杰. 西方经济学说史教程. 北京：北京大学出版社，2010.

生产条件以实现经济的永续发展；其次，物质资料生产能力的提高是人类社会持续向前发展的重要前提，实物资本的更新积累是人类社会形态从低级向高级演变的重要推动力。只有在物质资料生产能力有了提高，实物资本相对充裕的条件下，人类社会才会将更多的时间、精力和资源用于政治、文化、社会和生态文明建设，进而保证人类社会的进步和发展。因此，实物资本的积累是经济发展的基础。

二、人力资本

劳动是价值的唯一源泉。[①] 经济的发展归根究底是人的活动和发展，经济行为作为人的社会行为之一，其显而易见地要在很大程度上受到作为行为主体——人的影响，而凝聚在人身上的体现在经济行为中的价值，就被我们称之为人力资本[②]。与实物资本是实实在在的实物财富相比，人力资本衡量的是人的劳动能力，因而是一个相对虚拟的概念，也更为复杂，其内容主要包括劳动力的健康状况、体力状况、知识水平、技能经验等多个方面[③]。但总的来说，人力资本还是可以被分为人力资本数量和人力资本质量两个方面。人力资本数量是指一个国家或地区中具有劳动能力的人的数量，也经常被称之为劳动力数量，在特定的历史阶段，劳动力平均水平一定时，劳动力的数量可以直接决定人力资本的大小，且就长远来看，劳动力的数量也决定了人力资本的发展潜力。与劳动力是一种从事劳动且天生的能力不同，人力资本能够通过投入开发来提高劳动者的内在素质，使其在经济活动中创造新的价值。人力资本质量则是指体现人的体力和脑力的生理素质与科学文化素质以及这两者总和的状况，是衡量人力资源总体素质的指标，主要包括两方面内容：首先是劳动力体力方面的因素，包括健康、体能、年龄等劳动能力方面的内容，具有劳动能力的劳动力才具有实际的经济价值和资本价值；其次是劳动力智能

---

① 马克思. 资本论(第 1 卷). 北京：人民出版社,2004.
② 我们在讨论人力资本时，一般只考虑教育与培训带来人技能的价值,本书为了更好地讨论经济发展中"人"与"产出"的关系,将人力资本概念扩大,加入了维持人正常劳动能力这一部分价值投入,算是广义上的人力资本。
③ 杜娟. 人力资源管理. 北京：中国原子能出版社,2012.

方面的因素,包括知识、技能、经验等方面的内容,在社会产出日益增加、科学技术在日常生活中越来越重要的现代社会,劳动力智能方面的因素作为一个资本量的概念,具有越来越重要的价值。

人力资本对经济发展的推动作用主要体现在以下四个方面:首先,人力资本可以提高实物资本、资金和技术的投入与使用效率,进而在基于同样多的实物资本、资金和技术时能够获得数量更多、质量更高的产出;其次,人力资本可以使劳动力的使用效率更高,即在不增加劳动力规模的情况下实现社会生产质和量的提高;再次,人力资本还可以产生经济发展的外部效应和累积效应,不仅有助于推动整个行业的创新和高效发展,还能够促进社会生产力的爆发式增强;最后,就长期而言,人力资本具有边际效应递增的特点,这从根本上决定了人力资本积累是经济发展和社会进步的强大推动力。值得注意的是,物质基础相对贫乏的国家并非一定会阻碍该国成为经济强国,二战后的日本就是非常典型的例子,其丰富的人力资本成为推动经济发展的主要力量。

三、 科学技术

科学技术一词,包含着科学和技术两个概念,科学要解决的问题,是发现自然界中确凿的事实与现象之间的关系,并建立理论把事实与现象联系起来;技术的任务则是把科学的成果应用到实际问题中去。对于经济行为而言,科学技术则可以更加直观地表述为在既定的实物资本、人力资本、经济组织形式条件下,资本投入和社会产出的直接关系,科技水平越高,产出和投入之间的比值就越高,反之则反。

不同于实物资本和人力资本对经济发展起的直接性作用,科学技术是通过作用于人或物从而间接地在经济活动中发挥作用的,因而科技水平既可以体现在人上,也可以体现在物上。体现在人上的科技水平是科技推动经济发展的最根本因素,这不仅是因为人在经过相应的学习、培训、思考后,改造自然界、利用自然界的技能水平相对更高,更是因为人在改造自然界、利用自然界的过程中,发现规律、利用规律的认知能力会进一步增强。尽管体现在物上的科技水平是由人引起的,但其往往要比体现在人上的科技水平显得更加直接和醒目,这不仅表现在人类社会经济发展中生产工具翻天覆地的变化,也表现在人类不同经济发展时期可利用的自然资源的巨大改变,还表现在作为人类经济行为最终结果的经济产品的大幅革新。

四、经济制度

从前面的讨论中,我们可以看到,实物资本、人力资本、科技水平是影响经济发展的三大要素。但是,是什么把这些要素黏合在一起,推动它们相互作用,从而推进经济的发展呢? 经济制度起到了举足轻重的作用。所谓经济制度,是指统治阶级为了反映在社会中占统治地位的生产关系的发展要求,建立、维护和发展有利于其政治统治的经济秩序,而确认或创设的各种有关经济问题的规则和措施的总和。

先进的社会经济制度会推动生产力的发展,对于世界经济、人类社会的进步至关重要。这主要体现在以下两个方面:其一,生产资料所有制问题是经济制度的核心问题,经济行为中所必需的生产资料是全民公有还是个人私有,抑或是公有与私有相结合,不仅决定了人们在生产中的地位及其相互关系、产品的分配方式,还在很大程度上决定了经济行为中人的积极性等,进而影响一个国家或地区的经济发展。其二,不同经济制度可能对应不同的经济生产组织形式,主要有政府主导的计划经济、由自由经济思想主导的市场经济、计划经济与市场经济相结合的混合经济等。然而现实中,完全的计划经济和完全的市场经济都已经很少见,国家或地区间有所区别的是计划和市场的比重、以财政政策和货币政策为主的国家宏观经济调控的作用程度,这些都与一个国家或地区的经济发展息息相关。纵观世界经济发展,旧的经济制度不改变必将阻碍社会生产力的进步,随之而来的必然是新旧势力的矛盾冲突不断被激化,最终导致社会革命的爆发,而社会革命的结果是推翻旧的经济制度,建立新的经济制度。随着经济制度的变革,属于上层建筑领域的政治、法律、文化、思想等也会发生变革。由于世界上不同国家或地区的地理、历史、文化、政治等存在差异,因此他们会根据实际情况作出不同的制度选择,也就意味着任何两个国家或地区的经济制度都是存在差异的。即使采用的是同一类经济制度,但也可能存在着截然不同的内涵和形式;即使是同一个国家或地区,在不同时期的经济制度也同样是处于不断变化中的,虽然在中短期内其经济制度的分类尚未发生明显变化,但其内涵和形式可能已经发生了巨大的改变。

第三节　经济发展模型的构建与分析

一、社会总产出与各生产要素的关系

(一)社会总产出的构成

我们假定一个国家或经济体的社会总产出(Y)由四种类别的产出构成,分别是:实物资本产出(Y_M),即经济活动所创造的全部实物资本的价值;人力资本产出(Y_H),即经济活动所创造的全部人力资本的价值;科技资本产出(Y_T),即经济活动所创造的全部科技资本的价值;消耗产出(Y_C),即经济活动所创造的除了实物资本产出、人力资本产出、科技资本产出之外的其他所有产出。用公式表示如下:

$$Y = Y_M + Y_H + Y_T + Y_C \tag{1}$$

对于特定的国家或经济体,在其经济制度(s)保持不变、经济平稳运行[①]的情况下,实物资本产出、人力资本产出、科技资本产出、消耗产出与总产出的比值也可以认为是不变的[②],分别用产出物资化系数 $R_M(s)$、产出人资化系数 $R_H(s)$、产出科技化系数 $R_T(s)$、产出消耗化系数 $R_C(s)$ 表示,那么我们可以得到以下公式组:

$$Y_M = Y * R_M(s) \tag{2}$$

$$Y_H = Y * R_H(s) \tag{3}$$

$$Y_T = Y * R_T(s) \tag{4}$$

---

① 此处的稳定运行,是指没有外部经济冲击、内部非经济因素影响的这么一种状态。

② 我们认为,对于一个有着特定历史、政治、文化、风俗习惯的国家或经济体而言,在特定的经济制度下,其经济生产过程中产出的组成比例是刚性的。

$$Y_C = Y * R_C(s) \tag{5}$$

社会总产出中的消耗部分(Y_C)是那些生产出来而没有用于实物资本积累、人力资本积累和科技资本积累的产出,而其他的各类产出最终会积累到各类生产要素的总量上去。值得说明的是,$R_M(s)$、$R_H(s)$、$R_T(s)$、$R_C(s)$四个变量只与经济制度有关,且满足 $R_M(s) + R_H(s) + R_T(s) + R_C(s) = 1$。

(二) 社会总产出的决定

在这里,我们提出两个假设:其一,生产行为是周期性的,并且各个周期是紧密相连的;其二,一个生产周期(n)结束时的社会产出总量(Y),与该周期开始时(即上一生产周期结束时)的实物资本投入量(Mi)、人力资本投入量(Hi)、科技水平(A)三个生产要素之间存在着确切的函数关系,如式(6)所示:

$$Y(n) = F[Mi(n-1), Hi(n-1), A(n-1)] \tag{6}$$

实物资本投入量与实物资本积累量(Ma)之间存在着一定的比值关系,该比值降低往往意味着生产过剩或者存在闲置产能,我们将该比值用 U_M 表示[1],即有:

$$Mi(n-1) = Ma(n-1) * U_M(n-1) \tag{7}$$

同样,人力资本投入量与人力资本积累量(Ha)之间也存在着一定的比值关系,该比值降低往往意味着失业人数的增多,我们将该比值用 U_H 表示[2],即有:

$$Hi(n-1) = Ha(n-1) * U_H(n-1) \tag{8}$$

---

① 并非所有的实物资本在每一个时期的经济生产中都会被完全地利用,所以 U_M 的取值范围是 $0 \leq U_M \leq 1$。其中,$U_M = 0$ 表示在第 n 期没有实物资本用于生产;$U_M = 1$ 表示以往积累的实物资本全部用于生产。

② 并非所有的人力资本在每一个时期的经济生产中都会被完全地利用,所以 $0 \leq U_H \leq 1$,该数值与失业率、退休人数占劳动力比重等有很大的关系。其中,$U_H = 0$ 表示在第 n 期没有人力资本投入生产;$U_H = 1$ 表示以往积累的人力资本全部用于生产。

此外,科技水平与科技资本积累量(Ta)之间也存在着确切的函数关系,即有:

$$A(n-1) = G[Ta(n-1)] \tag{9}$$

在每一个生产周期中,实物资本相对于时间的变动量等于实物资本产出(Y_M)和实物资本耗损量($L_M * Ma$)之间的差值。其中,L_M 是实物资本耗损系数,$L_M * Ma$ 即是实物资本的耗损量,这既包括机器、工具等固定资产的折旧,也包括实物资产在生产过程中的消耗。虽然 L_M 在每个时期都是有差异的,但就长期而言还是比较稳定的,因此为了简化分析过程,我们假设对于特定的国家或经济体,L_M 不随时间变化而变化[①]。同理,人力资本相对于时间的变动量即等于人力资本产出(Y_H)和人力资本耗损量($L_H * Ha$)之间的差值。其中,L_H 是人力资本耗损系数,$L_H * Ha$ 即是人力资本的耗损量,这既包括由于劳动者去世导致的人力资本耗损,也包括由于天灾人祸导致的劳动者失去劳动能力而引发的人力资本耗损。同样,L_H 在不同时期也具有差异化特征,但长期还是比较稳定的,并且在一般情况下 L_H 要比 L_M 小得多,因此为了简化分析过程,我们仍假设 L_H 为一个常数。而科技资本基本不存在损耗,那么科技资本相对于时间的变动量即等于科技资本产出(Y_T)。

如果我们从生产周期的角度来考虑生产要素积累量与社会总产出之间的关系,我们可以得到式(10)—(12):

$$Ma(n) - Ma(n-1) = Y(n) * R_M(s) - L_M * Ma(n-1) \tag{10}$$

$$Ha(n) - Ha(n-1) = Y(n) * R_H(s) - L_H * Ha(n-1) \tag{11}$$

$$Ta(n) - Ta(n-1) = Y(n) * R_T(s) \tag{12}$$

由式(7)—(12)可以得出以下公式组,即在第 n 个生产周期末,第 n+1 个生产周期初的实物资本投入量、人力资本投入量、科技水平可以表示为:

[①] 由于实物资本消耗系数并不与时间有确定性的线性关系,二来在特定的经济环境下其变化甚微,因此为了使后续的分析更为简便,我们将其作为常数来处理。

$$Mi(n) = [Y(n) * R_M(s) + (1 - L_M) * Ma(n-1)] * U_M(n) \quad (13)$$

$$Hi(n) = [Y(n) * R_H(s) + (1 - L_H) * Ha(n-1)] * U_H(n) \quad (14)$$

$$A(n) = G[Y(n) * R_T(s) + Ta(n-1)] \quad (15)$$

根据这三个生产要素,我们可以得到第 $n+1$ 个生产周期结束时的社会总产出,如式(16)所示:

$$Y(n+1) = F[Mi(n), Hi(n), A(n)]$$

$$= F\left\{ \begin{array}{c} [Y(n) * R_M(s) + (1 - L_M) * Ma(n-1)] * U_M(n), \\ [Y(n) * R_H(s) + (1 - L_H) * Ha(n-1)] * U_H(n), \\ G[Y(n) * R_T(s) + Ta(n-1)] \end{array} \right\} \quad (16)$$

由于本文已经假定当特定国家或经济体的经济制度不变时,$R_M(s)$、$R_H(s)$、$R_T(s)$、L_M、L_H 均为常数,因此我们仅需要分析 $Ma(n-1)$、$Ha(n-1)$、$Ta(n-1)$、$Y(n)$、$U_M(n)$ 和 $U_H(n)$ 对第 $n+1$ 个生产周期的社会总产出的影响。其中,$Ma(n-1)$、$Ha(n-1)$、$Ta(n-1)$、$Y(n)$ 均是积累量,在积累的过程中,除受初始期的影响外,还受各个生产周期实物资本投入量与其积累量之间的比值和人力资本投入量与其积累量之间的比值的影响。也就是说,在给定初始期的 $Y(1)$、$Mi(0)$、$Hi(0)$、$A(0)$,且经济制度保持不变时,未来一个阶段的经济增长实质上只取决于每个生产周期的 U_M 和 U_H,并且这两个不确定性变量始终是与社会总产出成正比的。考虑一种极端情况,当 U_M 和 U_H 这两个量的值都为 1 时,即生产出的实物资本和人力资本全部用于生产,整个社会也就实现了理论上最高水平的产出,我们也可以将其称之为潜在 GDP。

(三)各生产要素的统计方法

1. 实物资本

由于不同类别的实物资本具有不同的形式和性质,在经济活动中起到的作用和参与的方式也不同,统一统计它们的自然数量是十分困难的(也是没有意义的),因而应统计它们的价值总量(表现为货币值)。此外,人类社会可以利用的自然资源也是比较难以统计的,目前国内外大部分研究在统计实物资本存量时都只考虑固定资产和存货,也就是资本形成总额的积累量,有时候甚至只考虑固定资本形成总额。而对于实物资本存量的统计,目前国内外研究主要采取的都是永续盘存法(Goldsmith,1951①),即先估计或计算出基年的实物资本总量,然后在考虑价格因素的基础上,加上每一年的实物资本形成量和耗损量(包括折旧和消耗)之间的差值,再逐年累积起来。由于永续盘存法的很多参数需要估算,其准确性并不能得到很好地保证,因此通常还需要运用其他的一些方法进行补充,常见的有直接调查法和固定资产平衡法等。

2. 人力资本

与实物资本相比,人力资本的统计方法更加多样化。目前国内外研究主要有采取四种方法。一是未来收益法。该方法的基本思想是人力资本价值等于其未来净收益的现值之和,主要计算方式是利用保险的原理,将考察的人力资本在未来各年所创造的净收益折现,而后再逐年累加直至其死亡。二是成本投入法,该方法的基本思想是人力资本价值等于花费在个人身上的一切支出的总和,主要计算方式是假设人在经济生产中的价值主要取决于后天培养,因此人力资本价值则用一个人从出生到接受统计时间内所有的投资支出来衡量。三是收入差异法,该方法的基本思想是一个人在经济活动中的价值与其收入有直接关系,收入越高,相对应的人力资本价值就越高,反之则越低,主要计算方式是将人按照不同收入水平进行分组,然后各自乘以相应参数后进行加总。四是受教育年限法,该方法的基本思想是使用人力资本中作为主体的人所受教育程度来描述人力资本水平,主要计算方式是将受考察群体的人按照受教育程度的不同进行分组,然后各自乘以相应参数后进行加总。其中,前两种方法主要还是立足于统计人力资本表现为货币形式的价值量,后两种则是用其他变量来间接地表示人力资本存量水平。

3. 科学技术

与实物资本、人力资本相比,科学技术要更加难以被直接且准确地度

---

① Goldsmith R. W. A perpetual inventory of national wealth. *NBER Book Series Studies in Income and Wealth*, 1951,14: 5-73.

量,因此在国内外研究中,一般都是用间接变量来衡量一个国家或地区的科技水平,主要有三种类型的变量。一是人均产出,即是使用科学技术在经济行为中的效果来衡量科技水平,就特定的国家或地区而言,在其他经济发展要素相对稳定的情况下,科技水平越高,人均产出也就会越高,反之则反。因此科技水平和人均产出之间存在明确的正相关效应,使得人均产出在一定程度上可以用来表示科技水平。二是各类生产要素的回报率,如劳动回报率、资本回报率、资源回报率等,即是使用科学技术在经济行为中的作用来衡量科技水平,科技水平越高,产出-投入比也就越高,进而会带来各类生产要素回报率的增加,因此科技水平与生产要素回报率的正相关关系使得后者能够反映前者。三是与科学技术相关的经济投入,如科学研究与试验发展(R&D)投入量、科研技术人员数量等,通常认为科技投入对科技水平有确定的正效应,也即一个国家或地区的科研投入大小会在很大程度上决定该国或地区现阶段的科技水平。另外,也有研究使用直接变量衡量一个国家或地区的科技水平,即与科学技术相关的产出,如发明专利授权量、论文发表量等。

4. 经济制度

经济制度作为影响经济行为中实物资本、人力资本、科技资本如何配置的因素,其对于经济发展的影响是完全通过其他经济发展要素来实现的,所以我们一般都将其考虑为经济发展的外生变量。并且,由于经济制度本身也很难像实物资本、人力资本、科学技术等因素一样进行量化,所以我们在研究不同国家在不同时期的经济制度对经济发展影响时,更多的是定性分析经济制度存在的差异,然后再间接地由其他经济发展要素的变化来体现。

二、 经济总量的增长

在本小节第一部分讨论的基础上,我们可以进一步引入具体的生产函数来讨论经济总量的增长。对于实物资本、人力资本与社会总产出的关系,我们选用主流生产函数[①]中的柯布道格拉斯函数进行模拟,且假设

---

① 索洛经济增长模型,卢卡斯经济增长模型等。

科技水平的产出弹性系数衡为 1。由此出发,式(6)可转化为:

$$Y(n) = F[Mi(n-1), Hi(n-1), A(n-1)]$$
$$= A(n-1) * Mi^\alpha(n-1) * Hi^\beta(n-1) \tag{17}$$

其中,α 和 β 分别是指实物资本和人力资本的产出弹性系数,且有 $\alpha+\beta>1$ 时,规模效益递增;$\alpha+\beta=1$ 时,规模效益不变;$\alpha+\beta<1$ 时,规模效益递减。结合式(16),我们有:

$$Y(n+1) = G[Y(n) * R_T(s) + Ta(n-1)]$$
$$* \{[Y(n) * R_M(s) + (1-L_M) * Ma(n-1)] * U_M(n)\}^\alpha \tag{18}$$
$$* \{[Y(n) * R_H(s) + (1-L_H) * Ha(n-1)] * U_H(n)\}^\beta$$

由于科技水平与科技资本积累量之间的关系本身也很难确定,因此为了简化后续计算和分析,我们用 $A(n)$ 替代 $G[Y(n) * R_T(s) + Ta(n-1)]$,如式(19)所示:

$$Y(n+1) = A(n) * \{[Y(n) * R_M(s) + (1-L_M)$$
$$* Ma(n-1)] * U_M(n)\}^\alpha \tag{19}$$
$$* \{[Y(n) * R_H(s) + (1-L_H)$$
$$* Ha(n-1)] * U_H(n)\}^\beta$$

将式(19)与式(17)的左右两边相除,我们可以得到:

$$\frac{Y(n+1)}{Y(n)} = \frac{A(n)}{A(n-1)} * \left[\frac{Y(n)}{Ma(n-1)}R_M(s) + 1 - L_M\right]^\alpha$$
$$* \left[\frac{U_M(n)}{U_M(n-1)}\right]^\alpha * \left[\frac{Y(n)}{Ha(n-1)}R_H(s) + 1 - L_H\right]^\beta \tag{20}$$
$$* \left[\frac{U_H(n)}{U_H(n-1)}\right]^\beta$$

由式(20)可以看出,在确切且相对稳定的经济制度下,一个国家或经济体经济总量的增长率 $\left(\frac{Y(n+1)}{Y(n)}-1\right)$ 与科技水平增长率 $\left(\frac{A(n)}{A(n-1)}-1\right)$、实物资本积累量与经济总量比值 $\left(\frac{Ma(n-1)}{Y(n)}\right)$、人力资本积累量与经济总量比值$\left(\dfrac{Ha(n-1)}{Y(n)}\right)$，以及 U_M、U_H 的大小有关。由于 $R_M(s)$、$R_H(s)$、U_M、U_H 均为正值，因此实物资本、人力资本积累量与经济总量的比值越大，整个社会的经济增长率就越低。也就是说，实物资本和人力资本积累到一定程度反而会阻碍经济总量的增加，它们对经济增长的拉动存在明显的边际递减效应。根据推算可知，只有当资本积累量增速小于社会总产出增速时，才有利于经济进一步增长。而科技进步则不存在这种限制，科技水平的提高始终对经济增长起到促进作用。

三、 经济增长的稳定性

基于本节前两部分关于社会总产出与各生产要素关系，以及经济总量增长的分析，我们可以进一步探讨一个国家或经济体抵抗经济冲击的能力。由于我们所构建的经济发展模型着重讨论的是各生产要素对经济发展造成的影响，因此在接下来的分析中，主要就经济冲击引发的生产要素（实物资本、人力资本及科技资本）相对量和绝对量的变化展开讨论。

（一）经济冲击引发生产要素相对量的变化

考虑由于经济冲击导致生产要素相对量减少的情况。经济冲击给生产要素带来的影响可以分为两种情况：一是 Mi、Hi、A 的下降，直接导致社会总产出减少；二是 U_M、U_H 减小，即社会对生产出来的实物资本、人力资本的利用率下降，进而影响了 Mi、Hi、A、Ma、Ha，间接降低了整个社会的总产出。无论是直接还是间接，以上两种情况最终都是通过生产要素投入量起作用的。假设由于第 n 个生产周期的某个经济冲击导致 U_M 下降了 Ψ 个百分点，根据式(17)我们可以得到该情况下的社会总产出，即为：

$$
\begin{aligned}
Y' &= A(n-1) * \left[Mi'(n-1)\right]^{\alpha} * Hi^{\beta}(n-1) \\
&= A(n-1) * \left[(1-0.01*\Psi)U_M(n-1)Ma(n-1)\right]^{\alpha} \\
&\quad * Hi^{\beta}(n-1) \\
&= (1-0.01*\Psi)^{\alpha}A(n-1) * Mi^{\alpha}(n-1) * Hi^{\beta}(n-1) \\
&= (1-0.01*\Psi)^{\alpha} * Y
\end{aligned}
\tag{21}
$$

由式(21)可以看出,实物资本投入量与实物资本积累量比值的相对量的变动,首先会导致实物资本投入量发生变化,进而会使得社会总产出也向相同的方向变动,变动程度与 α 的大小有关。一般情况下,α 都是小于 1 的,那么社会总产出的变动程度要小于 U_M 的变动程度。同理,U_H、Mi、Hi、Ma、Ha 相对量的变动也会产生类似的经济效果。根据式(21),经济冲击导致科技水平的变动对社会总产出的影响更大。在不同国家或经济体的生产函数中,α、β 的大小有所差异,他们各自的生产对实物资本、人力资本、科技水平的依赖程度也是有一定区别的。例如,广大的新兴市场和发展中经济体,普遍更依赖于实物资本投入来推动经济增长,他们在由经济冲击导致的实物资本投入变动中所受的影响更大;而发达经济体更依赖于人力资本投入和科技进步来推动社会总产出增加,他们在由经济冲击导致的人力资本投入和科技水平变动中所受的影响更大。值得注意的是,尽管相较而言经济冲击导致的科技水平变动对经济发展的影响最大,但经济冲击本身,譬如经济或金融危机基本不会造成科技水平严重下滑,反而还能够催生重大的科技创新,进而促使社会总产出恢复稳定增长状态。

(二) 经济冲击引发生产要素绝对量的变化

在分析生产要素相对量变化的基础上,我们进一步讨论经济冲击导致生产要素绝对量减少的情况。假设由于某个经济冲击导致实物资本投入量下降了 ΔMi,根据公式(17)我们可以得到该情况下的社会总产出,即为:

$$Y' = A(n-1) * [Mi(n-1) - \Delta Mi]^\alpha * Hi^\beta(n-1) \qquad (22)$$

式(22)左右两边同时除以 Y,可以得到:

$$\frac{Y'}{Y} = \frac{A(n-1) * [Mi(n-1) - \Delta Mi]^\alpha * Hi^\beta(n-1)}{A(n-1) * [Mi(n-1)]^\alpha * Hi^\beta(n-1)} \qquad (23)$$

$$= \left(1 - \frac{\Delta Mi}{Mi(n-1)}\right)^\alpha$$

将式(23)与式(21)比较可知,经济冲击引发实物资本绝对量和相对量的变化对社会总产出的影响在本质上是没有差别的,这主要是由于式(23)中的 $\dfrac{\Delta Mi}{Mi(n-1)}$ 与式(21)中的 $0.01 * \Psi$ 并无实质性的差异。同理,由经济冲击导致的人力资本和科技水平绝对量的变动也可以得出与实物资本类似的结论。

四、经济增长的可持续性

可持续发展有两个重要的要求,一是要满足当代人的发展需要,二是不损害后代人满足其发展的需要。就社会总产出而言,一旦一个国家或经济体的产出总量在较长的时间范围内是下降的,那么我们就认为其经济发展是不可持续的。接下来,我们将从生产要素的视角切入,进而分析社会总产出增长的可持续性。此外,在分析之前,我们先提出一个假设,即各个国家或经济体在现阶段所拥有的实物资本积累、人力资本积累都是有限的。

首先,我们将式(10)—(12)表示成导数形式,如式(24)—(26)所示:

$$\dot{M}a = Y_M - L_M * Ma \tag{24}$$

$$\dot{H}a = Y_H - L_H * Ha \tag{25}$$

$$\dot{T}a = Y_T \tag{26}$$

可以看出,特定的国家或经济体在保持经济制度(s)不变的情况下,其社会总产出与实物资本积累量及其关于时间的导数、人力资本积累量及其关于时间的导数、科技资本积累量关于时间的导数之间存在确切的函数关系。而后,通过对式(24)—(26)中的时间求导,我们可以得到社会总产出关于时间的一阶导数,所得公式组如下所示:

$$\dot{Y} = (\ddot{M}a + L_M * \dot{M}a) * \dfrac{1}{R_M(s)} \tag{27}$$

$$\dot{Y} = (\ddot{H}a + L_H * \dot{H}a) * \dfrac{1}{R_H(s)} \tag{28}$$

$$\dot{Y} = \frac{\ddot{T}a}{R_T(s)} \qquad (29)$$

根据式(27)—(29)我们可以观察到即使经济制度(s)发生变化，$R_M(s)$、$R_H(s)$、$R_T(s)$也肯定都是大于零的，此外，由前面分析可知 L_M、L_H 均为正数。因此，社会总产出的增加主要取决于实物资本积累量的一、二阶导数，人力资本积累的一、二阶导数，以及科技资本积累量的二阶导数。接下来我们将逐一分析实物资本、人力资本、科技资本在维持经济可持续发展中所起到的作用。

就实物资本而言。如果实物资本积累量的一阶导数为负，那么其本身就是不可持续的。如果实物资本积累量的一阶导数为正，二阶导数为负，那么只有在 $L_M \geqslant -\dfrac{\dot{M}a}{\dot{M}a}$ 时，才对实物资本产出的可持续发展有促进效应；反之，则对实物资本产出的增加具有抑制作用。如果一阶导数和二阶导数均为正，那么实物资本积累将有助于推动经济的可持续发展。值得注意的是，前文中我们提到实物资本积累对经济增长的拉动存在明显的边际递减效应，因此在保证式(27)中括号内数值为正的同时，还需满足实物资本积累量增速小于社会总产出，以便在实物资本积累不断增加的基础上实现经济的可持续发展。

就人力资本而言。其与实物资本的分析较为类似，在这里不再赘述。此外，经济知识化、智能化发展必然要求人力资本在拉动经济增长中的重要性越来越远高于实物资本。人力资本的优势地位不仅有助于提高生产效率、带动经济增长，还有助于推动产业结构、消费结构、人口结构等的改进和优化，进而为经济发展的可持续性贡献巨大力量。

就科技水平而言。如果科技资本积累量的二阶导数为负，那么科技水平对社会总产出的可持续增长起到阻碍作用；反之，若二阶导数为正，也即由科技投入带来的科技资本产出增长率的变动速度较快，进而有助于推动经济的可持续发展。此外，随着科技水平的日新月异，科学技术在拉动经济增长中的重要性也越来越远高于实物资本。科学技术不仅是第一生产力，还是改进经济结构、提高经济质量的重要推动力。随着人力资本在人类社会中的作用日益增强,由此带来的科技水平将实现质的提高,两相合力加速经济可持续发展的实现。

当然,社会总产出是受上述三种生产要素相互结合的影响,并且还受经济制度演变的影响。然而,在一般情况下,如若其中一种类型的产出减少,其他类型的产出也会受到波及并呈下降趋势,进而导致社会总产出降低,不利于经济的可持续发展。

第四节　对经济发展模型的简单说明

一、经济发展模型的研究对象

我们所构建的经济发展模型,是以国家或经济体的经济发展作为研究对象,而经济发展在该模型中的含义是在满足可持续发展的要求下稳定地实现社会总产出的增长。具体而言,主要包括三个方面的内容:

经济总量的增长:是指国家或经济体社会财富总量的增加。在经济发展模型中具体表现为特定国家或经济体的社会总产出在某一生产周期的变动情况。

经济增长的稳定性:是指国家或经济体的经济发展对内外部经济冲击的抵抗能力。在经济发展模型中具体表现为两个方面的内容,一是社会总产出对经济冲击引发的生产要素相对量变动的反应情况;二是社会总产出对经济冲击引发的生产要素绝对量变动的反应情况。

经济增长的可持续性:是指当前的经济发展模式是否可以支持经济在无限时间范围内的增长。在经济发展模型中具体表现为,从生产要素积累量的视角切入,考察生产要素在推动社会总产出的可持续增长中发挥的作用。

实际上,经济发展还受政治、文化、生态以及人的现代化进程等的影响,而这些因素难以体现在经济模型中,因此我们所构建的经济发展模型也未包含这些因素。

二、 经济发展模型的主要变量

由于经济发展与众多要素有关,因此本文的经济发展模型也涉及一系列相关变量。这些变量可以被分为三个类别,分别是:经济产出类、产出倾向系数类、生产要素相关类。对于它们在该经济发展模型中的具体含义,虽然在行文中也进行了阐释,但相对分散,为了便于查阅,我们将按照这三个类别对其具体含义集中说明。

(一)经济产出类

社会总产出(Y):是指特定国家或经济体在某一生产周期内的经济活动所创造的全部价值。在经济发展模型中,主要包括实物资本产出、人力资本产出、科技资本产出和消耗产出四个方面的内容。

实物资本产出(Y_M):是指特定国家或经济体在某一生产周期内的经济活动所创造的全部实物资本的价值。主要包括石油、矿石等自然资源,厂房、机器、建筑物等固定资产,钢铁、丝绸等中间产品,铁路、港口等基础设施等方面的产出。

人力资本产出(Y_H):是指特定国家或经济体在某一生产周期内的经济活动所创造的全部人力资本的价值。主要包括劳动力的身体素质、智能素质和思想道德素质等相关方面的产出。

科技资本产出(Y_T):是指特定国家或经济体在某一生产周期内的经济活动所创造的全部科技资本的价值。主要包括各种形式的知识性和高技术成果等相关方面的产出。

消耗产出(Y_C):是指特定国家或经济体在某一生产周期内的经济活动所创造的除了实物资本产出、人力资本产出、科技资本产出之外的其他所有产出。既包括被生产出来而没有用于实物资本积累、人力资本积累和科技资本积累的产出,还包括被生产出来但对经济发展没有影响的产出。

(二)产出倾向系数类

产出物资化系数($R_M(s)$):是指特定国家或经济体在某一生产周期

内的实物资本产出与总产出的比值（$R_M(s) = Y_M / Y$），即社会总产出中实物资本产出所占的比重。

产出人资化系数（$R_H(s)$）：是指特定国家或经济体在某一生产周期内的人力资本产出与总产出的比值（$R_H(s) = Y_H / Y$），即社会总产出中人力资本产出所占的比重。

产出科技化系数（$R_T(s)$）：是指特定国家或经济体在某一生产周期内的科技资本产出与总产出的比值（$R_T(s) = Y_T / Y$），即社会总产出中科技资本产出所占的比重。

产出消耗化系数（$R_C(s)$）：是指特定国家或经济体在某一生产周期内的消耗性产出与总产出的比值（$R_C(s) = Y_C / Y$），即社会总产出中不再用于资本积累或经济发展的产出所占的比重。

（三）生产要素相关类

经济发展由实物资本、人力资本、科技资本、经济制度四类要素决定，相应的在经济发展模型中生产要素相关类的变量也被分为这四类。

1. 实物资本类

实物资本积累量（Ma）：是指特定国家或地区在某一生产周期所累积的全部实物资本。

实物资本投入量（Mi）：是指特定国家或地区在某一生产周期实际用于生产的实物资本总量。

实物资本投入系数（U_M）：是指特定国家或经济体在某一生产周期实物资本投入量与实物资本积累量之间的比值（$U_M = Mi / Ma$），即实际用于生产的实物资本量在实物资本总积累量中所占的比重。

实物资本耗损系数（L_M）：是指特定国家或经济体在某一生产周期实物资本耗损量与实物资本积累量之间的比值。这既包括机器、工具等固定资产的折旧，也包括货物资产在生产过程中的消耗。

实物资本产出弹性系数（α）：是指实物资本所得在社会总产量中所占的比重。

2. 人力资本类

人力资本积累量（Ha）：是指特定国家或经济体在某一生产周期所

累积的全部人力资本。

人力资本投入量（Hi）：是指特定国家或经济体在某一生产周期实际用于生产的人力资本总量。

人力资本投入系数（U_H）：是指特定国家或经济体在某一生产周期人力资本投入量与人力资本积累量之间的比值（$U_H = Hi/Ha$），即实际用于生产的人力资本量在人力资本总积累量中所占的比重。

人力资本耗损系数（L_H）：是指特定国家或经济体在某一生产周期人力资本耗损量与人力资本总量之间的比值。这既包括人类群体由于死亡所带来的劳动力的减少，也包括劳动力由于疾病、残疾等导致的劳动能力的降低。

人力资本产出弹性系数（β）：是指人力资本所得在社会总产量中所占的比重。

3. 科技相关类

科技资本积累量（Ta）：是指特定国家或经济体在某一生产周期所累积的全部科技资本。

科技水平（A）：是指特定国家或经济体在某一生产周期中的科技发展程度，且在我们所构建的经济发展模型中，科技水平的产出弹性系数恒为1。

4. 经济制度

经济制度（s）：是指特定国家或经济体在某一生产周期的经济制度。在经济发展模型中，经济制度被认为是影响实物资本、人力资本、科技资本三大要素配置的因素，其对经济发展的影响是通过其他生产要素间接实现的，因此我们将其设定为经济发展的外生变量。

三、 经济发展模型的主要结论

本章通过对经济发展与经济发展要素的概念界定、关系探讨以及数学推演，阐明了经济发展要素是如何影响经济发展的。按照经济发展本身的定义，这些结论也可以被划分为三种类别：关于经济总量增长、关于经济增长的稳定性、关于经济增长的可持续性。

(一) 关于经济总量增长

1. 在考虑生产周期的情况下,经济制度保持不变的特定国家或经济体社会总产出增速与实物资本投入系数、人力资本投入系数呈显著的正相关关系,且当这两个变量值为 1 时,社会总产出达到了理论上的最高水平。

2. 在运用柯布道格拉斯函数模拟的情况下,经济制度保持不变的特定国家或经济体经济总量的增长率与科技水平增长率、实物资本积累量与经济总量比值、人力资本积累量与经济总量比值具有明显的相关关系。

3. 在确切且相对稳定的经济制度下,一个国家或经济体实物资本和人力资本积累到一定程度反而会阻碍经济总量的增加,也即实物资本积累量和人力资本积累量对经济总量的促进都存在着明显的边际递减效应。而科技水平的提高则不存在这种限制,始终对经济增长有着推动作用。

(二) 关于经济增长的稳定性

1. 在受到相同生产要素相对量和绝对量的经济冲击时,经济制度保持不变的特定国家或经济体社会总产出所受影响取决于受冲击的生产要素类型的产出弹性系数。若经济冲击导致某一类生产要素(实物资本、人力资本)的供给减少时,那么该类生产要素的产出弹性越大,整个经济稳定性就愈发下降[1]。

2. 相比于经济冲击导致实物资本和人力资本的变动,经济冲击导致科技水平的变动对社会总产出的影响更大。这是由于前者受产出弹性系数的影响,使得社会总产出的波动幅度小于生产要素供给的波动幅度,而我们假定后者的产出弹性系数恒为 1。

3. 尽管相较而言经济冲击导致的科技水平变动对经济发展的影响最大,但经济冲击本身,譬如经济或金融危机基本不会造成科技水平严重下滑,反而还能够催生重大的科技创新,进而促使社会总产出恢复稳定增

---

[1] 由于本文经济发展模型采用的是中性技术进步来讨论的科技水平对经济发展的影响,因此科技水平的产出弹性系数稳定为 1;而经济制度是作为外生变量引入经济发展模型的,因此其产出弹性系数的大小也不作考虑。

长状态。

（三）关于经济增长的可持续性

1. 在经济制度保持不变的特定国家或经济体中，经济的可持续发展受实物资本积累量增长率以及增长率的变动速度的影响，并且还受实物资本积累对经济增长拉动作用的边际递减效应的影响。

2. 在经济制度保持不变的特定国家或经济体中，人力资本积累量对经济可持续发展的作用与实物资本类似。但有所区别的是，相较于实物资本，人力资本在经济社会中的地位越来越凸显，在改善产业结构、消费结构、人口结构等方面越来越起到举足轻重的作用。

3. 在经济制度保持不变的特定国家或经济体中，若科技资本积累量增长率的变动速度越来越小，则会阻碍经济的可持续发展。相较于实物资本产出，科学技术在增加社会总产出中的作用愈发增强，并成为改进经济结构、提高经济质量的重要推动力。

4. 社会总产出是受实物资本、人力资本、科技资本三种生产要素相互结合的合力影响，并且还与经济制度的演变息息相关。社会总产出的增加与否还需考虑这四种类别的生产要素变动情况，它们共同决定了经济是否能够实现可持续发展。

第二章

美国的经济发展

作为超级大国,美国的经济发展能够较好地抽象掉许多其他国家或经济体经济发展所必须面对的外部不确定性。可能是因为这个原因,回顾二战以来美国经济的发展,我们发现,虽然作为一般性分析,我们的理论并非是专门用于解读美国经济发展的,但理论与二战以来美国经济发展实际的符合度还是很高的。因此,依据理论逻辑的发展,我们也在本章对美国经济未来一个时期的发展做了预期。

第一节　二战后美国经济的发展历程

早在19世纪90年代,美国的工业生产总值就已经超越英国,位居世界第一,但当时的世界经济运行秩序并没有发生重大变革,欧洲依然是世界经济的中心。两次世界大战,欧洲两次遭到了战争的破坏,而美国由于本土远离战争,不但没有遭受战争的伤害,反而大发"战争财",谋取了巨大的经济利益。第二次世界大战期间,美国工业总产值达到世界工业总产值的一半左右,出口贸易约占世界出口贸易总量的三分之一,不仅为反法西斯同盟国提供了一半以上的武器装备,还为盟国提供了大量的汽油、午餐肉等工业制成品。第二次世界大战后,美国已经成为经济实力最强的资本主义国家,并借此主导建立了以世界银行(WBG)、国际货币基金组织(IMF)、关税和贸易总协定(GATT,世界贸易组织WTO的前身)为框架的新的世界经济规则体系。在之后的几十年里,虽然美国的经济发展速度时快时慢,但其整体的经济实力一直稳居世界首位,并主导着世界经济规则的制定和变更。

一、 战后恢复阶段(20世纪50—60年代)

在第二次世界大战刚刚结束时,美国就出现了较为严重的经济危机,如表2-1所示,GDP连续三年(1945—1947年)呈现负增长,其中,1946年的衰退幅度更是超过了10%,这一趋势直到1948年才实现大幅扭转。自此之后,尽管仍有经济危机爆发,但并未阻碍美国经济强势复苏的势头,1948—1969年,美国GDP的年均增长率达到了4.15%,处于较快增长的阶段。这一阶段美国(尤其是西部和南部地区)经济的快速增长主要归功于第三次科技革命成果在经济生活中的广泛应用,不仅有R&D投入的增加,还实现了R&D产出的大幅提高(1969年的投入和产出都比1959年翻了一番)[①]。根据上一章的定义,科技进步主要体现在人与物上,接下来我们将从这两个方面展开说明。

表2-1 1945—1959年美国实际GDP增长率(单位:%)

年份	GDP增速	年份	GDP增速	年份	GDP增速
1945	−1.00	1950	8.70	1955	7.10
1946	−11.60	1951	8.00	1956	2.10
1947	−1.10	1952	4.10	1957	2.10
1948	4.10	1953	4.70	1958	−0.70
1949	−0.60	1954	−0.60	1959	6.90
年份	GDP增速	年份	GDP增速		
1960	2.60	1965	6.50		
1961	2.60	1966	6.60		
1962	6.10	1967	2.70		
1963	4.40	1968	4.90		
1964	5.80	1969	3.10		

注:数据来源于美国经济分析局。

[①] 数据来源:美国经济分析局。

首先是实物资本的大规模积累。一方面,传统工业部门的生产技术大幅革新,带来了更多的物质财富。这个时期,技术水平的提高使得原油等初级产品的生产较大增长,价格能够控制在较低的水平,再加上能源提炼效率的提高,为美国工业生产成本的极大降低,工业生产以及物质力量的积累夯实了基础。根据美联储统计数据,1969 年的全部工业和制造业的工业生产指数(2012 年 = 100)分别为 39.92 和 37.59,比 1945 年增长了 171.36% 和 158.37%(如图 2 - 1 所示)。此外,净发电量由 1949 年的 2961.2 亿千瓦时迅速增加至 1969 年的 14454.6 亿千瓦时[①];1969 年,道路部门人均柴油消费量 113 千克油当量,这一数值比 1960 年翻了一番;粮食产量和每 100 平方公里耕地的拖拉机数由 1961 年的 2522.3 千克/公顷和 259.65 辆分别增加至 1969 年的 3464.3 千克/公顷和 280.33 辆[②];500 英亩以上的大农场从 1940 年的 26.5 万个增加到 1969 年的 36.7 万个;整个 50 年代,汽车销售量年平均接近 700 万辆,60 年代则超过 900 万辆。另一方面,原子能、电子计算机、半导体、航空航天等新兴工业部门的建立和发展,扩大了物质财富的积累途径。战时和战后的技术革命使得 1969 年电子工业的产值接近 150 亿美元,而这一产值在 1939

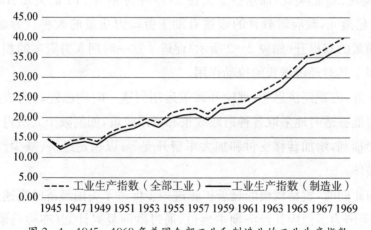

图 2 - 1　1945—1969 年美国全部工业和制造业的工业生产指数

注:数据来源于美联储。

---

① 数据来源:美国能源信息署。

② 数据来源:世界银行。

年不过 5 亿美元。其中,电视台从 1946 年的 10 个增加到 1969 年的 673 个;电子计算机由 1954 年的 200 部猛增至 1969 年的近 10 万部,且电子计算机和工业数据处理设备的销售额高达 78 亿美元;1948 年,美国航空和宇航工业的销售额首次超过 10 亿美元大关,而到 1968 年已经增长至 300 多亿美元,且在 1969 年,"阿波罗十一号"宇宙飞船第一次载人登上月球。与此同时,固定资产投资也由 1945 年的 397 亿美元猛增至 1969 年的 2229 亿美元,这为实物资本的持续积累提供了强劲动力。[①]

其次,人力资本积累量的稳步提高较好地拉动了美国经济的发展。第一,新兴工业部门在扩大生产的同时进一步增加了就业。以 1969 年为例,仅定期国内、国际航空线雇员约 30 万人,整个航空和宇航工业雇员超过了 100 万人。第二,随着医疗卫生领域的技术进步,劳动力人口的平均寿命得到显著提高,人力资本的损耗进一步减少。美国人出生时平均预期寿命由 1960 年的 69.77 岁增加至 1969 年的 70.51 岁;婴儿死亡率由 1960 年的 25.9‰下降至 1969 年的 20.6‰。[②] 第三,政府加大了对教育的经费投入,重视高素质人才的培养,人力资本的累积加速。1969 年,用于小学和中学、高等教育、图书馆和其他的财政支出分别为 322 亿美元、59 亿美元、35 亿美元,而这些支出在 1959 年分别为 118 亿美元、15 亿美元、12 亿美元,政府对教育的重视有助于劳动力质量的改善。劳动力数量和质量的双提升(如表 2-2 所示)促进了这一时期人力资本的积累,进而增强了其对经济增长的拉动作用。

此外,宏观经济思想、理论和政策运用到这一时期已经较为成熟,美国政府能够适时地采取各种财政政策和货币政策,如削减个人所得税,扩大社会福利,增加转移支付和加大军费开支等,以稳定经济、减少经济冲击的破坏。

与此同时,贸易规模的显著扩张进一步促进了美国经济的高速发展。一则,美国为了稳固其经济霸主地位,通过欧洲复兴计划(亦称马歇尔计划)、"占领地区救济基金"和"占领地区经济复兴基金"等,对西欧多国和

---

① 数据来源:美国经济分析局。
② 数据来源:世界银行。

表 2-2 1959—1969 年美国失业率、预期寿命和政府经常性支出

年份	失业率	出生时平均预期寿命	政府经常性支出（教育）	政府经常性支出（教育：小学和中学）	政府经常性支出（教育：高等教育）	政府经常性支出（教育：图书馆和其他）
1959	5.45	—	14.50	11.80	1.50	1.20
1960	5.54	69.77	15.90	13.20	1.70	1.00
1961	6.69	70.27	17.30	14.50	1.80	1.00
1962	5.57	70.12	18.60	15.60	1.90	1.10
1963	5.64	69.92	20.30	17.00	2.10	1.20
1964	5.16	70.17	22.30	18.70	2.30	1.30
1965	4.51	70.21	24.80	20.70	2.60	1.60
1966	3.79	70.21	28.50	23.30	3.20	2.10
1967	3.84	70.56	32.30	25.60	4.10	2.60
1968	3.56	69.95	36.40	28.50	5.00	2.90
1969	3.49	70.51	41.60	32.20	5.90	3.50

注：自左至右 7 列的单位依次为：年（第 1 列）、%（第 2 列）、岁（第 3 列）、十亿美元（第 4—7 列）；"—"表示数据缺失；数据来源于美国劳动部、世界银行和美国经济分析局。

日本进行了大规模的经济援助,以协助这些国家重建。美国的这些经济援助客观上对战后世界经济的恢复起到了积极作用,多国开始走出战争的阴霾,世界经济实现快速复苏,美国也就因此占据了广阔的国际市场。二则,这一时期以美元为中心的国际货币体系和国际贸易制度已经建成并日趋完善,成功地保障了货物、资金在世界范围内的自由流动。两相合力,美国进出口贸易在 1960—1969 年短短 9 年内翻了一番,营造了拉动经济快速增长的良好外部环境[①]。

总体而言,在战后恢复阶段,美国经济总体呈迅速扩张之势。尽管出现多次经济危机,但尚未对经济增长产生巨大的负面冲击,且在此期间,消费者价格指数(CPI)整体上还是处于较低水平(根据美国劳工部统计数据测算,1948—1969 年的年均 CPI 同比增长率为 2.32%),通胀压力不大,且相对而言是具有稳定性的。但是,这一时期的经济增长是与对自然资源的掠夺性开发和工业导致的严重环境污染等紧密联系的,存在着不可持续性。1969 年的人均能耗量和人均二氧化碳排放量分别比 1960 年增长了 29.97% 和 24.13%[②];"公害事件"(如洛杉矶光化学烟雾事件)更是层出不穷,不仅导致成千上万人生病,甚至有不少人因此丧生。

二、滞胀及调整阶段(20 世纪 70—80 年代)

1970 年,美国爆发经济危机,经济增长几乎停滞,但此后的一段时间里,美国经济又强势复苏,延续了五六十年代的增长势头。这种势头一直持续到 1973 年 10 月第一次石油危机爆发,石油价格从 3.01 美元/桶上升为 11.65 美元/桶,增幅近 300%[③],使得西方国家的国际收支赤字增加,最终引发了 1973—1975 年的战后资本主义世界第一次大危机。自此之后,美国经济就开始进入了漫长的滞胀阶段,这一阶段的主要特点是高通胀率、高失业率、低经济增长率(如图 2-2 所示)。根据美国劳工部统计数据测算,1970—1978 年的年均 CPI 同比增长率和平均失业率分别为 6.61% 和 6.26%,通货膨胀率和失业率都远高于 20 世纪五六十年代;根

---

① 数据来源:美国经济分析局。
② 数据来源:世界银行。
③ 数据来源:美国能源信息署。

据美国经济分析局统计数据测算,1970—1978年,美国GDP的年均增长率仅为3.24%,相比20世纪五六十年代有了一定程度的下降。第二次石油危机(1979年至20世纪80年代初)爆发后,美国的滞胀状态变得更为严重(如图2-2所示),1979—1982年的年均CPI同比增长率、平均失业率、GDP年均增长率分别为10.33%、7.69%、0.9%。

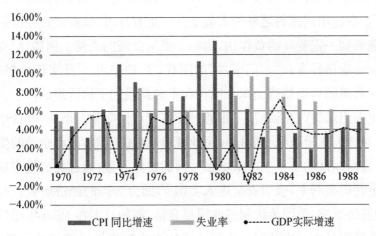

图2-2 1970—1989年美国CPI同比增速、失业率和实际GDP增长率
注:数据来源于美国劳工部和美国经济分析局。

这一时期美国经济发展的不理想主要有四个方面的因素:一是经济增长动力不足。尽管R&D投入和产出依然走高,但具有较大负面冲击的经济危机频发导致科学技术对经济增长的拉动效果逐渐减弱。二是两次石油危机对美国经济产生了严重影响。一方面,油价飙升提高了美国传统工业和新兴工业的生产成本,打击了厂家的生产积极性,工业总产值(最终产品和非工业用品)在1979—1982年期间一直处于下跌状态,极大地削弱了物质力量的积累能力,如美国钢铁业和汽车产业的全球市场份额均有大幅下降。另一方面,大规模失业导致劳动力数量大幅减少,进而不利于人力资本的扩张。两相合力,阻碍了美国经济的进一步扩张。三是国际货币体系的动荡。由于20世纪70年代初的美元危机和美国经济危机频繁爆发,以及制度本身不可摆脱的矛盾性,布雷顿森林体系逐步瓦解。美元停止兑换黄金和固定汇率制的垮台,标志着战后以美元为中心的国际货币体系瓦解,主要的资本主义国家先后实行浮动汇率制,国际货币市场在这之后的较长时期内动荡不定。布雷顿森林体系的崩溃不仅严重影响了国际贸易的发展,还对美国的经济增长也起到了较强的抑制作用。四是经济调节手段的失灵。尼克松政府采取财政金融双紧政策来控制物价,但适逢石油危机,这一政策的效果不大;福特政府上台初期便宣布通货膨胀是美国的头号大敌,即便如此,该政府非但没有控制住物价上涨,失业率也出现意料之外的大幅上升。更有甚者,政府宏观经济调控政策可能起到一定程度的负作用,影响了美国经济的恢复。例如,尼克松政府因食品价格猛涨和"水门事件"的困扰,于1973年6月实施价格冻结,但这一政策的后果使得美国人民在和平时期遇到了物资短缺。

里根当选美国总统后,主张通过控制货币供应量的增长,降低通货膨胀率;通过大规模减税和放松对企业规章制度的限制,调动企业的生产积极性,进而以推动工业生产来增强美国的物质力量;通过在借贷市场上筹措资金并提高利率,吸引资金进入美国[1],助力美国的经济增长。与此同时,受滞胀影响,美国传统制造业明显衰落,例如日本在1980年超过美国成为世界头号汽车生产国。为阻止美国失去独霸世界市场的优势地位,美国政府开始积极调整科技政策,鼓励推动科技成果的转化与应用。自此之后,美国在科学技术领域有了很大程度的发展,1989年的R&D投入与产出均是1970年的近六倍[2],智能机器人、生物工艺学、软件、激光等高新技术日益成熟并广泛投入到生产中。这不仅带来了对传统工业的更新,还带来了新的经济增长点,并极大地推动了实物资本和人力资本的积累。这期间,非农企业劳动生产力指数(每小时产量)从1983年的54.364(2009年=100)增加至1989年的60.082[3];美国工业生产总值、用于医疗和教育的财政支出均有所增加;1984年,移动电话使用量为每百人中有0.04人,这一数值在1989年上升至1.41人[4]。在政策、科技和资本的多重推动下,美国经济得到深刻调整,自1983年起逐渐恢复元气,经

---

① 赵月华,李志英. 模式 I 美国、日本、韩国经济发展模式. 济南:山东人民出版社有限公司,2006.
② 数据来源:美国经济分析局。
③ 数据来源:美国劳工部。
④ 数据来源:世界银行。

济发展状况大为改善。由图 2-2 可以明显看出,1983—1989 年,美国 GDP 的年均增长率达到了 4.41%,年均增速已大幅回升,年均 CPI 同比增长率已下降至 3.64%,失业率也在 80 年代末低于 6%。

尽管在调整阶段,美国经济已经基本恢复到了 20 世纪五六十年代的增长水平,但滞胀阶段给美国经济发展带来了太多的不确定性。在遭受外部冲击时所受的负面影响较大且持续时间较长,给社会造成了非常严重的危害,因此这一时期美国的经济增长是不具有稳定性的。长时间的滞胀也意味着美国在这一时期并未实现可持续的经济增长。但是,能源消费、环境污染、生态破坏等问题越来越受到美国相关权威机构的高度重视,这为实现经济增长的可持续性起到了一定的推动作用。一是制定或修订了一系列环保法案,如《清洁水法》《清洁空气法》和《超级基金法》等;二是开始使用司法手段确保环境法律和政策得到有效执行,例如美国环保局有权向违反固定污染源废气排放标准者发出终止令,并把问题提交司法部进行起诉;三是充分吸收地方和社会资本,以确保充裕的环境保护资金,据统计,到 1980 年美国为了履行联邦环境保护规章条例每年要花费 400 多亿美元[①];四是将信息技术应用到环保领域,例如 20 世纪 80 年代纽约州发起的"新一代的水资源管理计划"行动等。

三、 新经济产生与发展阶段(20 世纪 90 年代)

在 1990 年 10 月爆发了持续半年左右的经济危机后,从 1991 年下半年起,美国经济开始强劲复苏,并在接下来的十年里实现了低通胀伴随着低失业率的长期繁荣。由表 2-3 可以看出,在这十年间,除最初两年受经济危机的负面影响外,其余年份美国的经济增速都保持在 2.5% 以上,且有四年超过 4%;1999 年的个人可支配收入相比 1990 年增长了近 60%;失业率逐渐下降,并在 20 世纪 90 年代末保持在 5% 以下;通货膨胀率一直维持在 3% 左右,均达到较为理想的水平。这一经济增长率高、收入水平高、通货膨胀适度、失业率低的良好经济运行态势,被美国称为"新

---

① 生态环境部环境与经济政策研究中心《美国同等发展阶段有哪些环保经验值得借鉴》(2017 年 2 月 14 日)。

经济时代"。相对欧盟、日本等其他主要发达经济体,美国在20世纪90年代的经济发展状况要好得多,这一时期也是美国战后经济发展状况最为良好的时期之一,新经济的产生与发展可以通过多个方面的因素进行阐释。

表2-3 1990—1999年美国GDP增速、个人可支配收入、通货膨胀率和失业率

年份	GDP实际增速 (单位:%)	个人可支配收入 (单位:亿美元)	CPI同比增长率 (单位:%)	失业率 (单位:%)
1990	1.90	42540	5.40	5.62
1991	-0.10	44449	4.20	6.85
1992	3.50	47367	3.00	7.49
1993	2.80	49216	3.00	6.91
1994	4.00	51843	2.60	6.10
1995	2.70	54570	2.80	5.59
1996	3.80	57596	3.00	5.41
1997	4.40	60746	2.30	4.94
1998	4.50	64989	1.60	4.50
1999	4.80	68033	2.20	4.22

注:数据来源于美国劳工部和美国经济分析局。

首先是科技因素。受益于美国20世纪80年代的经济结构调整,企业在技术创新方面的灵活性得到充分发挥,出口和吸引外资能力大大增强,为高新技术产业的发展营造了良好的内、外部环境。根据美国经济分析局统计数据,1999年,R&D投资与产出均比1990年增加了50%以上。科学技术的崛起带来了生产方式的变革,社会生产效率得到明显提高。根据美国劳工部统计数据测算,1994年的非农企业劳动生产力指数(每小时产量)比1990年增长了7.07%;而1999年的非农企业劳动生产力指数(每小时产量)比1995年增长了11.38%,增速明显高于20世纪90年代前半段。主要原因在于,1995年以后,以雅虎为代表的各类门户网站相继出现,美国的互联网发展进入了百花齐放的时代,个人电脑、处理器、操作系统等计算机关键技术有了新的突破。无论是政府部门、学校、

企业还是个人都在自建网站,居民互联网普及率由 1990 年的 0.78％猛增至 1999 年的 35.85％①,由此美国便真正进入了信息爆炸时代。除此之外,随着高新科技的渗透,传统产业实现了生产设备的革新和管理模式的改进,通信、航天、生物医药等其他高新技术产业也进入了快速发展的轨道。在这一时期,传统产业与知识经济、虚拟经济和网络经济的全面结合,以及高新技术在商业中的成熟运用,为美国经济的发展提供了新的经济增长点。

　　其次是资本因素。就实物资本而言,1999 年,固定资产投资额较1990 年翻了近一番,为实物资本的加速积累提供了支持。工业生产总值(最终产品和非工业产品)在这十年内增长了 37.31％,其中,汽车产品和商业设备的总产值分别增长了 74.72％和 83.7％。此外,1999 年的建造支出比 1993 年增长了 53.34％②;移动电话使用量由 1990 年的每百人中有 2.1 人剧增至 1999 年的每百人中有 30.89 人;航空运输的货运周转量和客运量在这十年间分别增加了 84.51％和 36.55％③;玉米、小麦、大豆等主要农作物的单位产量不断上升;信息技术产品在传统制造业国际竞争力衰落时为美国打开了新的市场,半导体、通信设备产品出口量大幅上升;生物技术产品销售额也实现了翻番式的增长。就人力资本而言,1999年,美国医保覆盖率高达 86.4％;出生时平均预期寿命由 1990 年的75.21 岁增加至 1999 年的 76.58 岁④;生物技术、航空航天、通信技术等第三产业的就业人数持续上升,就业比重约占 70％⑤;用于教育、医疗等的财政支出日益增加,成为人力资本持续积累的重要源泉。无论是实物资本积累还是人力资本积累,都能够在一定程度上促进经济的繁荣发展,但由于信息化时代的到来,人力资本逐步取代了在经济发展中实物资本一直占据的主导地位。

　　最后是政策因素。这一时期,美国政府实施的是宏观调控、微观自主

---

① 数据来源:世界银行。
② 数据来源:美联储。
③ 数据来源:世界银行。
④ 数据来源:世界银行。
⑤ 数据来源:美国劳工部。

的经济政策,既反对完全自由,又反对过度干预。政策调整的核心在于将科技创新提高到国家战略层面,以信息技术为中心,注重民用科学技术的发展。这些政策措施使美国在确保物价稳定、失业率维持相对合理水平的前提下,有效地推动了经济的发展。当然,这些政策能够推出和顺利实施也是由于20世纪90年代初前苏联解体,美苏全球两极对抗格局结束,紧张的国际形势有了很大的缓和,因此美国在军事方面的压力减轻,可以将更多的资源从军事转向民用新兴产业上。根据美联储统计数据,1999年的国防和空间设备总产值比1990年降低了28.29%。

在新经济产生与发展阶段,美国经济虽然实现了较为稳定的增长,在环保运动方面也做了大量的工作,现代环保政策日趋完善,资源与环境问题也因此得到一定的控制,但可持续发展,尤其是资源与环境等方面的问题仍然严重。

四、21世纪后的发展阶段(2000—2016年)①

进入新世纪后,美国经济增长速度开始大幅降温(如图2-3所示),根据美国经济分析局统计数据测算,2000—2016年的年均GDP增速仅为2.04%,且除2000年外没有一年达到4%以上。

受互联网泡沫破裂的影响,2001年的GDP增速仅为1%。虽然这次泡沫危机持续的时间并不长,破坏力也相对较小,但美国已经明显结束了"新经济时代"的增长势头。美国次贷危机爆发后,经济进入了新一轮的衰退,2007年的GDP增速下降至1.9%。到2008年9月,这场金融危机开始失控,导致多个相当大型的金融机构倒闭或被政府接管,并引发了世界性的金融危机。美国作为这场席卷全球的金融危机的发源国,理所当然地成为最早受到危机影响的国家。于是,美国在2008年告别了连续16年的GDP正增长,且2009年的GDP增长率暴跌至-2.5%,是19世

---

① 之所以选取2000—2016年进行分析,主要是因为2017年特朗普政府上台后,对内政策出现了非常大的变动,在"美国优先"的口号下,对外决策也充满了不确定性,国内外经济环境的动荡给2017年后美国经济的发展造成了巨大的影响。我们将在下一节美国经济的发展现状中分析特朗普上任后的情形,在战后发展历程的回顾中仅选取2000—2016年来分析21世纪后的经济发展情况。

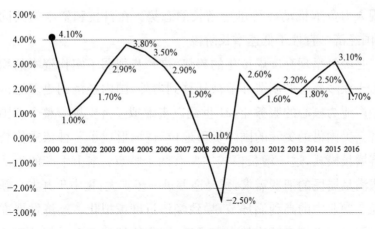

图 2-3 2000—2016 年美国实际 GDP 增长率
注：数据来源于美国经济分析局。

纪 60 年代以来的最低经济增速。为了尽早走出这场危机,美国财政部和美联储相继出台了一系列罕见的应对措施:美国财政部实施了 1500 亿美元的一揽子财政刺激计划,并推出有史以来规模最大的 7000 亿美元金融救援计划;美联储加大了货币政策力度,进行了为数四轮的量化宽松,基准利率和贴现率双双下调至历史罕见的水平[1]。在这之后的几年里,美国经济整体呈现回升,但 GDP 增速一直处于较低水平。21 世纪以来,美国经济增长乏力的原因主要来自以下三个方面。

一是没有新的经济增长点,实物和人力资本积累能力减弱。作为发达经济体的"领头羊",美国的经济实力和科技实力都是世界上最强大的国家,进入信息化时代后,其科技水平虽有提升,但尚未形成一个足以支撑整个产业的新的经济增长点。21 世纪初,美国本土制造业进一步向新兴工业化国家外流,"产业空心化"态势逐渐严重,并且制造业产值世界第一的地位在 2010 年被中国反超,大大削弱了美国实物资本的积累能力。由于美国对教育、医疗等领域的重视,以及国外高技能人才的流入,其劳动力的质量、劳动者的工作能力和技术水平一直处于不断向前发展的阶段。然而,经济危机的爆发大幅减少了美国的就业人数,2008 年金融危机前后的失业率接近或达到 10%,造成了一定程度的人力资源浪费,难

---

[1] 陈宝森,王荣军,罗振兴.当代美国经济.北京:社会科学文献出版社,2011.

以实现人力资本推动经济迅速增长的态势。在科技和资本的共同作用下,美国经济一直处于低速增长阶段。

二是经济呈现高度虚拟化的趋势,进一步削弱了实物资本的积累能力。由于众多商品的制造环节被迁移到海外,国内经济则更多地依赖于以金融产业为核心的服务业,21世纪以来虚拟经济支撑着整个美国的国民经济。美国借助美元的国际货币地位,逐渐形成了一种依靠信贷刺激的经济增长模式,这一增长模式主要有两个特点:本土生产的生活必需品无法满足居民的消费需求,贸易逆差进一步扩大;集中于开发高新技术产业与金融业中的高利润环节,导致经济过度虚拟化。经济发展虚拟化激化了资本主义经济结构的内在矛盾,即实体领域和金融领域间的职能矛盾,使得金融资本创造的利润越来越脱离实体经济中职能资本创造的剩余价值,国家经济的运行风险不断提高。长此以往,危机的爆发是不可避免的[①]。

三是债务危机恶化,极大地挤压了推动发展的政策推出和实施的空间。就财政收入而言。由于选举宣传需要,美国两大政党都不愿以提高税收来弥补财政赤字,这极大地限制了政府的财政收入来源。就财政支出而言。美国政府为了维持世界头号强国地位的政治军事支出,迫于选举压力承诺和施行的高福利政策,以及由于经济危机的救市需要,多力并举,导致财政支出居高不下。随着财政收入和财政支出之间差额的不断积累,巨大的赤字压力得以形成,不仅限制了美国政府应用财政政策工具的空间,还带来了政府破产等其他风险,进一步恶化了经济发展的环境。根据白宫预算管理局统计数据,2009年,联邦政府财政预算赤字高达1.4万亿美元,约相当于GDP的10%。

第二节 美国经济的发展现状

现阶段,美国仍是世界第一大经济体,为全球GDP总量的贡献超过

---

① 陈江生.世界经济格局变化趋势及其全球影响.现代国际关系,2007(09):1—6.

20%,是引领世界经济增长的第一强国。因此,美国的经济发展状况不仅会影响世界经济的发展进程,同时也会在很大程度上影响未来一段时期内世界经济格局的变动。接下来,我们将以 2017 年至今的美国经济发展情况为对象做分析,进而把握美国经济的发展现状。

一、 现阶段的美国经济发展

事实上,早在 2008 年金融危机后,美国就开始反思虚拟经济过度发展的弊病,奥巴马政府提出了一系列重振制造业的政策,也即"再工业化"战略。但是,从工业总产值(最终产品和非工业用品)来看,"再工业化"完成得并不理想,虽在前期有小幅增加,但在 2015—2016 年期间又开始下降。于是,为了"让美国再次伟大",特朗普政府采取了"胡萝卜加大棒"的方式大力推进制造业回流。在政策优惠、取消关贸协定、征收关税等一系列组合拳下,美国制造业回流的趋势非常明显。韩国的 LG、三星和美国英特尔等行业的龙头企业先后宣布将在美国投资建厂;2017 年 9 月,美国制造业扩张速度达到了 13 年来的新高,就业指数也攀升至 6 年来的最高水平。制造业的回流,加之 2017 年的固定资产投资额(固定资产和耐用消费品投资)持续增加(增速为 4.9%)以及工业部门产能利用率继续提高(上升至 76.45%,比 2016 年增加了 1.4 个百分点)[①],促进了实物资本大规模积累的实现。根据世界经济论坛发布的《2017 年全球人力资本报告——为未来工作准备人才》显示,美国的人力资本水平位居全球第四位(前三位依次是挪威、芬兰、瑞士),人力资本利用率超过 70%。2017 年,美国基础科学领域成果丰富,诺贝尔物理、化学、生理学或医学、经济学四大科学奖项的 10 位获奖者中,美国占据 7 席。尽管特朗普执政以来实施了一系列"反科学"的政策行动,如大幅削减科研预算、颁布科研信息公开禁令等,但由于美国长期形成的强大科研体系和良好创新生态系统,其整体的创新实力仍然领先世界。因此,即使美国不断"退群"(如宣布退出跨太平洋伙伴关系协定、退出"巴黎气候协定"等),以及特朗普政府大改移民、医疗等相关国内政策,但由于资本与科技等其他因素在推动经济

---

① 数据来源:美联储。

发展中的重要作用,美国在 2017 年的 GDP 增长率由 2016 年的 1.7% 上升至 2.3%。此外,失业率在这一年中也持续下滑,2017 年 12 月为 4.1%,较年初下降了 0.6 个百分点,达到较为合理的水准;个人可支配收入较 2016 年增加了 4.92%,密歇根大学消费者信心指数于 2017 年 10 月突破 100(达 100.7),人民的生活水平得到提升。但与此同时,通胀水平也有所提高,CPI 同比增速为 2.1%,创下了 5 年来最大的增长幅度;联邦政府财政预算赤字进一步扩大,比 2016 年增长了 13.68%[①];由于经济复苏使得国内需求上升,随之而来的是贸易赤字逐步增加。

2018 年,美国经济的基本面依旧稳固:经济增长动力有所增强,失业率仍处于较低水平,通货膨胀率温和上升,对外贸易规模持续扩大。就经济增长动力而言。2018 年,美国 GDP 增速上升至 3%,较 2017 年增长了 0.7 个百分点,主要动力来源于资本与科技。一方面,制造业回流带来了工业总产值(最终产品和非工业用品)的继续上升、固定资产投资额(固定资产和耐用消费品投资)增长速度加快(增速为 6.7%,较上一年增长了 1.8 个百分点)、工业产能利用率维持在 78.72% 的高位上(较上一年增长了 2.27 个百分点),这些都有利于美国实物资本积累能力的进一步加强;与此同时,人力资本仍呈现高位发展的态势,这从诺贝尔奖获得者国籍(四大科学奖项的 10 位获奖者中,美国占据 6 席)、政府教育和医疗等领域支出的持续增加、人力资本利用率仍居高位可以明显看出。另一方面,美国政府相继推出太空、生物、网络等多项科技战略,并签署国家量子法案,还责成相关部门制定国家频谱战略以引导 5G 网络建设,进一步巩固了美国的科技优势地位。就失业率和通胀水平而言,失业率再创新低,维持在 4% 以下。这为资本的积累和科技水平的提高提供了支持;尽管 8 月以后通货膨胀率呈现小幅下滑态势,但 2018 年整体的 CPI 同比增长率仍比 2017 年温和上升了 0.3 个百分点。就对外贸易而言,由于美国国内消费需求回暖,以及主要贸易伙伴需求提振,极大地增强了美国的进出口动力,贸易总额仍呈逐步扩大趋势。然而,在此期间,美国的对外贸易政策并不友好。特朗普政府认定进口钢铁和铝产品威胁到美国国家安全,

---

① 数据来源:白宫预算管理局。

于是签署"对进口钢铁和铝征收关税"的法令;同年,以缩小中美贸易逆差为由,对从中国进口的商品加征关税。即便如此,这些政策还未对美国的对外贸易产生严重影响,更重要的是,美国单边贸易保护主义政策并未缩小贸易逆差反而使其继续扩大。就财政赤字而言,在军费、基建以及债务利息等领域政府支出不断加大的同时,特朗普政府的大规模减税(如企业所得税率由35%削减至21%等)又导致其财政收入出现持续锐减。根据美国白宫预算管理局统计数据,联邦政府财政预算赤字较上一财年扩大了17.14%至7790亿美元,占其GDP的比重升至3.9%。债务规模的不断扩大,势必将从根本上挤压特朗普经济政策的运筹空间。

2019年,美国GDP增速回落至2.2%,比上一年度下降了0.8个百分点,远未达到特朗普政府设定的3%的经济增长目标。这一现象的出现,主要可以从贸易摩擦、减税刺激措施效果减弱以及全球经济普遍疲软等因素进行分析。首先是贸易摩擦因素。由美国发起的中美贸易战愈演愈烈,而中国又是美国最大的进出口贸易国,双方不断地加征关税必然会造成双边贸易额的急剧下降,极大地阻碍了中美两国的贸易发展。2019年,美国商品进口额和出口额均呈下降态势,毫无疑问地导致商品贸易总额减少。贸易量的减少削弱了美国从外部获取物质力量用于自身生产的能力,进而阻碍了美国的实物资本积累。根据美联储统计数据,2019年的工业产能利用率降低至77.8%(比上一年度下降了0.92个百分点),美国经济增长动力则因此受阻。其次是减税刺激效果减弱因素。由于减税刺激的效果呈边际递减趋势,叠加美联储加息的影响,个人消费与私人投资的动力逐步走弱。2019年,美国个人总支出和私人固定资产投资额(非住宅)增速均略有下降,不利于资本的持续积累和科技创新能力的提高。根据世界知识产权组织统计数据,2019年,美国通过《专利合作条约》(PCT)体系提交了57840件申请,长期保持的世界领先地位已被中国(58990件申请)反超。加之联邦政府预算赤字的进一步扩大(较上一财政年增速达26.32%),随之而来的必然是美国经济增速的放缓。最后是全球经济普遍疲软因素。除美国外的其他发达经济体的经济增速也明显放缓,新兴市场和发展中经济体的经济下行压力也逐步加大,两相合力,导致2019年全球经济增长速度呈下降走势(根据世界银行统计数据,全球实际 GDP 同比增速已由 2018 年的 3.58％下降至 2019 年的 2.9％），不确定性因素显著增多。外部环境的疲软以及不确定性对美国的经济活动构成拖累，美国的经济增长也因此不会一直持续下去。尽管美国经济增速放缓，但其经济处于一个"超常的时代"，也即一个低通胀与超低失业率伴生的时代，2019 年的失业率继续下降，并于 12 月维持在 3.5％的水平上；CPI 同比增长率为 1.8％，比去年下降了 0.6 个百分点。

2020 年初，新冠疫情在世界范围内暴发，造成全球经济萎缩。美国在疫情初期顾及资产阶级利益，有意缩小检测范围、弱化疫情严重性、宣扬"自由主义"等，后续的联系跟踪或强制隔离措施也并不那么严格，致使其成为世界新冠疫情累积确诊人数最多的国家。美国累计确诊新冠肺炎病例已超 4000 万例，累计死亡病例超过 60 万例。由于新冠疫情在美国十分严重，其经济也受到了巨大的冲击。根据美国经济分析局统计数据，2020 年第一、二季度美国不变价 GDP 折年数同比增长率分别为 0.32％、－9.14％，实际 GDP 环比折年率分别为 －4.8％、－32.9％，这一下降幅度是自 1947 年开始公布季度 GDP 数据以来的最大降幅。IMF《世界经济展望》报告（2021 年 4 月）指出，2020 年，美国实际 GDP 增速出现本世纪以来前所未有的低水平，大幅降至 －3.5％。从实物资本的角度看，2020 年前两个季度的工业生产总值（最终产品和非工业用品）分别下降了 2.4％和 15.8％，工业产能利用率由 2019 年第四季度的 77.24％下降至 2020 年第二季度的 65.82％。叠加企业停工停产，且没有意愿扩大产能等的影响，严重削弱了实物资本的积累能力。从人力资本的角度看，自疫情暴发后美国失业率大幅走高，并在 2020 年 4—7 月超过 10％，雇员与雇主形成持久雇佣关系的能力减弱，雇主也就没有培训和提升雇员劳动技能的积极性。雇员们的薪酬也会逐步减少（2020 年第二季度的雇员报酬明显降低），进而削弱了他们主动提高自身教育水平、工作能力和技能水平的动力。此外，在新冠疫情持续蔓延的影响下，患病率和死亡率一直走高，下至底层职员上至总统都受到感染，社会劳动力的健康状况较差。受失业率和死亡率大幅提高的负面影响，人力资本具有非常大的受损风险。从科学技术的角度看，一方面推行"美国优先"的美国实施了许多阻碍与中国科研人员的交流的政策，另一方面疫情客观上阻碍了世界各地科研人员交流,肯定会使科技发展实际速度低于潜在速度。从经济制度的角度看,在面对全局性、系统性问题时,资本主义制度存在着先天的缺陷,是无法有效解决问题的。面对新冠疫情,在生产资料私有制的经济制度下,美国在关键时刻无法充分调动医院、工厂、公共交通等资源,难以迅速遏制疫情的蔓延,进而引发经济的大范围衰退,这就是一个很好的例证。

二、 现阶段美国经济发展的优势和劣势分析

(一)美国经济发展的内部优势

美国经济发展的内部优势在于以下三个方面:

第一,高等教育与人才资源具有明显优势。一方面,美国是世界上教育事业最发达的国家之一,且其高等教育处于世界领先地位,在 QS2020 年世界大学排行榜中,美国占据世界排名前五位大学中的四席;另一方面,由于美国拥有很强的教育实力,并对海外人才有一定吸引力,其人力资本的积累能力也较强。

第二,科研水平和创新能力位居世界前列。美国一直以来是世界科技强国,无论是研发投入、创新氛围还是科研创新成果均名列世界前茅。美国是全球获诺贝尔奖人数最多的国家,且 2020 年诺贝尔奖获得者中有超过 50% 来自于美国或有在美国读书的经历;据世界知识产权组织发布的《2020 年全球创新指数(GII)》报告,美国创新指数排名第三位,创新质量衡量指标则在高收入经济体中排名第一位。

第三,拥有最高的全球经济治理话语权。尽管近年来美国在世界上的话语权有所下降,但其影响力在现有制度安排中仍然具有绝对的领先优势,例如美国在 IMF、世界银行中的投票权权重仍维持在 15% 以上。就目前国际发展态势而言,还没有任何一个国家可以和美国势均力敌,也就意味着短期内美国仍拥有最高的国际话语权。

(二)美国经济发展的内部劣势

美国经济发展的内部劣势在于以下三个方面:

第一,经济的虚拟化进程在短期内难以逆转。虽然美国政府尝试重

振美国的制造业,但由于资本逐利性本质以及美国经济制度的影响,其经济资源还是更加倾向于流向服务业,至少在短期内,经济虚拟化的进程难以逆转,由此导致美国经济发展的结构失衡问题难以解决,进而削弱了美国经济的复苏及发展势头。

第二,不平等问题日益严峻。一方面是贫富差距现象凸显,由于资本主义制度存在剥削和压迫,依靠不断榨取劳动者创造的剩余价值来获得利润,必然会出现贫富差距拉大现象,现阶段美国全部住户的收入基尼系数达到近 0.5,收入差距较大;另一方面是黑人与白人的矛盾越来越严重,由此催生出许多抗议活动和暴力事件,严重阻碍美国经济的健康稳定发展。

第三,财政赤字与债务问题愈发严重。联邦政府财政预算赤字逐年增大,给美国经济增长的可持续性蒙上了阴影,由于联邦政府抗击新冠肺炎疫情的需要,在 2020 财年,美国预算赤字高达创纪录的 3.1 万亿美元(2019 财年的预算赤字仅为 9840 亿美元)。此外,美国的债务规模也在以前所未有的速度上涨,可能会招致债务危机。

(三)美国经济发展的外部机会

美国经济发展的外部机会在于以下三个方面:

第一,新一轮科技革命和产业变革加速美国经济发展。在新一轮科技革命和产业变革蓄势待发的大背景下,美国不仅推进自身网络安全建设,先后签署了《2019 年安全可信通信网络法案》《宽带数据法》《2020 年安全 5G 及以后法案》等,还发布了《2020—2030 年国家流感疫苗现代化战略》,强化自主掌握流感疫苗的研发、制造。此外,《无尽前沿法案》的推出更是极大地推动了美国的先进技术研究,进而给经济发展创造更多机遇。

第二,特朗普政府不断"退群"的消极影响得到改善。特朗普任职时期采取全线收缩政策,退出了大量国际组织,致使美国的国际信誉下降,而在拜登政府上台后所签署的首批行政命令中,就包括重新加入巴黎气候协定、世界卫生组织等,有利于恢复国际社会对美国的信任度,进而通过加强国际合作推动后疫情时代的经济复苏。

第三，与盟友之间的结合更加紧密。相比于特朗普政府的特立独行，拜登政府更加重视同盟，一方面或将继续保持"四国联盟"的合作，并进一步扩大联盟范围，另一方面也有可能重建跨太平洋伙伴关系，以巩固美国在亚太地区的领导地位，重新夺回区域经济空间。此外，可能会重建跨大西洋关系，与欧盟达成"技术联盟"，以科技交流合作促进经济发展。

（四）美国经济发展的外部威胁

美国经济发展的外部威胁在于以下三个方面：

第一，新冠疫情给经济发展带来持续时间较长的负面冲击。美国目前是世界上疫情累计确诊人数与累积死亡人数最高的国家，且每日新增确诊高达10万余人，这已经对经济发展造成严重冲击，且这一冲击不是短期内能够恢复的，将持续较长时间。即使美国推出了众多短期政策，也难以对冲。

第二，新兴市场和发展中经济体为主导的国际组织挑战了传统国际组织的权威。随着新兴市场和发展中经济体的群体性崛起，上海合作组织、金砖国家、非洲联盟等组织在世界经济事务中的话语权越来越大，亚洲基础设施投资银行和丝路基金等国际金融平台也发挥着更大的作用，而以美国主导的"七国集团"、IMF、世界银行等的影响力则不断下降，不利于巩固美国在国际经济规则制定方面的领导地位。

第三，中国的不断崛起削弱了美国的国际地位。根据IMF《世界经济展望》报告（2020年10月）预计，2025年，中国和美国的经济总量将分别达到23.03万亿美元和25.78万亿美元，中国经济实力的增强使得军事力量大幅提升，中国道路也越来越得到认可，中美两国在国际格局中的地位正以更快的速度接近。美国则因此采取更为严密的防范围堵，加剧与中国之间的竞争甚至对抗，不利于塑造促进经济稳定健康发展的大国关系。

第三节　美国经济的发展前瞻

前面我们从不同阶段实物资本、人力资本、科学技术、经济制度对经济发展的影响的角度回顾了美国经济的发展历程。接下来,我们从这四个要素的视角切入,对美国短期(未来3—5年)及中长期(未来15—20年甚至更长)经济发展做一个预判。

一、 美国经济短期发展前瞻

我们先对短期内生产要素的发展情况做预判。其一,实物资本的积累能力可能不会迅速增强。一则,即使美国加速制造业回流进程,但全球产业供应链格局已经形成并在短期内难以发生逆转性变化;二则,美国在短期内将不会改变经济过度虚拟化的发展模式,在制造业上投入的资源相对较少;三则,全球经济复苏乏力致使美国的进出口贸易增速放缓。其二,人力资本的积累速度放缓。一方面,疫情带来的失业危机与劳动力健康危机以及全球人才流动受限等短期内不会消散,使得美国人力资本的投入量具有不稳定性;另一方面,受经济低迷、财政赤字及债务、种族歧视等问题的影响,优秀科技或管理人才的流入意愿会受到抑制。其三,科技水平进一步提高。纵观人类发展历史,人类战胜重大灾难离不开科学的发展与技术的创新,后疫情时代科技领域迎来新发展机遇,将成为推动美国经济复苏的重要一环,但在短期内形成一个足以支撑起美国繁荣发展的新的经济增长点还是比较困难的。其四,经济制度在短期内不会发生实质性改变。经济制度是从生产关系视角影响经济发展的一个要素,作为资本主义国家的"领头羊",美国具有相对成熟的经济制度,而这一制度也同样有着它自身的不足与矛盾之处,亟待改善甚至改革,否则将阻碍美国的经济发展,但美国对自己的经济制度过于自信,在短期内难以有较大程度的改进。

而后是在对要素情况预测的基础上,使用第一章所构建的经济发展模型,分别从经济总量增长、增长的稳定性及可持续性三个方面对美国短期经济发展进行研判。就经济总量而言,根据第一章的式(17)—(20)可知,在确切且相对稳定的经济制度下,一个国家或经济体经济总量的增长率与科技水平、实物资本投入、人力资本投入息息相关。美国短期内的资本积累速度不会有较大幅度的加快,足以支撑起美国繁荣发展的突破性技术在短期也不会出现,人力资本的积累增长速度可能还会因为美国霸权的衰落而下降,因而美国的经济增长速度仍将处于较低水平。这一论述可由 IMF 对 2021—2025 年的经济预测所证明,根据 IMF① 预计,2021—2025 年美国实际 GDP 增速将分别为 6.4%、3.5%、1.4%、1.5%、1.6%。即便如此,短期内,美国仍将保持世界经济第一大国的地位,且在世界经济事务的处理过程中占据主导。就经济增长的稳定性而言,由第一章的式(21)、(23)可知,经济冲击导致科技水平变动对社会总产出的影响大于资本变动,且稳定程度与产出的弹性系数有关。在新冠疫情期间,主要是资本(尤其是实物资本)受到较大的负面冲击,科技水平反而还会上升,结合美国中期选举后政府政策的变更情况、突发事件或危机的严重程度等综合判断,美国的经济增长在未来 3—5 年还具有很大的不确定性。此外,能源消耗与生态环境恶化、经济增长支柱愈发虚拟化、政府预算赤字和债务扩大、贫富差距悬殊等问题在短期内将不能得到充分解决。

二、 美国经济中长期发展前瞻

我们先对美国中长期内生产要素的发展情况做一个预判,而后以此为基础,对美国中长期经济发展进行研判。

情况 Ⅰ(乐观情况):若美国能够充分利用其内部优势与外部机会,改进内部劣势、防范外部威胁,那么在中长期内:美国将实现制造业回流,使经济过度虚拟化问题得到较好解决;经济结构日益改善,形成更有利于实物资本积累的基础;较成功地发展美国与其他国家的贸易、投资,保住美国在全球经济治理中的领导地位。保住并推动高等教育与人力资源优势,人力资本的数量与质量上升到更高水平。继续保持科技水平全球领先的地位,并不断提升科技水平、加强与盟友间的科技创新合作,找到一个支撑起美国繁荣发展的新的经济增长点,成为新一轮科技革命和产业变革的主要引领者。从其他国家的发展中借鉴成功经验,不断完善自身发展道路,形成更能促进美国经济社会健康稳定发展的发展模式。如此,将促使美国经济在未来 15—20 年,以比短期更快、更稳定的速度增长,且在整个 21 世纪 30 年代继续保持世界第一大经济体的地位。

---

① 本书后面前瞻部分所指 IMF 预计均为 IMF 2021 年 4 月数据库数字。

　　情况Ⅱ（中间情况）：若美国在一定程度上利用好其内部优势与外部机会，并比较妥善地处理内部劣势与外部威胁，那么在中长期内：经济过度虚拟化问题能够在一定程度上得到改善，虽然经济结构调整不是很成功但也能较好地维持发展，贸易、投资有较大发展。通过在发展中较大规模地扩大对高等教育及人力资本的投入，劳动力的数量与质量均能够得到持续上升。由于是新一轮科技革命和产业变革的引领者之一，其科技水平的提高速度较为可观。虽然资本主义经济制度的弊端进一步显现，无论是经济还是社会问题，在资本主义框架下均无法有效解决，越来越不利于美国的经济发展，但并没有出现大规模的爆发。在这样的情况下，美国经济也还能较稳定地增长，经济总量会在 2030 年左右被其他国家（如中国）超越，并在之后逐渐失去其全球经济治理中的领导地位。

　　情况Ⅲ（悲观情况）：若美国不能将其内部优势与外部机会有效利用，内部劣势与外部威胁也未能妥善处理，那么在中长期内：强制制造业回流所带来的不过是加剧家庭负担、激化阶级矛盾；补贴政策又会扩大财政预算赤字，进而不利于经济的健康稳定增长和实物资本的持续积累。不断被激化的资本主义内在矛盾可能会引发经济危机，进而造成失业率有较大的波动；美国移民政策还会有新的变更，进一步阻碍外部人力资源流入美国，人力资本的增长将变得更为乏力。美国没能较好地利用现有的科技优势，科技领先地位在这个时期里被其他国家（如正在迅速崛起的中国）反超，某些关键性技术还可能需要引进，必将大大增加美国经济的发展成本。美国发展道路在整个世界上的影响力大大下降。在这种情况下，美国经济将维持低速增长，且是一种缺乏稳定性的增长。美国世界第一大经济体的地位将在 10 年内就不复存在，不仅是全球经济治理的领导地位，文化霸权、语言霸权和信息霸权等也会随之逐渐消失。

第三章

欧盟的经济发展

不同于美国,欧盟是个国家集团,其经济发展是否符合我们所提出的一般性理论呢?经过研究,我们发现,基于历史唯物主义提出来的这一理论,其应用范围并不限于国家,其对国家集团经济发展的解释力依然是强大的。因此,和前一章分析美国时一样,我们不仅通过我们的理论以解释欧盟经济发展的方式阐述了欧盟经济发展的历史,而且据此做了前瞻。

第一节　欧洲经济一体化历程

第二次世界大战后,为了尽快推动经济复苏,同时避免重蹈两次世界大战的覆辙,欧洲统一思潮开始在欧洲大陆盛行开来,并逐步被应用于实践。欧洲经济一体化历经了自 1951 年《欧洲煤钢共同体条约》的签订,到1993 年欧洲联盟正式成立的漫长的实践过程,其规章制度日趋完善,组织结构愈发紧密,成员规模(英国脱欧前)也越来越庞大。欧洲经济一体化不仅对战后欧洲经济的复苏和发展作出了巨大的贡献,同时还给经济全球化以及世界上其他地区的区域经济一体化提供了宝贵的经验。

一、欧洲经济一体化的背景

欧洲经济一体化是有其历史渊源的。一方面,欧洲是近代科学文化与技术发展最早的地区,也是资本主义的发源地,但其内部在政治上却总是四分五裂,始终未曾实现过统一。另一方面,欧洲各国的文化基本都起源于地中海地区的希腊罗马古典文明和北方的日耳曼文明,在宗教势力的影响下,这两种文化来源融合在一起,成为今天欧洲文明的文化传统①。于是,便有人幻想建立一个庞大的帝国,实现欧洲宗教、文化、政治以及经济的全面统一。例如,在中世纪时期,法兰克帝国和神圣罗马帝国等都将欧洲许多地区统一在其疆域之内;1646年,波希米亚国王乔治建议欧洲基督教国家应该组成联盟,以对抗奥斯曼帝国的扩张;1776年,美国独立战争爆发后,拉法耶特侯爵等人也曾主张欧洲效仿美利坚合众国,建立欧洲合众国。

另外,作为第二次世界大战的主战场,欧洲各国经济都遭受到严重的破坏,财政、贸易等状况都极不乐观,经济实力和国际经济地位显著下降,1950年西欧和东欧的GDP占世界GDP的份额由1913年的33.5%和4.5%下降至26.3%和3.5%;昔日的欧洲强国英、法、德、意等的经济力量严重削弱,其GDP占世界GDP的份额分别由1913年的8.3%、5.3%、8.8%、3.5%下降至1950年的6.5%、4.1%、5.0%、3.1%。② 而美国则趁西欧国家当权者需要它从政治、军事、经济上加以"援助"和"保护"之际,推行以争夺欧洲为重点的"遏制"政策,企图全面控制欧洲。前苏联则在反法西斯后国力大大增强,其GDP在世界GDP的比重由1913年的8.6%上升至9.6%,并在欧洲地区与美国形成冷战对峙局面。美苏两国在欧洲地区的争霸局面给欧洲国家的发展带来了巨大的压力,如德国被分裂成两部分未能统一,还留下了棘手的柏林问题,进而导致欧洲地区潜伏着不稳定和冲突的危险;欧洲被分裂为东西两方,成为美苏冷战时期的前哨阵地,安全无法得到保障;美苏在中东、非洲和拉丁美洲等地区的干涉,直接影响到西欧国家的原料、能源供应和海外市场。

战后国民经济被破坏带来的社会不稳定,以及美苏在欧洲展开的激烈争夺,使得欧洲(尤其是西欧)很多有识之士们开始觉醒,若要在战后的世界中恢复欧洲昔日的地位,必须寻求政治上的一致,联合是唯一的出路,欧洲统一思潮再次盛行开来,并迅速地在法国、西德、意大利等国的主

---

① 白英瑞,康增奎. 欧洲经济一体化理论与实践. 北京:经济管理出版社,2002.
② [英]安格斯·麦迪森. 世界经济千年史. 伍晓鹰等译. 北京:北京大学出版社,2003.

导下付诸实践。

二、 欧洲经济共同体的成立及发展

第二次世界大战后,为了帮助西欧各国恢复经济,美国制定并实施了"欧洲复兴计划"(又称马歇尔计划),为了使该计划对欧洲的援助达到预期的效果,1947 年,成立了"欧洲经济合作组织"(OEEC),该组织对欧洲经济的一体化起到了很大的促进作用。1948 年,为了增进经济与国防合作,法国、英国、比利时、卢森堡、荷兰五国成立了"西欧联盟"(WEU),进一步推动了欧洲的发展和欧洲经济的一体化。同年,比利时、荷兰、卢森堡三国于 1944 年签订的"比荷卢关税同盟"协议正式生效,这是欧洲经济共同体成立前的重要实践,为欧洲经济的一体化提供了宝贵的经验。

1950 年 5 月,法国外交部长罗伯特·舒曼在后来的欧洲煤钢共同体首任主席让·莫内的推动下,提出了著名的"舒曼计划",该计划呼吁立即采取行动建立一个法德最高权力机构,实行对煤钢生产的共同管理。这一最高权力机构行使有限的具有决定性的权力,形成一种允许其他欧洲国家参加的组织者框架。舒曼的提议很快受到了西德、意大利、比利时、荷兰、卢森堡政府的响应,于是包括法国在内的六个国家开始讨论起草《欧洲煤钢共同体条约》。1951 年,《欧洲煤钢共同体条约》在巴黎签署,并于 1952 年 7 月正式生效。1957 年 3 月,欧洲煤钢共同体六国在罗马签署了《欧洲经济共同体条约》[①],该条约于 1958 年 1 月正式生效,欧洲经济共同体(EEC)也正式宣告成立。

《欧洲经济共同体条约》明确了共同体建立的宗旨是通过建立共同市场和逐步使各成员国实行相近的经济政策,促进整个共同体的经济协调发展,持续平衡地增长,增强稳定性,加速提高生活水平,使所属各成员国之间建立起更密切的关系。具体内容则包括成立关税同盟,推动商品在共同体内的自由流动,推动人员、服务、资本在共同体内的自由流动,同时加强对内部市场、对外贸易、农业、交通运输等主要经济社会政策的协

---

① 同一时间签订的还有《欧洲原子能共同体条约》,该条约和《欧洲经济共同体条约》一起并称为《罗马条约》。

调①。自 1958 年 1 月,该条约正式生效后,相应工作也有条不紊地展开,并取得了一系列成就。在关税同盟方面,《欧洲经济共同体条约》制定了一个 12 至 15 年的时间表,要求成员国分阶段地逐步降低平均关税和取消贸易限额,同时,建立对外统一关税税率也同样采取了分阶段实施的办法。1968 年 7 月,原定于 1969 年 12 月的关税同盟提前建成,这是欧洲经济共同体成立之后的杰出成就。在农业共同市场方面,由于草拟条约时各国间的分歧很大,因此,最终只对共同市场扩大到农业和农产品贸易方面规定了一些原则,要求在过渡时期结束前制定相应政策。在统一经济政策方面,按照《欧洲经济共同体条约》的相关规定,欧洲经济共同体六国在过渡期间的运输政策、贸易政策、人员劳动和资本流通方面的政策都有了很大程度的接近,对国内税、竞争规则、财政收入等的规定也趋于完善。同时,根据《欧洲经济共同体条约》内容,欧洲投资银行于 1958 年 1 月 1 日在卢森堡成立,并于 1959 年正式营业,该银行建立后,对推动欧洲经济共同体六国经济复苏和发展,以及促进工业化与现代化发展作出了较大的贡献。

三、 欧洲共同体的成立及发展

1965 年,欧洲经济共同体六国(法国、西德、意大利、比利时、荷兰、卢森堡)签署了合并条约,决定将欧洲煤钢共同体、欧洲原子能共同体、欧洲经济共同体加以合并。1967 年,三个共同体完成合并,欧洲共同体(EC)正式形成。相对于职能较为单一的欧洲经济共同体,欧洲共同体的内涵更加广泛,其超国家机制和职能的特点更为鲜明,是欧洲经济、政治一体化发展的重大标志,同时也将欧洲经济一体化推向了一个新的高度。

早在 20 世纪 60 年代初,英国、爱尔兰、丹麦、挪威等国就已经提出了加入欧洲经济共同体的申请,但由于政治、经济等多方面的复杂原因,一直未能成功。直到 1972 年,英国、爱尔兰和丹麦与欧共体在布鲁塞尔签署了《加入条约》②;1973 年,这三个国家成功加入了欧共体,欧共体也在

---

① 张荐华. 欧洲一体化与欧盟的经济社会政策. 北京:商务印书馆,2001.
② 1972 年,挪威也与欧共体草签了加入欧共体的协定,但由于挪威国内的反对,最终未能成功。

正式成立后实现了其规模的第一次扩大。新成员的加入，特别是作为西方发达资本主义老牌强国英国的加入，使得欧共体经济总量和贸易总量在欧洲经济总量和贸易总量中的占比大幅提高，欧洲经济一体化进程取得了较大程度的推进。1974 年 12 月，欧共体首脑会议决定，自 1975 年起首脑会议制度化并正式定名为"欧洲理事会"，共同讨论关于共同体的实质性问题和部长理事会无法解决的问题。

欧共体扩大到九国后不久，希腊、葡萄牙、西班牙也先后提出了加入欧共体的申请，欧共体此次采取了逐个谈判、成熟一个即接纳一个的方式。由于这三个国家与欧共体九国的经济、政治联系非常密切，同时积极向欧共体靠拢，因此，1981 年，希腊成功加入欧共体；1986 年，葡萄牙和西班牙也成功加入欧共体。自此，欧共体成员数目已增至十二个，领土面积、人口总量、经济总量在整个欧洲的占比大幅提升，并且欧共体作为一个整体，其国际经济地位也有了较大的提高。1986 年，欧共体通过了《单一欧洲法案》，并于 1987 年正式生效。法案的主要内容是要在 1992 年年底前建成商品、资本、劳务、人员自由流动的统一大市场。

四、 欧洲联盟的成立及发展

1992 年 2 月，在荷兰马斯特里赫特举行的欧洲共同体部长委员会上，旨在建立"欧洲经济货币联盟"和"欧洲政治联盟"的《欧洲联盟条约》[1]签订，并于次年生效，标志着欧洲联盟（EU）正式成立。

欧洲联盟建成之后，其成员国规模也继续扩大。1994 年 3 月，奥地利、瑞典、芬兰加入欧盟的协商完成[2]，并于 1995 年 1 月正式加入，欧盟的成员国扩大到了十五个。1999 年 1 月，欧盟十五国与申请加入欧盟的中、东欧 11 个国家的领导人在伦敦正式启动了名为"欧洲会议"的首脑定期磋商机制。2003 年 4 月，在希腊首都雅典，欧盟与捷克、塞浦路斯、爱沙尼亚、匈牙利、拉脱维亚、立陶宛、马耳他、波兰、斯洛伐克、斯洛文尼亚十国的入盟协议正式签署，欧盟的成员国扩大到了 25 个。2005 年 4 月，

---

[1] 也被称之为《马斯特里赫特条约》。
[2] 此次挪威的入盟协商同样也完成了，但是再次被国内公民投票否决。

保加利亚和罗马利亚在卢森堡签署了入盟协议,于 2007 年 1 月正式成为欧盟成员国。2011 年 6 月,克罗地亚加入欧盟的司法谈判成功,于 2013 年 7 月正式成为欧盟成员国,自此,欧盟的成员国数量正式扩大为 28 个。2020 年 1 月,欧盟正式批准了英国脱欧,英国结束了其 47 年的欧盟成员国身份,这一事件严重阻碍了欧洲经济一体化进程。现阶段,欧盟共拥有27 个成员国。

在欧盟成员国规模扩大的同时,欧洲中央银行于 1998 年 6 月在法兰克福正式成立,1999 年 1 月 1 日,欧盟当时 15 个成员国中的 11 个成员国①开始实行单一货币欧元和统一的货币政策,自此,欧元进入国际金融市场,并允许银行和证券交易所进行欧元交易(欧元纸币和硬币于 2002年 1 月正式流通,2002 年 7 月欧元成为欧元区国家唯一法定货币)。随后,欧元区的成员国规模也进一步扩大,希腊(2001 年 1 月 1 日)、斯洛文尼亚(2007 年 1 月 1 日)、塞浦路斯和马耳他(2008 年 1 月 1 日)、斯洛伐克(2009 年 1 月 1 日)、爱沙尼亚(2011 年 1 月 1 日)、拉脱维亚(2014 年 1月 1 日)、立陶宛(2015 年 1 月 1 日)也先后加入了欧元区。现阶段,欧元区共拥有 19 个成员国。

第二节　欧盟成立前后的经济发展历程

第二次世界大战后,国民经济遭到严重破坏、国际经济地位严重下滑的欧洲各国,开始努力恢复经济发展水平,并积极联合起来发展国民经济。

一、战后初期的经济发展(1946—1957 年)

从欧洲整体上看,在这一阶段中,即使经历战争,欧洲工业革命奠定的工业基础依然强大;美国推出马歇尔援助计划对欧洲进行援助,为战后

---

① 11 个成员国分别是:德国、法国、意大利、荷兰、比利时、卢森堡、爱尔兰、西班牙、葡萄牙、奥地利和芬兰。

经济复苏提供了财力保障。由于拥有良好的教育基础和丰富的劳动力优势,人力资本也因而有着较强的积累能力。由于不仅重视自身科技发展,还积极采用最先进国家的技术及管理经验,使科技进步成为欧洲经济发展的重要动力。由于在积极制定并实施促进战后经济复苏的新政策的同时,欧洲各国还针对自身经济制度进行改革,使之向有利于经济增长的方向发展。因此,战后欧洲的经济复苏及发展总体上是比较顺利的。

从分国家的情况看,在最具代表性的四个国家①中,如表3-1所示,西德的经济增长最为迅速,其次是意大利、法国,英国则是经济恢复最慢的国家。接下来,我们将就这四个国家经济增长的差异进行解释。

表3-1　1946—1957年英国、法国、德国和意大利的
实际GDP增长率(单位:%)②

	1946	1947	1948	1949	1950	1951
英国	—	—	—	3.3	3.3	3.7
西德	—	—	—	—	—	9.7
法国	—	—	—	—	8.5	5.6
意大利	35.0	19.2	7.7	8.6	8.4	9.7
	1952	1953	1954	1955	1956	1957
英国	1.5	5.6	4.4	4	1.7	2
西德	9.3	8.9	7.8	12.1	7.7	6.1
法国	2.9	3.5	5.6	5.3	4.9	5.4
意大利	4.6	7.2	3.8	6.9	4.9	5.7

注:数据来源于欧盟统计局和英国统计局。

英国是最早进行工业革命的国家,在较长时期内都是资本主义世界

---

① 之所以选取这四个国家进行分析,主要是由于他们的经济总量在欧盟各国经济总量中一直占据绝对优势,且在世界GDP中所占的份额也较高,因此,具有一定的代表性和现实意义。

② 西德为前联邦德国(不包括萨尔州和西柏林);数据来源英国统计局、欧盟统计局;"—"表示数据缺失。

经济体系中的霸主,但自19世纪末经济总量被美国赶超后,相对经济地位就不断下降,到二战结束时,其在国际经济中的地位也基本被美国所取代[1]。战后,英国经济增长一直较为乏力,在1949—1957年间的平均实际GDP增长率仅为3.28%。主要原因可解释为三个方面:第一,战后英国国内投资增长缓慢,物质生产部门,尤其是制造业在GDP中的比重较低且呈下降趋势,不利于物质力量的积累,结果必然是延缓了经济增长速度。第二,虽然英国的非物质生产部门的就业人数日益增多,但其过分扩大反而带来了人力资源从工业部门的分流;并且英国教育事业虽有所发展,但仍无法满足工业部门对科技与管理人才在数量与质量上的要求。第三,英国对引进外国技术持保守态度,且英国政府对科学研究拨付的大量资金主要集中在尖端部门,其劳动生产率低于大多数其他主要资本主义国家,不能有力地促进整个国民经济的发展。

德国在二战后,被分成了西德和东德两个部分,东德属于社会主义阵营,西德属于资本主义阵营,由于西德基本继承了德国雄厚的经济基础,西德的经济基础要明显好于东德。在战后较好的经济发展环境下,西德的经济恢复发展速度很快,1951—1957年间的平均实际GDP增长率高达8.8%,并且在这期间西德的经济增长稳定、波动幅度较小。这一增长奇迹的内部因素可归纳为:从实物资本视角看,西德有着雄厚的工业基础,为经济迅速恢复提供了重要的物质前提;从人力资本视角看,教育事业蓬勃发展,造就了大批的研究工作者和有专门技能的劳动者;从科学技术视角看,科研方面的投资相当巨大且增长迅速,政府也采取多样化政策鼓励创新;从经济制度视角看,建立了社会市场经济体制[2],这一独特的经济体制对西德经济社会的稳定发展起到了重要作用。此外,西德的对外贸易也非常发达,大量的贸易顺差为其经济增长提供了重要的资金来源;《欧洲煤钢共同体条约》的签订不仅推动了两国关系的改善,同时也促进了西德的经济发展。

法国作为老牌的资本主义国家之一,虽然在二战期间曾被德国占领,

---

① 陈江生,沐婧瑶.老欧洲的困境:"英国病"的治疗和启示.中共石家庄市委党校学报,2008(08):41—44.

② [德]卡尔·哈达赫.二十世纪德国经济史.北京:商务印书馆,1984.

经济遭受了严重的破坏,但在战后初期经济的增长较为强劲,在 1950—1957 年间的平均实际 GDP 增长率达 5.2%。首先是由于实物资本因素。法国已经在汽车、航空、化学、电机、橡胶、机械制造、冶金、采矿工业等产业打下了坚实基础,为经济复苏提供了强有力的物质力量;农业也已经广泛使用机器和工具,劳动生产力较高,从而成为欧洲最重要的农业国之一。其次是由于法国高度重视发展教育,为经济发展培养了大批人才,促进了人力资本的积累。再次是由于法国具有较强的科技基础与科技实力,政府在科技管理方面也较有经验,由此带来科技的较快进步。最后是由于经济制度因素。二战后,政府根据形势需要,通过计划调节对经济发展进行刺激,并采取了一系列行之有效的措施(如实行国有化和莫内计划),使得经济逐步得到恢复和增长[1]。此外,《欧洲煤钢共同体条约》的签订也让法国的经济发展有了更大的市场作为依托,更有助于法国经济的恢复。

意大利虽然也是二战的主要参战国,但并不是二战的主战场,所以受到的损害相对较小,战后前两年实现了大幅反弹,此后也保持着较快的增长速度,1948—1957 年间的平均实际 GDP 增长率达 6.75%,其经济增长也较为稳定。[2][3] 意大利战后之所以进入经济增长的"黄金期",一是实物资本起到重要作用,由于在二战中,意大利的大部分基础设施和工业设施都完整地保留了下来,并在战后走上了以制造业为主的实体经济道路,为经济腾飞打下了良好的物质基础。二是人力资本起到重要作用,在重视工业发展的同时,注重人才的培养,进而有利于人力资本的积累。三是科学技术起到重要作用,充分利用国外的先进技术和经营管理知识,增强了科技进步对经济增长的拉动作用。四是经济制度起到重要作用,战后的意大利进行了政治和经济改革,加大了国家对市场经济的干预力度,确立了新的自由经济体制,激发出了意大利的经济活力和发展潜力。此外,意大利还确立了和平中立的外交路线,为意大利经济的发展创造了良好的国际环境。

① 陈江生. 老欧洲的困境:法国经济的回顾与前瞻. 中共石家庄市委党校学报,2008(09):40—43.
② [意]路易吉·德罗萨. 战后意大利经济. 罗红波译. 北京:中国经济出版社,1999.
③ 陈江生. 老欧洲的困境:战后意大利经济发展分析和前瞻. 中共石家庄市委党校学报,2009,11(03):45—48.

二、 欧洲经济共同体时期的经济发展（1958—1966 年）

20 世纪 50 年代末,欧洲经济共同体成立,共同体的六个国家(法国、西德、意大利、卢森堡、比利时、荷兰)的经济联系日益加强,经济增长整体而言较为平稳,且平均增速基本高于由英国、爱尔兰和丹麦①非共同体三国的平均增速(1961 年除外),如表 3－2 所示。分析其根源,四个方面的原因是突出的。

首先是实物资本方面。由于欧洲经济共同体的成立使得成员国之间的经济合作日益增多,各方面的优势互补使得各个成员国的生产能力有所增强,例如根据欧盟统计数据测算,1966 年的法国固定资本形成总额(不变价)比 1958 年增长了 82.36％,为经济增长奠定了物质基础。而且,成员国间的贸易往来成本也会降低,推动各个成员国之间的贸易增多,整个共同体的对外贸易能力也有所增强,致使各个成员国的贸易水平显著提高,仍以法国为例,1966 年其货物和服务贸易的进口、出口(不变价)较 1958 年翻了约一番,这有助于获得对外贸易所带来的财富,从而进一步拉动经济增长。

其次是人力资本方面。一则,在生产能力提高的同时进一步增加了就业,例如西德由于经济的高速增长,在 50 年代末和 60 年代实现了充分就业,1960—1961 年的失业率均在 1％以下②,这为人力资本的积累提供了可能。二则,随着医疗卫生领域的技术进步,劳动力人口的平均寿命得到显著提高,根据世界银行统计数据测算,1966 年欧洲经济共同体六国出生时平均预期寿命的均值为 71.01 岁,比 1960 年增长了约 1.5％,这就意味着劳动力有了更长的寿命去参与生产性活动,进而增强了人力资本对经济增长的拉动作用。

再次是科学技术方面。各成员国自身都充分认识到了科学技术对国民经济发展的关键性作用,并采取各种政策措施推动科技进步,不仅大幅增加了科研方面的政府投入,也采取了专利政策、税收优惠政策等鼓励发

---

① 之所以选取英国、爱尔兰和丹麦是由于这三个国家就加入欧洲经济共同体提出过申请,且在 1973 年加入欧洲共同体,具有一定代表性。

② ［意］卡洛·M·奇波拉. 欧洲经济史. 北京：商务出版社,1988.

明创新,还建立了多种多样的从事科学研究和发展工作的机构。与此同时,各成员国之间也加强了科技领域的互帮互助,以科技较为发达的国家带动相对落后国家,从而共同推动欧洲经济共同体的经济增长。

最后是经济制度方面。欧洲经济共同体的成立为推动经济日益稳定的增长起到了很大的作用,不仅使得各个成员国的经济政策逐步接近,还在各成员国之间取消商品进、出口的关税和定量限制,以及具有同等影响的一切其他措施、建立共同的农业政策、建立共同的运输政策等,进而能够在整个共同体内促进经济活动的和谐发展,有利于在经济制度层面为欧共体经济发展提供动力。

可以说,这个时期欧洲经济共同体的经济发展是较为稳定的。但其环境友好方面的努力和成绩都并不理想,我们以世界银行统计的人均二氧化碳排放量进行证明。1966 年,尽管卢森堡的人均二氧化碳排放量有所减少,但其数值已经高达超过 30 公吨/人;而法国、意大利、荷兰、比利时的人均二氧化碳排放量均有了不同程度的增加。

表 3‑2　1958—1966 年欧洲经济共同体及非共同体国家
实际 GDP 增长率(单位:%)①

	1958	1959	1960	1961	1962	1963	1964	1965	1966
法国	2.7	2.6	8.3	4.8	6.9	6.2	6.4	4.8	5.2
西德	4.5	7.9	8.6	4.6	4.7	2.8	6.7	5.4	2.8
意大利	5.6	7.1	7.2	8.0	6.7	6.1	3.8	4.4	6.6
卢森堡	—	—	—	3.8	1.4	3.4	7.9	- 0.7	1.1
比利时	—	—	—	5.0	5.2	4.4	7.0	3.6	3.2
荷兰	—	—	—	0.3	6.8	3.6	8.3	8.6	2.7
欧洲经济共同体	—	—	—	4.4	5.3	4.4	6.7	4.4	3.6
英国	1.3	4.3	6.3	2.7	1.1	4.8	5.7	2.1	1.5

① 西德为前联邦德国;"—"表示数据缺失或无法计算;欧洲经济共同体的实际 GDP 增长率是由法国、西德、意大利、卢森堡、比利时和荷兰在同一年度的实际 GDP 增长率平均而得,非共同体三国的实际 GDP 增长率是由英国、爱尔兰、丹麦在同一年度的实际 GDP 增长率平均而得。

（续表）

	1958	1959	1960	1961	1962	1963	1964	1965	1966
爱尔兰	—	—	—	5.0	3.2	4.7	3.8	1.9	0.9
丹麦	—	—	—	6.4	5.7	0.6	9.3	4.6	2.7
非共同体三国				4.7	3.3	3.4	6.3	2.9	1.7

注：数据来源于英国统计局、欧盟统计局和世界银行。

在欧共体国家之外，由表3-2可以看出，英国经济延续了上一阶段缓慢曲折的增长势头，1958—1966年平均实际GDP增速为3.31%，且在部分年份波动幅度较大。具体原因大约如下：一是由于战后英国国内投资利润率大大低于海外投资，造成国内投资总额增长速度较低，其在GDP中所占比重也不高，极大地削弱了实物资本的积累能力；二是由于英国经济结构和工业产业结构存在固有缺陷，导致其物质生产部门就业人数不足，进而对英国制造业的发展以及整个经济的增长产生不利影响；三是科技和管理人才同工业部门的需要不相适应，1961—1967年间攻读文科的大学生增加了114%，而攻读理科的大学生仅增加了52%[1]，且有大批科学家与技术人员移居美国（1961—1966年达11820人）[2]；四是由于英国在引进外国技术问题上做法保守，且国内科研投入的资金也并未发挥应有的效果，使其劳动生产率和出口商品在国际上的竞争能力被削弱，1961—1965年间，英国劳动生产率平均增长年率为3.8%，小于西德（6.4%）、法国（5.2%）、意大利（7.1%）等[3]；五是外部经济环境不利，由于英国未加入欧洲经济共同体，不仅要单独抵制美国的打压，还要和共同体六国激烈竞争，而且随着英国国力的下降，其在世界上的贸易地位也不断下滑。另外，英国的二氧化碳排放量也远大于欧洲经济共同体国家，以1966年为例，英国人均二氧化碳排放量（11.32公吨/人）大于法国（6.9公吨/人）、意大利（4.08公吨/人）、荷兰（8.32公吨/人）、比利时（11.04

---

① 潘纪一，张显高. 战后英国经济增长速度缓慢的主要原因. 世界经济，1980(01)：43—50.
② 数据来源：英国科学技术人力资源委员会：《智囊流失》1967年10月，第83—85页。
③ 数据来源：据美国《总统国际经济报告》（1977年）计算。

公吨/人）[1]。

此外，这一时期，丹麦有着高于欧洲经济共同体六国平均的经济增速，主要在于丹麦迫使将其资本和劳动力由农业转向了工业，且这一转化的步伐较快，这使得资本（尤其是实物资本）与技术对经济增长有着更大的推动作用。

三、欧洲共同体时期的经济发展（1967—1992 年）

1967 年，欧洲经济共同体升级为欧洲共同体。欧共体成立的前六年（1967—1972 年），由于欧共体六国更为密切的合作，因而有了更多的实物资本和人力资本积累、更高的科学技术水平、以及更完善的经济政策，使得在这期间的经济延续了上一阶段的平稳增长，在这六年中，欧共体的平均实际 GDP 增长率为 5.01%[2]。而欧共体六国以外的国家，虽然由于工业化进程的加速推进，促进了资本（尤其是实物资本）和技术的积累，整体而言也表现出了强劲增长势头，但远低于欧共体的经济增速。以英国为例，1967—1972 年英国实际 GDP 增速仅为 3.47%[3]。

我们认为英国的经济增长之所以会比欧共体低，主要有如下原因：第一，英国在与欧共体争夺亚非拉发展中国家市场的竞争中处于劣势，导致前者的出口能力明显下降，1972 年，发展中国家进口英国商品的比重从 1948 年的 13.3% 下降至 7.2%，而欧共体六国则由 11.6% 大幅上升至 21.1%[4]。第二，英国国内投资总额的平均年增长率进一步降低，1965—1970 年的平均年增长率为 3.2%（1960—1965 年为 6.1%），1970—1973 年间为 1.8%，远低于法国、西德和意大利[5]，导致技术装备的更新不及时；1971 年，英国切削机床使用年限在 10 年以下的只占 42%，而西德占 65%。第三，英国传统工业部门增长相对缓慢，且长期处于不景气的状态，而新兴工业部门所占比重仍较小，不足以改变全部工业结构比较落后的面貌。第

---

① 数据来源：世界银行。
② 数据来源：欧盟统计局和世界银行。
③ 数据来源：英国统计局。
④ 潘纪一，张显高.战后英国经济增长速度缓慢的主要原因.世界经济,1980(01)：43—50.
⑤ 潘纪一，张显高.战后英国经济增长速度缓慢的主要原因.世界经济,1980(01)：43—50.

四,1973年,英国技术进口费用为3.26亿美元(1965年为1.28亿美元),增长了约一倍半,而西德和法国分别为6.19亿美元和7.41亿美元,均增加了两倍多。① 第五,为了刺激需求和生产,英国政府开支在GDP中的比重较高且逐年上升,并大量发行货币和放松信贷,导致了较为严重的通货膨胀,1971年英国CPI同比增长超过7%,远高于欧共体六国②。

此后,英国、爱尔兰、丹麦、希腊、西班牙、葡萄牙相继成为欧共体正式成员,欧共体的规模越来越大,领土面积、人口总量、经济总量在欧洲的占比大幅提升,欧共体机构的权力有了很大程度的增强,作为一个整体的国际经济地位也有了较大的提高,对欧共体成员国经济发展以及欧洲经济一体化进程有着极大的推动作用。然而,由于1973年的第一次石油危机冲击了整个资本主义世界,严重依赖石油进口的西欧更是受到强烈打击,这一阶段欧共体的经济发展并不理想,其主要特点是高通货膨胀率和低经济增长率共存,如图3-1所示。这种滞胀状态直至1981年危机解除后才逐步缓解,通货膨胀率和实际GDP增长率逐渐回归相对正常的水平。

图3-1 1973—1992年欧洲经济共同体的通货膨胀率及
实际GDP增长率③
注:数据来源于世界银行。

---

① 潘纪一,张显高.战后英国经济增长速度缓慢的主要原因.世界经济,1980(01):43—50.
② 数据来源:世界银行。
③ 1973—1980年的通货膨胀率和实际GDP增长率是根据欧共体九国(六国+英国、爱尔兰、丹麦)计算而得,1981—1985年是根据欧共体十国(九国+希腊)计算而得,1986—1992年是根据欧共体十二国(十国+西班牙、葡萄牙)计算而得。

　　分析这一时期欧共体经济发展不理想的原因,我们认为主要有四个方面:一则,实物资本的积累能力下降。石油价格的大幅波动提高了欧共体各国传统工业和新兴工业的生产成本,严重打击了生产积极性,导致固定资本投资迟钝,1971—1980 年平均每年增长只有 1.6%[1]。由此引发了工业生产能力显著下降,例如根据英国统计局数据,在两次石油危机中,英国年均工业生产指数(2015 年 = 100)分别由 1973 年的 76.21 下降至 1975 年的 70.61、由 1979 年的 81.96 下降至 1981 年的 74.16,极大地削弱了实物资本的积累能力。二则,人力资本的积累变得更加困难。由石油危机引发的大规模失业导致劳动力数量大幅减少,如根据各国统计局测算,英国年均失业率在 1985 年增加至 11.38%(1973 年仅为 3.72%),法国由 1975 年的 3.3%增长至 1987 年的 8.73%,意大利则在 1987 年达 10.35%(这一数值在 1977 年为 6.43%),加之部分成员国政府公共教育支出占 GDP 的比重下降,进而不利于人力资本的扩张。三则,科技进步对经济增长的促进作用减弱。欧共体是一个高度依赖石油进口的经济体,石油危机的爆发则会引发严重的经济危机,导致科技进步对经济增长的拉动效果逐渐减弱,在 1974—1981 年间,劳动生产率下降至 2.1%(这一数值在 1961—1973 年为 4.5%),使得欧共体的经济增长动力不足。此外,在此期间的财政赤字进一步扩大,相较 1961—1970 年而言,欧共体(除希腊、西班牙、葡萄牙)平均财政赤字占 GDP 的比重在 1971—1980 年显著增加,进而阻碍了经济呆滞的迅速缓解。[2]

　　实际上,欧共体成员国自第一次石油危机后便开始进行调整,但产业结构和经济结构的深刻调整是在第二次石油危机发生后。各个成员国对工业进行了重新部署,如对生产和设备过剩的产业(如钢铁、造船和纺织业)进行减产、关闭和合并,对汽车业进行技术改造,对新兴工业(航空航天)则采取鼓励投资、加强科研等政策措施。这一深刻调整逐步取得成效,利润及固定资产投资有所恢复,物质力量进一步增强;失业率有所下降,提高了人力资本的积累能力;科学研究和成果应用也得到加强;此外,

---

① 周建平.欧洲共同体近期经济发展趋势.世界经济文汇,1987(05):40—43.

② 周建平.欧洲共同体近期经济发展趋势.世界经济文汇,1987(05):40—43

通货膨胀率得到有效抑制,进而使得欧共体经济缓慢稳步回升,尤其在 1988—1989 年出现强劲增长的势头。但是,这一较好的经济形势是脆弱而短暂的,自 1990 年起,欧共体经济增长又开始明显滑坡。究其原因,除了受到国际经济环境恶化的影响外,还被一系列内部经济问题所困扰,如通货膨胀普遍抬头、失业率居高不下、外部贸易扩展有限、产业结构失衡问题仍然存在、财政负担沉重、欧共体内部经济差距与"多样性"依然十分突出等。

总体而言,尽管在欧共体时期之初经济实现了平稳增长,但经济危机频发、国际经济环境恶化以及欧共体内部经济问题仍然存在等,使得整个时期的经济增长缓慢且不稳定,这就意味着,经济增长的可持续性也未能实现。

四、 欧盟的经济发展(1993—2015 年)

2016 年英国全民公投决定"脱欧",并于 2020 年 1 月 30 日,欧盟正式批准英国脱欧,这给英国和欧盟的发展带来了诸多的不确定性。我们将在下一节欧盟经济的发展现状中分析 2016 年以后的情形,因此,本部分选取 1993—2015 年来分析欧盟的经济发展情况。

观察 1993—2015 年欧盟实际 GDP 增长率与失业率的走势,如图 3-2 所示,可以发现,自欧盟成立以来,其经济增长缓慢且波动幅度较大。根据欧盟统计局统计数据测算,1993—2015 年欧盟的年均实际 GDP 增速仅为 1.68%,且没有一年超过 4%,2009 年更是出现 -4.3% 的逆增长。20 世纪 90 年代末,欧元正式启动,欧盟的经济一体化开始深入到货币层面,大大加深了成员国间的经济联系,本来应该因为更有利于成员国间经济政策的协调,推动欧盟经济出现较大的发展。但欧盟的经济增速上升在新世纪伊始便因为受贸易条件恶化、以及互联网泡沫破裂和美国"911"事件的冲击而被打断,直到 2002 年后才见底回升。美国次贷危机爆发后,欧洲金融机构承受了巨大的经济损失,银行和金融机构持有的金融资产大幅缩水,从而引起了信贷紧缩,导致欧盟经济增长的主要动力不足,经济增速放缓,2008 和 2009 年的经济增速分别为 0.2% 和 -4.3%。这之后不久,欧洲主权债务危机爆发,欧盟内部矛盾进一步凸显,整个欧盟的经济发展很不理想,2012 年欧盟实际 GDP 增速为 -0.4%。欧盟为应对愈演愈烈的主权债务危机,携手欧洲央行和 IMF 成立欧洲金融稳定机制和欧洲学期机制,向危机国家提供大规模救助。整个欧盟金融救助框架由三部分组成:一是欧洲金融稳定机制,以 2013 年 7 月为节点,包括之前的临时性救助机制和之后的永久性救援机制;二是始于 2011 年 7 月的私人部门债务减记计划;三是欧洲央行的危机国国债收购和量化宽松计划。总体来看,相关救助措施取得了一定的成效,欧盟经济整体开始复苏,但经济增速一直处于较低水平。

图 3-2　1993—2015 年欧盟的实际 GDP 增长率及失业率①
注:数据来源于欧盟统计局。

由以上分析可以明显看出,自欧盟成立以来,经济增长乏力且波动幅度较大,分析这一现象的深层次原因,主要有三个:

首先是经济增长动力不足。就科技因素而言,始于 1984 年的欧盟框架计划为提升欧盟整体科研水平发挥了巨大作用,框架计划的开放程度和项目的国际化水平不断提升,参与国也从最初的少数成员国,发展到了第七个科技框架计划的 162 个国家。但进入信息化时代后,由于各种原因,欧盟整体的信息科技水平上升速度低于美国,依靠信息化拉动经济增长的能力也就低于美国;再加上信息时代的所谓"胜者通吃",欧盟所获得的信息科技发展红利远少于美国。就资本因素而言,受危机冲击,欧盟国

_____

① 1993—2002 年的实际 GDP 增长率和失业率是根据欧共体十五国计算而得,2003—2012 年的实际 GDP 增长率和失业率是根据欧共体二十五国计算而得,2013—2015 年的实际 GDP 增长率和失业率是根据欧共体二十八国计算而得。

家投资者信心受挫,固定资本投资出现了二战以来最大的下滑幅度,由此带来工业生产指数和制造业产能利用率大幅回落,严重影响了实物资本的积累;由图 3.2 可以看出,欧盟的失业率一直维持在较高的水平,且金融危机后的增长势头更为明显(失业率为 10% 左右),造成了一定程度的人力资源浪费。实物资本与人力资本的双重作用,使得欧盟经济发展举步维艰。

其次是成员国经济状况不平衡。虽然根据欧盟统计数据可以看出,2008—2015 年欧盟的基尼系数一直保持在 30%—31%,属于"收入相对合理"的区间,但成员国经济增长状况却呈现出巨大的趋异趋势。2015年,欧盟成员国实际 GDP 增速如图 3-3 所示。可以明显看出,各个成员国的经济增长有着巨大的差异,增速最高的前三个国家分别是爱尔兰(25.4%)、马耳他(9.6%)、捷克共和国(5.4%),最末的后三个国家分别为意大利(0.8%)、芬兰(0.5%)、希腊(-0.5%)。

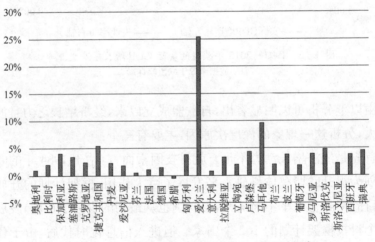

图 3-3 2015 年欧盟各成员国的实际 GDP 增长率
注:数据来源于欧盟统计局。

最后是政府财政赤字与公共债务。一方面,财政赤字的扩大往往与公共债务的增加相伴而生,债务主体无法清偿到期债务,投资者对债务主体丧失信心,从而导致欧债危机先在希腊爆发,而后葡萄牙、西班牙等国也接连出现财政问题。欧债危机的爆发给欧盟各国带来了长久的债务负担,同时也降低了欧元的国际地位,严重损害了欧盟经济。另一方面,为了恢复政府公信力、强化财政纪律,欧盟采取了严厉的财政紧缩和巩固政策,以督促赤字超标国家削减政府开支而增加税收。财政紧缩显然与经济增长相悖。

综上所述,在这一阶段,欧盟经济增长速度缓慢,且受全球金融危机和欧债危机的影响具有极大的不稳定性,经济增速的波动幅度较大。

第三节　欧盟的经济发展现状

当前,欧盟在国际上仍保持着举足轻重的地位,但其经济发展速度较为迟缓且这一趋势难以改变。接下来,我们将以 2016 年至 2020 年的欧盟经济发展情况为分析对象,叙述欧盟经济的发展现状。

一、现阶段的欧盟经济发展

欧盟二十七国与英国在 2016—2020 年的经济增速如表 3-3 所示,无论是按照二十七国还是按二十八国算,欧盟的实际 GDP 增速(2020 年除外)大致围绕 2% 上下波动,经济增长速度较低。但欧盟二十七国的经济增速略高于英国。

表 3-3　2016—2020 年欧盟和英国的实际 GDP 增长率(单位：%)[①]

	欧盟二十八国	欧盟二十七国	英国
2016	2.0	2.0	1.7
2017	2.6	2.8	1.7
2018	2.0	2.1	1.3
2019	1.5	1.6	1.4
2020	-6.1	-6.2	-9.9

[①] 2016—2020 年欧盟二十七国的实际 GDP 增速数据、2016—2019 欧盟二十八国的实际 GDP 增速数据来源于欧盟统计局,2016—2020 年英国的实际 GDP 增速数据和 2020 年欧盟二十八国的实际 GDP 增速数据来源于 IMF。

2016 年，欧盟经济总体呈温和复苏态势，失业率逐步下降，消费对经济贡献率有所提高，物价指数缓慢上升。但是，受英国脱欧公投、欧盟整体出口不利、银行风险提高及美联储加息等影响，欧盟经济增长力度和可持续性明显不足。而英国 2016 年的实际 GDP 增速更小，相较 2015 年来说下降更多。之所以如此，大约有这么几个原因。首先，英国脱欧及全球经济不景气带来的不确定性，打击了投资者和消费者的信心，从而降低了固定资产投资力度及工业生产能力，2016 年，欧盟二十七国的工业生产指数增长率为 1.73%，比 2015 年下降了约 1 个百分点；英国的工业生产指数增长率仅为 1.08%，比欧盟二十七国还低①。这就导致了欧盟二十七国的物质积累速度很慢，而英国更慢。其次，欧盟国家拥有相对较高的人力储备，如芬兰在 2016 年的人力资本指数中排名世界第一，但各个成员国的排名差异较大；而英国相对欧盟其他部分国家而言的人力储备更低，如英国在 2016 年人力资本指数中排第 19 位，在芬兰(1)、瑞典(5)、丹麦(7)、荷兰(8)、比利时(10)、德国(11)、奥地利(12)、爱沙尼亚(15)、斯洛文尼亚(16)、法国(17)之后②，由此带来的经济拉动作用更弱。再次，尽管欧盟产业界在研究开发方面的投入显著增加(增速达 7%)，高于世界平均水平(5.8%)，且世界顶级的研发企业总部设立在欧盟的有 567 个，仅次于美国(822 个)③，但欧盟总体而言缺少有重大引领性、突破性的科技创新和产业崛起，因此其拉动经济的作用较弱。最后，由于英国脱欧公投对欧洲金融市场造成了较大冲击，英镑汇率、各国股市等都表现出强烈的震荡，虚拟经济的增长势头遭到严重削弱，并再度引发人们对欧盟银行业和金融安全的担忧，由此必然导致欧盟(尤其是英国)的经济复苏相对缓慢。

2017 年，二十八国实际 GDP 增长率比上一年度提高了 0.6 个百分点(欧盟二十七国提高了 0.8 个百分点，英国经济增速保持不变)。一则，受制造业订单增长和需求强劲的影响，欧元区制造业 PMI 持续增长，由年初的 55.2 增长至年末的 60.6，其中，德国是主要贡献者(由年初的

---

① 数据来源：欧盟统计局和英国统计局。
② 数据来源：《2016 全球人力资本报告》。
③ 数据来源：欧盟委员会于 2017 年年底发布的《产业研发投入计分牌》。

56.4 到年末的 63.3),且欧盟二十七国的工业生产指数增长率增加至 3.39%①,制造业的整体增长提高了实物资本的积累能力。而英国则由于制造业 PMI 波动幅度较大且年初与年末相差甚微,工业生产指数增长率小幅增加至 1.79%②,远低于欧盟二十七国,加之脱欧谈判的不确定性增加使得投资者担忧英国正式脱欧后贸易条款不再优惠而减少投资,因而其物质力量的增强较为困难。二则,尽管欧盟二十七国及英国的失业率走低为人力资本的积累量提高提供了可能,但英国人力资本指数的世界排名由第 19 位下降至 23 位,且脱欧导致英国高技术人才流失,人力资本的积累能力也不容乐观,其拉动经济增长的作用有限。三则,在工业研发投入排名前 100 位的企业中,德国占 13 家(世界第三),荷兰 4 家,法国 3 家,爱尔兰、瑞典和英国各有 2 家,丹麦、芬兰、意大利和西班牙各有 1 家,因此,欧盟整体约占 30%,具有较好的科研环境。而英国与欧盟二十七国相比较弱,脱欧的努力还减少其与欧盟的科技合作,对通过提高科技水平来推动经济发展造成不利影响。此外,2017 年全球经济复苏,且在同年 7 月与日本签订了自由贸易协议纲领,提振了欧盟的对外贸易,有利于通过进出口推动欧盟经济强势复苏。

2018 年,二十八国实际 GDP 增长率下降了 0.6 个百分点(欧盟二十七国下降了 0.7 个百分点,英国也下降了 0.4 个百分点),经济增速降至六年来最低,我们可以从资本与科技两个方面进行解释。就资本而言,一方面,内需消费增势出现放缓,欧盟二十七国的零售消费指数同比增速由年初的 2% 下降至年末的 0.9%③;受全球范围贸易保护主义抬头的影响,外需进出口增速也出现明显放缓。内外需共同作用削弱了欧盟二十七国及英国从内部获得经济增长动力、从外部获取物质力量用于自身生产的能力,进而不利于欧盟二十七国及英国的实物资本积累。另一方面,2018 年欧盟工业生产呈现阶段性调整,工业生产大幅回落,欧盟二十七国的工业生产指数同比增长率为 1.17%,降幅超 2%;英国工业生产指数

① 数据来源:欧盟统计局。
② 数据来源:英国统计局。
③ 数据来源:欧盟统计局。

同比增速仅为 0.94%,工业生产能力的削弱进一步阻碍了物质力量的增强①。此外,由于英国脱欧、预算分歧等内部因素,不仅导致欧盟以及英国吸引优秀的科技人才和管理人才的能力下降,还带来了这些人才的流失,进而不利于通过人力资本的积累来推动经济增长。就科技而言,尽管英国启动研究创新计划、支持前沿技术发展,但据欧盟委员会的投资调查显示,英国制造企业最不可能将旨在提高生产效率的投资放在首位,相比之下,英国工厂最有可能只是替换掉老旧机器。当然,2018 年也并非全是坏消息,即使在经济增速有所放缓的背景下,欧盟二十八国的劳动力市场却延续了向好发展的态势,失业率继续下降,通货膨胀率的走势也较为良好。

2019 年,二十八国实际 GDP 增速继续下降了 0.5 个百分点(欧盟二十七国也下降了 0.5 个百分点);而英国却上升了 0.1 个百分点,但与其他地区相比,增速依然较低。其原因应该包括三个方面。首先是制造业低迷。2019 年,欧元区制造业 PMI 下降至荣枯分水线(50)以下,表示制造业经济下降,其中,作为欧洲"火车头"的德国制造业 PMI 由年初的49.7 下降至年末的 43.7,整个制造业显示出萧条的情绪;英国制造业PMI 年末为 47.5,虽相比欧盟而言略高,但也呈现下降走势②。其次是国际贸易疲软。2019 年,全球范围内的贸易战(如中美贸易争端、日韩贸易战等)频发以及经济低迷给欧盟整体及成员国贸易带来了巨大冲击,进出口贸易增速减缓,不利于从外部获取推动经济复苏所需的物质财富;全球经济的不确定性增加还不利于优秀的科技和管理人才的跨国界流动及相互交流,进而削弱了人力资本积累和科技发展的能力。最后是英国脱欧多次推迟。由于受英国脱欧日期几次推迟所带来不确定性提高的影响,不仅欧盟经济发展受到不确定性的影响,英国经济发展也明显受到影响。

2020 年,经济发展环境的不稳定性进一步加剧,1 月 30 日,欧盟正式批准了英国脱欧,欧盟由 28 个成员国变为 27 个,且 2020 年初新冠疫情在全球肆虐,严重削弱了欧盟及英国的经济增长。根据欧盟统计局和IMF 统计数据,欧盟二十七国经济增速为 - 6.2%,英国经济增速为

---

① 数据来源:欧盟统计局和英国统计局。
② 数据来源:欧盟统计局和英国统计局。

－9.9％,可见,英国正式脱欧叠加新冠疫情,给欧盟和英国的经济发展造成了巨大的损害。从实物资本的角度看,2020年四个季度欧盟二十七国的制造业产能利用率分别为80.7％、67.4％、73.2％、78.2％,欧元区制造业PMI在2020年4月达到最低,仅为33.4,处于制造业严重衰退状态;英国的产能利用率和PMI也在4月达到最低,分别为74.3％和34.5,同样处于严重衰退状态①。这一衰退状态,不利于欧盟及英国的实物资本积累,进而使得推动经济发展的物质基础薄弱。从人力资本的角度看,新冠疫情导致世界各国纷纷"闭关锁国",人才难以跨国界地自由流动与相互交流;停工停产也使得欧盟及英国的失业率大幅走高,欧盟失业率由年初的6.5％增加至年末的7.5％,英国失业率由年初的3.9％增加至年末的4.9％②;雇主因经营情况不佳减少了对员工培训,雇员也因收入减少而降低了主动提高劳动技能的动力;疫情还造成患病率与死亡率的上升,居民的健康状况受到威胁。在这一背景下,人力资本的积累能力大幅减弱,从而引发经济的衰退。从科学技术的角度看,世界各国为共克疫情,展开多方面的科技合作,欧盟与英国也不例外,但科技水平的提高主要体现在应对疫情上,而不是直接提高生产力的相关技术。从经济制度的角度看,欧盟成员国及英国作为资本主义国家,在生产资料私有制的经济制度下,难以在短时间内集中力量办大事,加之顾及资产阶级利益,使得国内疫情进一步恶化。现阶段,西班牙、法国、葡萄牙、意大利等欧盟成员国疫情的蔓延势头依然凶猛,英国的确诊及死亡人数也节节攀升,并于2020年末再次封城。由于资本主义国家的防疫效果并不乐观,疫情的恶化必然会导致其经济的严重下滑。

二、现阶段欧盟经济发展分析

(一)欧盟经济发展的内部优势

第一,商品、服务、资本和人员流动自由。商品、服务、资本和人员在成员国间的自由流动是欧盟的精髓,首先,消除了欧盟各成员国之间针对

---

① 数据来源:欧盟统计局和英国统计局。
② 数据来源:欧盟统计局和英国统计局。

商品所设置的有形或无形障碍,保证商品在欧盟市场更加自由地流动;而后,随着商品在欧盟境内自由贸易的逐步实现,带动服务、资本和人员的自由流动,进而促使资源要素的配置更加优化。

第二,科研水平和科技人力储备较高。部分成员国(尤其是北欧国家)无论是研发投入、创新氛围还是科研创新成果均名列世界前茅,且人力资本的积累也位居世界前列。根据世界知识产权组织发布的《2020年全球创新指数(GII)》报告,瑞典(2)、荷兰(5)、丹麦(6)、芬兰(7)、德国(9)这五个欧盟成员国占据全球创新指数前十位国家的半壁江山。

第三,欧盟具有很强的国际竞争力。欧盟经济体位居全球产业链分工上游,社会总体稳定,劳动力整体素质较高,国际竞争力位居世界前列。在世界经济论坛发布的《2019年全球竞争力报告中》,排名前十的国家欧盟成员国占据四席,分别是荷兰(4)、德国(7)、瑞典(8)、丹麦(10),且英国排在第9位。此外,欧盟国家的许多大企业实力雄厚,也拥有很强的竞争力,根据《财富》杂志发布的2019年世界500强排行榜,欧盟占据114家(包括英国的17家)。

(二) 欧盟经济发展的内部劣势

第一,成员国间的经济发展不平衡。在成员国内部,随着经济强弱而形成的核心与外围国家的模式是一种失衡的模式,不仅体现在经济增长、失业率、通胀率、经常项目差额等方面,还体现在各国的贫困率上,经济发展的不平衡性使得成员国之间无法完全融洽地相处在一起,可能造成成员国间的信任度下降,严重阻碍欧洲经济一体化进程。

第二,潜在债务危机阻碍欧元区稳定。尽管希腊最终与欧元区达成了第三轮救助协议,暂时避免了退欧危机,希腊也逐步走出财政赤字困境,但据欧盟统计局发布,2020年希腊第二季度的公共债务占GDP的比重高达187%,仍威胁着欧元区的稳定。此外,意大利作为欧盟重要的成员国之一,当前债务水平仅次于希腊,高达近150%,葡萄牙、比利时、法国、西班牙也均超过100%,由此可能会再度引发债务危机,不利于恢复市场对欧元区的信心。

第三,欧盟内部制度存在缺陷。一是福利制度的弊端,有些成员国的福利制度与其经济发展阶段不相符,福利制度的不够灵活,导致这些国家的财政负担过重。二是统一的货币政策和分散的财政政策之间的矛盾,必然会引发经济危机,财政一体化尚未实现,欧洲一体化也难以向更高层次迈进。三是欧盟和成员国以及成员国间长时间、高成本地讨价还价,可能会降低危机时期的救助效率,在推进复苏的过程中也可能会出于自身利益的考量,而不顾决策的质量和后果。

(三)欧盟经济发展的外部机会

第一,新冠疫情推动成员国间的合作加深。尽管在疫情初期欧盟成员国并没有相互团结,而是在疫情愈演愈烈后,各成员国为共克疫情,开始加强各国之间的协调一致,并确保欧盟共同抗疫。现阶段,欧盟的疫情仍未得到很好的控制,为此欧盟国家领导人多次举行视频会议商讨应对新冠疫情的协调措施。由于各个成员国在疫情期间携手抗疫,成员国间的合作日益加深,进而有利于推动后疫情时代的经济复苏。

第二,新一轮科技革命和产业变革加速欧盟产业结构转型。在新一轮科技革命和产业变革蓄势待发的大背景下,欧盟提出了"再工业化"的产业结构调整战略,推动形成由先进创新技术带动的新型工业革命。其中,具有雄厚工业实力的德国,还在此背景下提出了"工业4.0"战略,以期进一步增强德国的工业实力,实现"以信息物理系统为基础的智能化生产",发挥引领作用。

第三,欧盟分享新兴市场与发展中经济体的经济发展红利。随着新兴市场和发展中经济体特别是中国的崛起,他们越来越成为拉动世界经济增长的主要动力,欧盟出口大国积极开拓这些国家的市场、吸引投资,并发展稳定的经贸关系;金融合作也在不断加深,欧盟国家(法国、德国、意大利等)纷纷加入亚洲基础设施投资银行等,英国也早在2015年3月加入亚投行;"一带一路"倡议促进了欧盟与中国及其他国家的贸易往来,有利于欧盟分享经济增长红利,促进欧盟经济的复苏与增长。

(四)欧盟经济发展的外部威胁

第一,后疫情时代全球经济复苏乏力。根据IMF,2020年全球实际

GDP 增速为 -3.3%,世界经济出现大规模衰退,由于在部分主要经济体
(如美国、英国等)中,疫情尚未得到控制,反而愈演愈烈,致使全球经济增
长脆弱、缺乏动力,不仅降低了欧盟与其他国家或地区的贸易往来,也减
少了国际投资。此外,其他经济体为恢复经济而采取的相关政策措施也
可能会给欧盟的经济发展带来负面外溢效应。

第二,英国脱欧带来的不利影响将长期存在。在英国脱欧前,英国是
欧盟的重要构成部分,为欧盟走出经济困境作出了巨大贡献,因此,在脱
欧后较长的一段时期中,欧盟的经贸领域必将受到负面冲击,不利于欧盟
的经济发展。此外,失去英国后,欧盟二十七国在全球经济治理体系中的
地位将会下降,其话语权则会缩小。更重要的是,英国脱欧对欧盟经济一
体化现有模式形成冲击,进而使得欧盟东扩的步伐放缓。

第三,危机与突发事件在一定程度上阻碍了复苏势头。进入后危机
时期以来,欧盟遭遇了接二连三的各类危机和突发事件的冲击,紊乱了复
苏的进程和节奏。例如,在乌克兰危机中,欧盟因俄罗斯将克里米亚划入
其版图而感到空前的安全威胁,进而触发了欧盟与俄罗斯间的贸易制裁;
在难民危机中,来自中东、北非国家或地区的难民涌入,拖累了经济复苏,
也不利于一体化的深化;先后在巴黎、布鲁塞尔、德国等地发生的系列恐
怖袭击,造成了人员伤亡、物资损失、安全防范成本提高、股市剧烈波动等
不利于欧盟经济发展的代价。

第四节　欧盟经济的发展前瞻

我们从要素视角切入,分别对欧盟短期及中长期经济发展做前瞻。

一、　欧盟经济短期发展前瞻

分析欧盟短期要素的变化,可以看到:其一,尽管欧盟各国不断采取
政策措施鼓励工业进步,但实物资本的积累能力并不会比过去几年强。
一则,由于新冠肺炎疫情在欧盟国家尚未得到有效控制,其对生产的影响
在短期内不会迅速消失,仍对实物资本积累能力的提高起到阻碍作用;二

则,英国脱欧导致不确定性增加,使得投资者对欧盟及其成员国的发展缺乏信心,进而导致投资不足,削弱了欧盟的生产能力;三则全球经济复苏乏力致使欧盟与其他国家或地区间的进出口贸易增速放缓,不利于欧盟通过进口外来物资以实现实物资本的积累。其二,人力资本积累仍处于世界前列,但其增速放缓。一方面,依托雄厚的人力资本基础,在短期内欧盟成员国(尤其是西欧国家)的人力资本指数仍将居于世界前列,但由于疫情带来的失业与劳动力健康危机、以及全球人才流动受限等,使得欧盟在短期内人力资本的积累放缓;另一方面,受英国脱欧,以及潜在地缘政治事件、恐怖袭击等的影响,将进一步降低优秀科技或管理人才的流入意愿,反而可能会增加各成员国的人才流出,因而人力资本积累放缓。其三,虽然为应对疫情,花了较大力气加速科技创新,但要在短期内形成一个足以支撑起欧盟繁荣发展的新的经济增长点还是比较困难。欧盟在抗疫期间加强了成员国内部以及与其他国家或地区的科技合作,不仅有助于克服疫情带来的冲击,还有助于推动后疫情时代欧盟经济的复苏,但并不足以形成以新技术支撑的新经济增长点。其四,欧盟成员国的资本主义制度在短期内不会发生实质性改变。尽管资本主义制度的弊端在经济危机、新冠疫情等事件中频频暴露出来,但资本主义向社会主义过渡是一个很漫长的过程,在短期内并不会有很大程度的改变。

由这些要素变化情况的分析,可以做出如下推理:就经济总量而言,因为在确切且相对稳定的经济制度下,一个国家或经济体经济总量的增长率与科技水平、实物资本投入、人力资本投入等息息相关。因此,短期内欧盟资本积累速度较慢的问题还不会成为阻碍经济增长的主要因素,但和美国一样,由于资本积累速度放缓,突破性技术在短期不会出现,欧盟的经济增长速度仍将处于较低水平。IMF 对 2021—2025 年的经济预测同样提供了佐证,根据 IMF 预计,欧盟(包括英国)2021—2025 年的实际 GDP 增速分别为 4.4%、3.9%、2.3%、1.9%、1.6%。就经济增长的稳定性而言,由第一章的式(21)、(23)可知,经济冲击导致科技水平变动对社会总产出的影响大于资本变动,且稳定程度与产出的弹性系数有关。由于新冠疫情、英国脱欧等的冲击,经济增长在未来 3—5 年不具有稳定性。这一结论由 IMF 预计可以看出,2021—2025 年欧盟经济增速逐年递减,且幅度较大。此外,成员国间的经济发展不平衡、政府公共债务继续提高、欧盟内部制度存在缺陷等问题在短期内也不可能得到充分解决。也就是说,在短期中,欧盟的经济总体上就是个低速增长,而且呈现不断放缓的趋势。

二、 欧盟经济中长期发展前瞻

情况Ⅰ(乐观情况):若欧盟能够充分利用其内部优势与外部机会,改进内部劣势、防范外部威胁,那么在中长期内:从实物资本的角度,一方面,新冠肺炎疫情及英国脱欧等对投资、生产的不利影响将不复存在,鼓励工业实力增强的政策措施使得欧盟的生产能力迅速增强。另一方面,全球经济复苏,尤其是新兴市场和发展中经济体的不断崛起,将为欧盟的对外贸易、国际投资等开辟新道路;积极参与中国"一带一路"倡议等相关安排,有利于欧盟在中长期内通过贸易、投资来增强物质力量。从人力资本的角度看,欧盟人力资本也能够有更多、更快的积累。由于较好地承继了重视教育、劳动力素质、居民健康等的历史传统,并采取系列措施,成功地促进人力资本的数量与质量持续上升。从科学技术的角度看,欧盟成员国内部的科技合作更为密切,与其他国家或地区间的科技交流也进一步加强,进而使得科技水平显著上升,成为引领新一轮科技革命和产业变革的经济体之一。从经济制度的角度看,内部制度将不断改进与完善,并成为区域经济一体化的典范;成员国的经济制度也会从成功的发展道路中借鉴经验,形成独具特色的发展道路。在此情况下欧盟经济在未来20年应该能比过去20年增长得略快一些。

情况Ⅱ(中间情况):若欧盟在一定程度上利用其内部优势与外部机会,并比较妥善地处理内部劣势与外部威胁,那么在中长期内:就实物资本而言,即使实物资本积累能力在成员国鼓励工业进步的政策措施中有所增强,但增强的程度不如情况Ⅰ;就人力资本而言,人力资本的积累将进一步提高,但不及情况Ⅰ;就科技进步而言,由于并未充分利用内部优势与外部机会,欧盟成员国间及与其他国家或地区的科技合作相对情况Ⅰ弱化,但也依然是引领新一轮科技革命和产业变革的经济体之一;就经济制度而言,资本主义经济制度的弊端将进一步显现,成员国的矛盾分歧依然存在,但不再出现如英国般退群的情况,欧盟成员数基本保持稳定。在这种情况下,经济发展将维持在过去 20 年的平均水平。

情况Ⅲ(悲观情况):若欧盟未能将其内部优势与外部机会有效利用,内部劣势与外部威胁也未能妥善处理,那么在中长期内:实物资本不仅不会增加,甚至会呈现负增长;人力资本因欧盟凝聚力大幅减弱而增长得极为缓慢;深化内部合作、从外部汲取优秀科技成果更加困难,科技进步速度放缓,难以参与引领新一轮科技革命和产业变革;由于成员国经济发展不平衡、债务危机爆发,内部制度问题不能妥善解决,有更多成员国退出。此情况中,将导致欧盟在未来 20 年甚至更长时期中,经济增长非常缓慢且极不稳定。

第四章

日本的经济发展

仅用短短几十年,日本这个第二次世界大战的战败国,就从战败的满目疮痍中走出来,发展成为一个经济大国,被称为"奇迹";而20世纪90年代以来,这个经济大国却陷入了长期的低迷,亦是颇为"离奇"。我们认为,在前述所提出的一般性理论视域下,无论是"奇迹"的"奇",还是"离奇"的"奇",都说不上有多奇怪。下面我们依托一般性理论解释日本的经济发展历程、现状,并对其未来作出一个预判。

第一节　日本的经济发展历程

作为第二次世界大战的战败国,日本的国际地位显著下降,经济发展的物质基础、人力基础、科技基础等也遭到了相当大的破坏。但是,战后国际形势的变化,却给日本带来了较长时间的良好经济发展环境,加之实物资本、人力资本、科技资本的加速积累,以及经济政策的深刻调整等,日本在战后很长一段时间里都维持着较高的经济发展速度,其经济实力也一举超越了大部分西方发达国家,成为世界经济体系中的一极。然而,自20世纪90年代以来,日本经济发展几乎处于停滞状态,其在世界经济体系中的相对经济实力和经济地位也有了一定程度的下降。[①]

---

① [日]野口悠纪雄. 战后日本经济史. 北京:民主与建设出版社,2018.

一、经济恢复发展阶段（1946—1955 年）

二战结束后的第一个十年，国际形势发生了深刻变化，以美国为代表的资本主义阵营和以苏联为代表的社会主义阵营的对峙逐渐形成，这为日本的经济发展带来了难得的机遇。1946—1951 年间，经济的年平均增长率为 9.9%；1951—1955 年间，日本经济的发展速度略有下降，年平均增长率为 8.7%[①]。20 世纪 50 年代中期日本的主要经济指标已经恢复至战前水平。日本经济实现了较为良好的恢复，主要原因可归结如下：

首先是实物资本因素。其一，美国的扶持政策给日本带来了经济复苏所需要的很大一笔物质财富。1945 年 9 月—1951 年间，美国对日本的援助总额共计 21.28 亿美元，占同一时期日本进口总额的 38%，为日本物质力量的增强奠定了基础[②]。其二，工矿业发展迅猛。1947 年初日本正式开始实行"倾斜生产方式"，即重点生产煤炭，生产出来的煤炭又重点用于生产钢铁和发电，进而使得工矿业产出大幅增加，并由此带动其他产业的恢复和发展，实物资本实现了较快积累。其三，20 世纪 50 年代初朝鲜战争的爆发为日本经济起飞带来了机遇。日本作为美国前线部队重要的物资供应来源地，诸多产品和劳务的"特需"订货急剧增长。"特需"订货由 1950 年的 1.49 亿美元增长至 1953 年的 8.09 亿美元，由此带来了日本工矿业的活跃、商品市场的扩大以及生产能力的显著增强[③]。

其次是人力资本因素。一则，战争过后，生育率上升、死亡率下降，为人力资本的积累奠定了基础。1946—1949 年，日本出现了战后第一次生育高峰，这期间人口出生率高达 33‰—34.3‰；人口死亡率显著下降，由 1947 年的 14.6‰下降至 1955 年的 7.8‰[④]。二则，教育水平的不断提升保证了人力资本积累的不断提升。战后初期的日本教育改革是整个社会改革的重要组成部分，1946 年颁布实施了《教育基本法》，主要包括教育方针、目的及"教育机会均等""义务教育"等原则性的内容；1948 年，日本

---

① 数据来源：日本内阁府。
② 杨剑.战后日本经济迅速发展的客观原因.经济问题，2004(06)：71—73.
③ 杨剑.战后日本经济迅速发展的客观原因.经济问题，2004(06)：71—73.
④ 数据来源：日本统计局。

普及了初中教育,并且到 1953 年初中义务教育率已经达到了 99.9%。三则,战争结束后,曾经大量为战争服务的劳动力开始转向生产。多相合力,人力资本的数量与质量实现了双提升,进而为充分发挥人力资本的经济效能创造了良好的环境。

再次是科学技术因素。虽然二战后日本工业生产技术较欧美发达国家大约落后了 20—30 年,但自 1950 年起,日本开始引进国外先进技术,1950—1955 年共引进甲类技术(合同期限或付款期限超过一年的项目)525 项,乙类技术(合同期限或付款期限不满一年的项目)623 项[1]。国际技术的引进及扩散不仅弥补了战后日本经济发展的技术缺口,还在此基础之上对所引进的技术进行改良和创新,进而有利于建立本国自主的科学技术体系,更好地促进经济发展。

最后是制度因素。战后初期,在美国的主导下日本进行了农地改革、劳动改革和解散财阀三大经济民主化改革,消除了封建军事帝国主义对日本的影响,完成了从战时统治经济向政府主导型市场经济的转变。经济民主化改革不仅为建立现代资本主义经济制度和经济体制开辟了道路,还为经济复苏及高速发展创造了有利条件。

此外,日本的军费开支在国民生产总值中的比重由 1944 年的 85.6% 猛降至 1950 年的 3.33%,在 1955 年再降到 1.54%[2],国防开支和军费负担的减轻,使得日本更有可能专心致力于经济建设,为经济社会发展创造了有利条件;1953 年日本加入了国际货币基金组织和国际复兴开发银行,1954—1955 年又先后加入了亚洲和远东经济委员会以及关税和贸易总协定,意味着日本回归国际社会,这为日本的经济复苏营造了良好的国际环境。因此,在这一阶段,日本实现了经济的迅速恢复,且具有一定的稳定性,但工矿业的迅猛发展也使得日本的生态环境急剧恶化。

二、经济高速发展阶段（1956—1973 年）

1956 年后,日本开始进入较长时间的高速发展阶段,这一时期的经

---

① 资料来源:日本经济企划厅,《经济白皮书》日本科学技术厅有关资料整理。
② 数据来源:经济统计年鉴.东京:东洋经济新报社,1972:164—185.

济发展速度较快,图4－1所示绘制了1956—1973年的实际 GDP 增速,可以明显看出:1956—1973年的年均实际 GDP 增速为9.25%,且仅有五年的经济增长率低于8%,有八年的经济增长率超过10%;这一增长速度远高于美国与欧洲经济共同体和欧共体同期的经济增速,由此也带来了日本经济实力的显著上升,其经济总量占世界经济总量的比重在1973年接近10%,奠定了日本在世界经济中一极的地位。日本经济在这一阶段取得如此的高速发展,也被人称之为"奇迹"。"奇迹"之所以产生,源于以下四个方面。

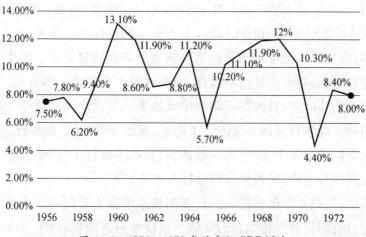

图4－1　1956—1973年的实际 GDP 增速

注:数据来源于日本内阁府《2007年经济财政报告》,且实际 GDP 使用的是1990年不变价为基期。

　　第一,实物资本的积累水平较高。一方面,大规模的设备投资提高了实物资本的积累能力。20世纪50年代中期以后,日本垄断资本为了赶超欧美发达国家,进行了大规模的设备投资(主要集中在重化工业部门),这期间的固定资本投资约占国民生产总值的三分之一,为实现工业现代化打下了雄厚的物质基础;且在这段时期,日本长期推行高积累、高投资、强化资本投资的政策,进一步提高了实物资本积累水平。另一方面是有利的外部环境促进了实物资本的积累。在美国发动越南战争期间,日本也从美国获得了大量的"特需"订货,由1965年的3.2亿美元增加至1968

年的 5.86 亿美元[①];这一阶段,亚非拉国家一般采取出口资源、进口制成品的方针,为日本提供了廉价的资源进口来源和工业品出口市场,根据日本财务省统计数据,1973 年的进出口贸易总额是 1956 年的近 10 倍,日本贸易也迅速由逆差转为顺差。两相合力,形成了有利于实物资本积累的外部环境,极大地刺激了日本经济发展。

第二,人力资本积累较快。一是随着劳动力需求上升,失业率有所下降。根据日本总务省统计局数据,1955 年的平均失业率为 2.51%,逐步下降为 1%—1.5%。二是随着医疗卫生领域的技术进步,劳动力人口的平均寿命得到显著提高。根据世界银行统计数据,出生时平均预期寿命已经由 1960 年的 67.67 岁上升至 1973 年 73.76 岁,粗死亡率由 1960 年的 7.6‰下降至 1973 年的 6.6‰,人力资本的损耗进一步减少。三是多措并举,形成了大批可以满足经济高速发展的高质量人才。在实行九年制义务教育后,重点普及高中教育,1970 年日本高中升学率为 82.1%,大学升学率为 24%[②];目的在于培养中级技术人员的高专始建于 1962 年,在最初的工业学科基础上又增设了商船、无线电等学科,据统计,1973 年的技术学院数量是 1962 年的 3 倍还多;日本还推行了"产学合作"体制,即企业与学校合作,培养和培训科技人才及工人。

第三,科技水平迅速提高。日本的技术进步主要归功于采取了技术引进与自身研究开发相结合的策略。就技术引进而言,1956—1970 年共引进甲类技术近 8000 项,乙类技术 6000 余项,且在 1971—1975 年间共引进甲类技术 8368 项,乙类技术 2406 项,其中重化工业部门的技术约占 85%[③]。就自身研发而言,日本擅长于把来自各国的条件各异、互不协调的新技术加以融合,并对引进的国外产品、设备等进行全面解析,研究其结构、功能、原理,进而研制出具有本国特色的产品、设备等,以打破欧美发达国家在国际贸易高端产品领域的垄断。在这一相辅相成的过程中,日本的科技水平迅速提高,推动了日本的技术进步,也推动了产业结构高

---

① 杨剑. 战后日本经济迅速发展的客观原因. 经济问题,2004(06):71—73.

② 数据来源:中日经济专家合作编辑《现代日本经济事典》,1982,第 883—884 页.

③ 刘忠远,张志新. 大国崛起之路:技术引进——二战后日本经济增长路径带来的启示. 科学管理研究,2010,28(06):99—103.

级化,进而推动了日本经济发展。

第四,经济政策具有连续性和稳定性。一则,自1955年起,日本先后制定了多个中、长期经济计划,其中,1960年的《国民经济倍增计划》在推动消费革命、激励生产热情等方面作出了重要贡献,对经济持续高速发展起到了空前的推动作用。二则,日本政府制定政策时较为审慎,注重政策的连续性和稳定性,对经济活动的干预相较于部分其他发达资本主义国家而言更为出色。三则,日本政府注重为企业营造良好的市场环境,通过产业政策等引导企业的经营行为,如日本开始实行的"重化工业化"政策对确立日本的制造业强国地位发挥了重要作用。四则,日本式经营体制也逐渐形成并最终确立,为日本成为仅次于美国的世界第二经济大国贡献重要力量。

在上述四个因素的影响下,日本经济在这一阶段实现了高速发展,使之成为战后世界经济体系中最为重要的发达资本主义国家之一。但这一阶段日本在发展的可持续性方面做的并不好。仅从环境保护方面来看:化石燃料能耗占日本能耗总量的比重由1960年的93.78%上升至1973年的97.35%;在实施"重化工业化"政策和大量使用化石燃料的背景下,1973年日本人均二氧化碳排放量比1960年增长了超过200%[1],按照这个排放增长速度,经济增长肯定无法长期持续。

三、 经济稳定发展阶段(1974—1990年)

进入20世纪70年代中后期,受两次石油危机的影响,日本经济增速开始明显放缓,但经济总体而言还是处于稳定增长的状态,图4-2绘制了1974—1990年日本的CPI同比增速、失业率和实际GDP增速。由于日本是一个高度依赖石油进口的国家,第一次石油危机带来的油价暴涨,致使其通货膨胀率在1974年高达近25%,实际GDP增速降为-1.2%;但在此之后便得到迅速恢复,1975年起通货膨胀率开始大幅下降,到1978年便低于5%,而实际GDP增速在1975年便上升至3.1%。第二次石油危机后,通货膨胀率又有所增加(1980年达7.78%),实际GDP增速

---

① 数据来源:世界银行。

有所下降,但仍保持在 2% 以上,此后经济也迅速恢复并向好发展。此外,在这期间,失业率虽略有增加,但基本保持稳定。由此可以看出,日本在石油危机后的复苏较为迅速,且并未出现如美国一般的高通胀率、高失业率、低经济增长率长期并存的滞胀状态,经济发展总体而言较为稳定,经济实力和国际经济地位也有了一定上升,其经济总量占世界经济总量的比重在 1990 年上升至 13.3%。

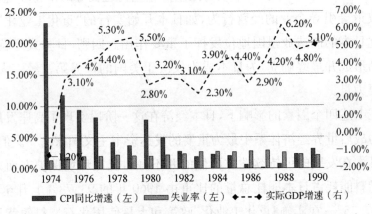

图 4-2 1974—1990 年日本 CPI 同比增速、失业率和实际 GDP 增速
注:数据来源于世界银行、日本总务省统计局和日本内阁府。

这一时期日本经济增速放缓的原因可以分为实物资本、人力资本与科学技术三个方面:就实物资本因素而言,石油价格走高导致工业生产所需要的原材料价格上升,使得生产成本提高,削弱了日本企业的生产能力;日元呈现升值基调使得日本产品在国际市场上的价格提高,进而降低了日本产品在国际市场上的竞争力,导致需求减少、出口大受影响,削弱了日本出口企业的生产意愿。就人力资本因素而言,受石油危机的影响,失业率有略微上升,难以为人力资本的积累奠定劳动力基础;日本进入老龄化社会且老龄化趋势愈发严重,65 岁以上人口在总人口中的比重由1970 年的 7.1% 上升至 1990 年的 12.1%[1],由此引发人口结构发生变化。就科学技术因素而言,随着经济大国地位的巩固,日美技术摩擦频

---

① 数据来源:世界银行。

发,引进和模仿技术的风险增大,例如,美国 IBM 公司在 1982 年与日本富士通公司、1983 年与日立公司出现专利纠纷等,结果多以日方企业败诉并向美方赔偿高额专利费而告终,进而导致技术的引进效应减弱,通过科技水平的提高来拉动经济增长变得更加困难。

但日本经济发展的放缓是相对于日本前一阶段而言的,相比于美国等其他发达资本主义国家,日本的发展还是快得多(如表 4-1 所示)。其原因大概包括:第一,日本采取了行之有效的经济政策,经济发展总体而言较为稳定。一方面,针对第一次石油危机带来的恶性通货膨胀,日本政府迅速出台了强硬的抑制物价政策,首先是对石油产品等进行价格管制,其次是采取紧缩的财政政策与金融政策,使得通货膨胀率迅速降低到正常水平,日本成为发达资本主义国家中最先走出通胀阴影的国家。另一方面,在控制通货膨胀的同时,为提振经济,日本政府在 1975 年度决定启用扩张性财政政策,也取得了一定成效。

表 4-1 1974—1982 年美国、欧共体、日本的实际 GDP
增速与 CPI 同比增速(单位:%)

年份	实际 GDP 增速			CPI 同比增速		
	美国	欧共体	日本	美国	欧共体	日本
1974	-0.50	2.66	-1.20	11.00	13.32	23.22
1975	-0.20	-1.09	3.10	9.10	13.66	11.73
1976	5.40	4.37	4.00	5.80	11.30	9.37
1977	4.60	2.95	4.40	6.50	10.09	8.16
1978	5.50	3.72	5.30	7.60	6.88	4.21
1979	3.20	3.44	5.50	11.30	8.78	3.70
1980	-0.30	1.50	2.80	13.50	12.00	7.78
1981	2.50	0.13	3.20	10.30	12.86	4.91
1982	-1.80	0.99	3.10	6.20	11.46	2.74
平均	2.04	2.07	3.36	9.03	11.15	8.42

注:数据来源于美国劳工部、美国经济分析局、欧盟统计局、日本内阁府和世界银行。

第二,与经济政策相配合,日本的要素状况也好于其他发达资本主义国家。一是因石油危机导致的实物资本积累能力下降在一定程度上得到弥补。一方面,经济发展的重点转向知识密集型产业。由于石油危机时期石油价格上升导致经济发展受阻,因而日本更倾向于转向以知识密集型产业为中心的灵活增长路线,电子计算机、精密机械、通讯电子零件等固定投资及生产大幅上升,推动知识密集型产业实物资本的积累快速增长。另一方面,对外汇市场的干预进一步加强。通过大量买进美元、卖出日元,增加外汇储备,同时增加对外直接投资,开拓国外市场,以应对日元升值所带来的不利影响。

二是日本的教育一直处于较高水平。尽管日本的失业率略有上升且人口老龄化不断加重,但日本仍是一个人力资本较为雄厚的国家。这主要归功于一直以来处较高水平的日本教育。如表4-2所示,高中学校数量由1974年的4916所增加至1990年的5506所,大专和大学数量分别由1974年的505所和410所增加至1990年的593所和507所,专业培训学院由1976年的893所猛增至1990年的3300所,教师人数与学生人数也有了明显增加。国民对教育的重视保证了各项发展教育的措施得以顺利进行,使日本形成了国立、公立、私立三管齐下的学校教育体系,为经济的稳定增长提供了不同层次的人力资源。

三是尽管技术的引进效应减弱,但自身的研发能力有所增强。首先,财政收支中的国内研发总支出在1990年比1981年翻了近一番,研发投入的增多为提高自身研发能力和科技水平奠定基础。其次,为积极推进新能源技术的研究与开发,日本政府设立了"阳光计划推进本部",试图逐渐降低能源成本和对能源进口的依赖程度;再次,提出并践行了"科技立国"的主张,提高在一般生产部门中的知识和技术水平,使生产操作自动化,实现了由大量生产型革新向效率型革新的转变,形成了以集成电路为代表的电子技术在各个领域的深入广泛应用。多措并举,使得日本自身的研发能力大大增强,进而实现科技水平的提高。

需要特别指出的是,虽然这一阶段的日本经济实现了较为稳定的增长,且生态环境状况有所改善,但发展的可持续性问题依然不能较好解决,主要体现在以下三个方面:一则,在20世纪80年代末形成了史无前例的资产泡沫,日经指数在1985—1989年间上涨了近两倍,土地价格也

表 4－2 不同类别学校的数量、教师人数及学生人数

年份	高中数量	大专数量	大学数量	专业培训学院数量	大学教师人数	专业培训学院教师人数	大学学生人数	专业培训学院学生人数
1974	4916	505	410	—	86576	—	1659338	—
1975	4946	513	420	—	89648	—	1734082	—
1976	4978	511	423	893	92929	6593	1791786	131492
1977	5028	515	431	1941	95470	15796	1839363	356790
1978	5098	519	433	2253	98173	18214	1862262	406613
1979	5135	518	443	2387	100735	19056	1846368	416438
1980	5208	517	446	2520	102989	20211	1835312	432914
1981	5219	523	451	2745	105117	21867	1822117	472808
1982	5213	526	455	2804	107422	22213	1817650	478934
1983	5369	532	457	2860	109139	22616	1834493	512180
1984	5427	536	460	2936	110662	23530	1843153	536545
1985	5453	543	460	3015	112249	24238	1848698	538175
1986	5491	548	465	3088	113877	25622	1879532	587609
1987	5508	561	474	3151	115863	27171	1934483	653026
1988	5512	571	490	3191	118513	28780	1994616	699534
1989	5511	584	499	3254	121140	30277	2066962	741682
1990	5506	593	507	3300	123838	31773	2133362	791431

注："—"表示存在缺失值；数据来源于日本文部科学省。

有了大幅上涨,泡沫经济的阴霾在这个阶段的末期日渐浓重;二则,人口老龄化问题愈发严峻,劳动力供给不足、消费水平降低、储蓄率持续下降、社会保障资金入不敷出等的阴影越来越大;三则,国家债务问题较为严重,根据日本央行统计数据,1990 年的国家政府债务比 1983 年增长了66.94%。

四、 经济发展低迷阶段（1991—2016 年）

由于 1991 年之后的日本经济总体上说都处于低迷状态,只是为了把2017 年安倍晋三第四次当选为日本首相后的日本经济放在下一节作为发展现状来分析,才仅选取 1991—2016 年作为日本经济发展的低迷阶段展开分析。

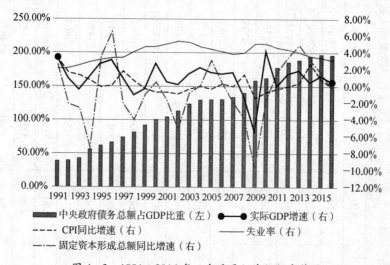

图 4-3　1991—2016 年日本重要经济指标走势图

注:中央政府债务总额占 GDP 比重和实际 GDP 增速指标来源于世界银行统计数据;其他指标来源于日本统计局等,其中,固定资本形成总额同比增速是以 2011年为基期,CPI 同比增速是以 2015 年为基期。

图 4-3 描述了 1991—2016 年间日本重要经济指标的走势。可以明显看出,20 世纪 90 年代以来,日本经济发展低迷,1991—2016 年的年均实际 GDP 增速仅为 0.97%。泡沫经济破灭后,日本的股票价格和房地产价格暴跌,实际 GDP 增速持续下降,在 1993 年下跌至 -0.52%;1997

年起,受亚洲金融危机爆发的影响,日本经济再次陷入了衰退阶段,1998和1999年的实际GDP增速分别为-1.13%和-0.25%;在此之后,日本经济略有复苏,但经济增长率始终维持低位;2008年全球金融危机爆发后,日本实际GDP又开始出现负增长,在2008、2009和2011年分别为-1.09%、-5.42%和-0.12%,此后虽有回暖迹象,但经济增速的波动幅度较大且一直处在较低水平上。1991—2016年的平均失业率抵近4%;通货膨胀率则一直处于较低水平,甚至在部分年份呈现通货紧缩状态。对于20世纪90年代后,日本经济增长乏力,经济发展一直处于低迷状态,我们认为问题主要出在这么四个方面。

首先,实物资本的积累能力显著下降。一是经济泡沫破裂、危机频发等使得日本投资者信心显著下降,Sentix投资信心指数由2004年的30.57暴跌至2009年的-28.58,此后也一直维持低位,进而导致固定资产等的投资处于较低水平。投资的减少必然意味着产出的下降,如图4-3所示,固定资本形成总额的同比增速与实际GDP增速的波动大体一致,1991—2016年的年均增速为负。二是消费者信心维持在较低水平上,这对居民消费产生了巨大的消极影响,根据日本总务省统计局数据,2016年两人及以上的家庭的消费性支出比2000年下降了11.07%;根据日本财务省统计数据,2016年商业销售总额比1991年下降了近40%。消费水平的下降,意味着消费者的需求减少,供给也就随之减少。三是虽然日本对外贸易也在波动中有所增长,但仅是小幅增长。“贸易立国”的发展模式日渐式微,出口竞争力明显减弱,2011—2015年连续5年出现贸易逆差。此外,还有日本本土的部分产业向一些新兴的工业化国家外流的问题。

其次,人力资本的积累速度放缓。日本一直以来是一个非常重视教育的国家,其教育水平在全球居于前列,大学数量、教师人数与学生人数逐年攀升,且日本也有着较高的人力资本积累能力和利用率。即便如此,日本的人力资本积累速度也在不断放缓:一方面,少子老龄化(出生率低,老龄人口占比高)问题日益严重。尽管出生时平均预期寿命有所上升(由1991年的79.1岁增加至2016年的83.98岁),但人口增长的绝对量和相对量呈现出下降势头,日本的人口抚养负担日益加重。根据世界银行统计数据,粗出生率由 1991 年的 9.9‰ 下降至 2016 年的 7.8‰,粗死亡率由 1991 年的 6.7‰ 上升至 2016 年的 10.5‰;自 2005 年后,日本一直高居世界老龄化率国家首位,且截至 2016 年 10 月 1 日,日本 65 岁以上人口占比已经超过 25%。另一方面,失业率有所上升,日本在这一阶段的失业率要高于之前阶段。

再次,科学技术创新能力亟待提高。一则,日本在科学技术领域长期依赖欧美发达国家的基础科研成果,其自身的基础研究能力相对较弱,不利于科技的原创成果的生产。二则,随着日本产业升级达到一定程度,原创成果的引进也日趋困难,模仿创新也遇到了瓶颈,导致专利申请数量连年下降(2016 年比 2007 年下降了近 20%[①])。三则,由于日本信息技术发展方向判断失误,导致产业结构向高科技和知识信息产业的转型受到制约,在真正尖端的信息技术领域和美国拉开了差距,严重影响了科技创新能力的增长。四则,财政收支中的国内研发总支出的增长近乎停滞,2016 年仅比 1991 年增长了约 46%,且在 2006—2016 年间几乎未实现研发支出的增加,研发投入的不足也影响科学技术的创新发展。

最后,制度的内在矛盾日益激化,经济政策效果不明显。一是政府主导型的经济发展体制出现"制度疲劳",通过政府主导来推动经济发展的日本模式面临巨大挑战,体制僵化成为引发经济长期萧条的深层次原因。二是经济政策层面,债务水平的不断提高导致财政政策空间缩窄,由图 4-3 可以看出,中央政府债务总额占 GDP 的比重连年走高,财政政策的空间已经非常有限;为实现 2% 的通胀目标,日本实行超宽松货币政策,使得货币政策空间也几近耗竭。但即使这样极端使用财政和货币政策,效果依然不明显,经济发展依然极为缓慢。

第二节　日本经济的发展现状

下面,我们以 2017 年至今的日本经济发展情况为对象,对日本经济

---

① 数据来源:日本专利局。

的发展现状进行分析。

一、现阶段的日本经济发展

2017 年,日本经济在多元因素的提振下总体保持温和复苏的趋势,根据世界银行统计数据,实际 GDP 增速达 2.17％,通货紧缩的局面也有所改善。就实物资本因素而言,投资信心指数大幅回升,建筑、工程机械、机器人、航空材料、人工智能等领域的投入增长较快,制造业工业生产指数由 2016 年的 100 上升至 2017 年的 103.1[①],固定资本形成额同比增长 3％[②];居民消费动力也有所增强,耐用品、非耐用品以及生活性服务业的支出均有所增加,两人及以上的家庭的消费性支出较 2016 年增长了 0.3％[③],商业销售总额增长了 3.09％;外部需求回暖与国内需求改善拉动了进出口的增长,2017 年贸易总额增幅超过 10％[④]。就人力资本因素而言,尽管日本少子老龄化问题没有显著改善,但就业形势较为乐观,失业率下降了约 0.3 个百分点。就科学技术因素而言,财政收支中的国内研发总支出较 2016 年增加了 3.78％,专利申请数量也有所增加,因而科技水平有了一定提高。就经济政策因素而言,日本政府推出的经济刺激措施有了一定成效,且宽松的宏观经济政策红利持续,成为了经济复苏的关键动力之一。

然而,这一增长势头并未继续下去,2018 年的实际 GDP 增速仅为 0.32％,较 2017 年大幅下滑。究其原因,主要体现在日本本土自然灾害频发、全球贸易保护主义升温、少子老龄化问题日益严重、债务负担愈发沉重等。就自然灾害频发而言,2018 年下半年,日本西部地区暴雨和北海道地震等自然灾害频频发生,对企业供应链和消费需求造成了负面冲击,固定资本形成总额增速同比下降了 2.4 个百分点;自然灾害的频发也降低了国外优秀的科技和管理人才的流入意愿。就全球贸易保护主义升温而言,2018 年日本出口受到较大打击,并由顺差国变为逆差国,导致其

---

① 数据来源:日本经济产业省。
② 数据来源:日本内阁府。
③ 数据来源:日本总务省统计局。
④ 数据来源:日本财务省。

从外部影响了实物资本的积累;全球贸易关系紧张造成大型制造业企业信心指数恶化,则从内部影响了实物资本的积累。就少子老龄化问题而言,尽管 2018 年的失业率指标向好发展、就业形势较为乐观,但人口老龄化愈发严重,根据世界银行调查显示,日本 65 岁以上老年人口所占比例为 27.58%,比第 2 位的意大利高出约 5 个百分点;粗出生率较 2017 年下降了 0.2 个千分点,粗死亡率上升了 0.2 个千分点,劳动力人口数量进一步减少。就债务负担而言,根据 IMF 统计数据,2018 年末,日本包括国债、借款等国家债务达到了 10.3 万亿美元左右,是全球负债率最高的国家,这与人口老龄化加剧以及日本政府财政赤字严重等因素息息相关,因而无法实现经济的可持续增长。

尽管 2019 年的实际 GDP 增速小幅增加至 0.65%,略高于 2018 年,但经济增长率仍处于较低水平。增长率低的原因主要包括:一是全球经济增长乏力、贸易摩擦不断升级严重拖累了出口。全球贸易摩擦此起彼伏在一定程度上削弱了日本的出口能力,一方面美国特朗普政府以加征汽车进口关税等办法胁迫日本减少向美国的出口;另一方面日韩贸易战的愈演愈烈也导致日本对韩国的贸易大幅减少。两相合力,致使 2019 年日本对外贸易较 2018 年下降了 5.27%,严峻的外贸形势拉低了资本积累和科技进步速度,也拉低了经济增速。二是制造业活动低迷、大型制造业企业信心进一步恶化。受内外环境的影响,2019 年日本制造业活动低迷,制造业 PMI 由 2019 年 1 月的 50.3 降低至 12 月的 48.4;由于全球经济增长乏力及贸易战频发等的负面冲击,企业对日本经济发展的信心下降,投资信心指数大幅下滑,投资减少,当然实物资本的积累就变慢了。三是人口增长下降、老龄化问题日益凸显。一方面即使失业率维持较低水平,但人口数量持续下降,导致国内市场萎缩、整体消费下降,劳动力供给不足,同样会削弱人力资本的积累;另一方面人口老龄化愈发严重,这不仅加重了医疗、养老等社会负担,而且也是对人力资本积累的削弱。此外,尽管日本央行采取了宽松的货币政策,但通货膨胀率仍进一步下降,CPI 同比增速由 2018 年的 1% 下降至 2019 年的 0.5%,离政府制定的 2% 目标渐行渐远。

2020 年,受新冠肺炎疫情蔓延的不利影响,日本经济大幅衰退。首先,疫情导致世界各国纷纷停工停产、"闭关锁国",制造业工业生产指数大幅下降至90.9,进出口贸易总额较2019年下降了12.47%,两人及以上家庭的消费性支出减少了5.27%,投资者与消费者信心双双下降,极大地削弱了实物资本的积累能力。其次,疫情还造成了大量失业,失业率约上升了0.4个百分点,雇员与雇主形成持久的雇佣关系变得更加困难,雇主也就没有培训和提升雇员劳动技能的积极性;各类学校为减弱疫情冲击,也采取了停课停学等措施;各国人才交流合作的意愿下降,不利于日本吸收国外的优秀科技与管理人才;在新冠疫情持续蔓延的影响下,患病率和死亡率一直走高,社会劳动力的健康状况较差。受多个方面的负面影响,人力资本遭受到了极大的损失。再次,疫情在世界范围内暴发,加强了世界各国在科技领域的交流合作,应对疫情冲击的科技水平有一定提高,但还不足以形成一个新的经济增长点。此外,政府债务因应对疫情而进一步增加,潜在的债务问题愈发严重。最后,日本作为资本主义国家,在生产资料私有制的经济制度下,难以在短时间内集中力量办大事,因而其防疫效果不如中国等社会主义国家,导致其经济衰退更为明显。

二、 日本经济发展的分析

(一)日本经济发展的内部优势

第一,教育与人才资源具有明显优势。一方面,日本一直以来是一个非常重视教育的国家,也是世界上教育事业最发达的国家之一,约有70%的高中毕业生继续接受高等教育;另一方面,由于日本具有很强的教育实力,对海外人才也有一定的吸引力,人力资本的积累和利用能力较强。

第二,日本具有较强的国际竞争力。日本作为世界第三大经济体,在全球经济治理方面拥有一定的话语权,且国际竞争力位居世界前列。在世界经济论坛发布的《2019年全球竞争力报告中》,日本排名第6位;根据《财富》杂志发布的2019年世界500强排行榜,日本企业占比超过10%,因而许多日本大企业实力雄厚,也拥有很强的国际竞争力。

第三,日本制造业全球布局的策略有所成效。在调整产业布局时,日本主要采取了在本土保留具有核心竞争力的产品生产、转移不具备技术优势的产品生产;在本土保留高附加值生产环节,向海外转移属于产业链上游的、在国内不具备优势的低端生产环节,培育和发展"母工厂";通过设立海外实验室,利用当地的先进科研能力开发新技术,弥补基础研发的薄弱环节。结合上述方面,形成了较为合理且具有参考借鉴价值的制造业海外布局策略。

(二)日本经济发展的内部劣势

第一,少子老龄化问题愈发严峻。一方面,日本粗出生率连年下降,而粗死亡率却不断攀升,日本人口也随之下降。以 2019 年为例,该年日本总人口已经连续 9 年减少;老年人口占比大幅提升,使得劳动力数量显著降低,2019 年日本 15—64 岁的劳动年龄人口占总人口比重跌至历史新低(仅为 59.5%),而 65 岁和 75 岁以上人口分别占比 28.4% 和 14.7%,均创历史新高。

第二,潜在债务危机阻碍日本经济的可持续发展。一则,随着少子老龄化问题日益严重,日本政府需要负担更多的养老金和医疗费用开支,因而面临更大的财政压力;二则,为应对新冠疫情对经济社会造成的冲击,日本政府支出急剧上升,根据 IMF 统计,截至 2020 年 10 月,日本的政府债务总额占 GDP 的比率为 266%。由此可能会引发潜在的债务危机,并使得财政风险上升。

第三,消费税率提升对经济发展造成负面冲击。2014 年,为弥补日本人口老龄化而暴增的医疗和护理费用,消费税从 5% 上调至 8%;2019 年 10 月,为进一步对人才培训进行支援,消费税从 8% 提升至 10%。消费税率的提升必然会对消费者心理、雇佣环境、物价变动等造成负面冲击,进而对经济发展产生不利影响。

(三)日本经济发展的外部机会

第一,新一轮科技革命和产业变革加速日本产业结构转型升级。在新一轮科技革命和产业变革蓄势待发的大背景下,日本政府积极导入并推介"第四次工业革命"新理念,以期利用人工智能、大数据、物联网等新兴技术构建新产业体系,试图带动日本实现整体经济结构的转型升级。

第二，日本分享新兴市场与发展中经济体的经济发展红利。日本积极开拓新兴市场和发展中经济体，特别是中国的市场，并发展稳定的经贸关系；在 2020 年 11 月 15 日，日本与包含东盟 10 国、中国在内的 14 个国家正式签署了《区域全面经济伙伴关系协定》(RCEP)，有利于日本分享经济发展红利，促进本国经济的复苏与增长。

第三，与美国等发达经济体实现更为紧密的联系。一方面，为推进自由贸易、对抗世界上的保护主义势力，日本与欧盟的经济合作协定于 2019 年正式生效，加强了日欧的经贸合作；另一方面，相比于特朗普政府的特立独行，拜登政府更加重视同盟，可能会继续保持与包括日本在内的"四国联盟"的合作、重建跨太平洋伙伴关系，有利于日本与美国实现更为紧密的结合。

（四）日本经济发展的外部威胁

第一，新冠疫情给经济发展带来较大的不确定性。就国内而言，日本疫情虽比美国等发达经济体的控制力度更高，但也有超过 80 万的累计确诊人数，这给少子老龄化的日本带来更大的风险；就国际而言，2020 年世界经济出现了大规模衰退，降低了日本与其他国家的经贸往来，给日本经济发展带来了较大的负面效应。

第二，与中国、美国的关系难以权衡与选择。美国和中国作为世界第一、二大经济体，日本既想与美国建立亲密关系，又要拉近与中国的关系，而为抑制中国崛起，美国必然会在各个领域对中国进行打压（如中美贸易争端等），使得日本不得不进行权衡并作出选择。由于中美两国在缓和和对抗之间仍存在很大的不确定性，日本无论如何在哪一边站队，都会给经济发展造成一定的负面影响。

第三，自然灾害频发直接阻碍日本经济发展。受日本地理位置的影响，地震等自然灾害频频发生，如 2011 年的日本大地震不仅引发了巨大的海啸，还引发了福岛第一核电站核泄漏，对日本部分地区造成了毁灭性的破坏。自然灾害的发生削弱了实物资本和人力资本的积累能力，不利于科技水平的提升，进一步恶化了日本的经济状况。

第三节　日本经济的发展前瞻

一、日本经济短期发展前瞻

对日本未来3—5年要素发展情况的预测：其一，实物资本的积累能力可能不会迅速增强。一则，新冠疫情对投资者和消费者信心的打击在短期内不会迅速消失，对生产的不利影响仍将继续存在；二则，全球经济复苏乏力致使日本与其他国家或地区间的进出口贸易增速放缓。其二，人力资本的积累速度放缓。一方面，疫情带来的失业危机与劳动力健康危机以及全球人才流动受限等短期内不会消散；另一方面，日本少子老龄化问题愈发严重，极大地削弱了人力资本的积累能力。其三，科技水平提高有限。为应对疫情，科技合作和创新速度加快，但在短期内形成一个足以支撑起日本繁荣发展的新的经济增长点还是比较困难的。其四，经济制度在短期内不会发生实质性改变。作为资本主义国家，日本的经济制度有着它自身的不足与矛盾之处，亟待改善甚至改革，但在短期内难以有较大程度的改进。

在对要素情况预测的基础上，使用第一章所构建的经济发展模型，我们再分别从经济总量增长、增长的稳定性及可持续性三个方面对日本短期经济发展进行研判：日本在短期内的资本积累速度，科技进步速度，人力资本积累增长速度，都将延续既往继续变缓，因而日本的经济增长速度仍将和既往一样处于较低水平。只是由于存在对新冠疫情带来的经济增速下滑的反弹，在未来的一两年里，日本经济增速会稍微好看一点，之后年增速又回到1%及以下的样子。就经济增长的稳定性而言，由于新冠疫情发展的不确定，日本新首相政策变更、突发事件或危机的严重程度等的不确定，日本的经济增长在未来3—5年还具有很大未知。就经济增长的可持续性而言，由第一章的式(27)—(29)可知，经济的可持续发展受实物资本、人力资本、科技资本积累量增长率及增长率的变动速度的影响。短期内，日本实物资本的积累能力不会迅速增强，人力资本积累将呈缓慢上升之态,二者增长率的增速为负,因而基本可以认为日本经济的下行压力很大,不具有增长的可持续性。此外,政府预算赤字和债务扩大、少子老龄化现象日益严峻、能源进口依赖过大、生态环境恶化等问题在短期内也不可能取得比过去若干年更好的解决,加之日本相较于欧美更容易受到外部环境的制约,也会给日本经济的发展带来较大的负面影响。

二、 日本经济中长期发展前瞻

情况Ⅰ(乐观情况):若日本能够充分利用其内部优势与外部机会,改进内部劣势、防范外部威胁,那么在中长期内:从实物资本的角度,随着新冠肺炎疫情的消散,投资者和消费者信心增强,将有利于促进生产;全球经济开始复苏,将有利于发展日本与其他国家的贸易、投资,助推实物资本积累能力的增强;产业结构将向更为合理化、高级化迈进,实物资本的积累能力进一步提高。从人力资本的角度,日本是一个很早就开始重视教育的发达资本主义国家,且人力资本质量已经处于较高水平,在中长期内教育和人力资源优势将继续保持,且少子老龄化问题会得到妥善解决,促进人力资本的数量与质量上升到更高水平。从科学技术的角度,日本通过提高自身研发能力,并与其他国家在科技领域进行更为密切的交流合作,在中长期内可能将找到一个支撑起日本繁荣发展的新的经济增长点,并成为引领新一轮科技革命和产业变革的经济体之一。从经济制度的角度看,日本将会从优秀的发展道路借鉴经验,不断完善自身发展道路,形成更能促进日本经济社会健康稳定发展的发展模式。在情况Ⅰ中,各生产要素的发展将促使日本在 21 世纪 30 年代及之后,经济增长快于 2021—2030 年,但由上一章的经济发展模型可以得出实物资本积累对于经济发展的促进作用是边际效应递减的,因此实物资本积累对日本中长期经济发展的促进作用是有限的;虽然少子老龄化、潜在债务危机等问题得到妥善解决,但日本相较于欧美依然更容易受到外部因素的影响;此外,由于资本主义经济制度存在固有矛盾,且在中长期内其经济制度不会有巨大改变。因而即使在乐观情况下,日本中长期的平均经济增长率也不会超过 2%。

情况Ⅱ(中间情况):若日本在一定程度上利用其内部优势与外部机

会,并比较妥善地处理内部劣势与外部威胁,那么在中长期内:就实物资本而言,产业结构的调整并不深刻,投资者与消费者信心增强、国际经贸合作增多等也未带来如情况Ⅰ中的物质力量;就人力资本而言,日本对高等教育及人力资本的重视程度加深,致使其人力资本的数量与质量继续上升,但少子老龄化问题并未完全妥善解决,这一上升幅度不及情况Ⅰ;就科学技术而言,由于并未充分利用内部优势与外部机会,日本虽仍是引领新一轮科技革命和产业变革的经济体之一,但其科技水平的提高程度较情况Ⅰ略低;就经济制度而言,资本主义经济制度的弊端将进一步显现,内在矛盾进一步被激化,越来越不利于日本的经济发展。在情况Ⅱ中,各生产要素的发展将导致日本在 21 世纪 30 年代及以后一个时期,经济以比未来十年更快、更稳定的速度增长,但由于少子老龄化问题、潜在债务危机、消费税率提升、与中国和美国的关系权衡、外部环境的不确定性以及资本主义经济制度内在缺陷等因素的制约,年均增长率依然很低,也就在 1% 左右。

情况Ⅲ(悲观情况):若日本未将其内部优势与外部机会有效利用,内部劣势与外部威胁也未能妥善处理,那么在中长期内:产业结构调整力度不足,实物资本增加幅度极小;少子老龄化问题没有得到改善,将削弱人力资本的积累能力;自主研发能力没有很大提高,高端技术依赖进口,在新一轮科技革命和产业变革中相对落后;资本主义经济制度将进一步恶化日本的经济发展环境。在情况Ⅲ中,各生产要素的发展将导致日本在 21 世纪 30 年代及以后一个时期,经济维持极低速增长甚至不时出现不增长和衰退。

结合上述分析,在实物资本、人力资本、科学技术和经济制度的共同作用下,日本经济增速将处于较低水平且具有很大的不确定性。

第五章

中国的经济发展

不同于美国、欧盟、日本，中国作为一个社会主义国家，其经济正在不断变强，并在已经发展成为世界第二大经济体的基础上，依然处于又好又快的发展中。

第一节　中国的经济发展历程

1949年，中华人民共和国的成立，意味着中国从此走上了独立、民主、统一、富强的道路，开始进入了一个崭新的发展阶段。在建国之后的近30年时间里，中国的经济发展既经历了社会主义革命时期的恢复发展阶段，也经历了大跃进以及文化大革命时期较为动荡的发展阶段[①]。而在改革开放后，中国实现了从计划经济向市场经济的转轨，并以不可思议的发展速度在世界复杂多变的经济格局中崛起。回顾建国以来的经济发展历程，中国的经济发展既有突飞猛进的时候，也有十分曲折的时候，但总体而言呈现的是不断向前发展的态势。

一、经济恢复发展阶段（1949—1957年）

在新中国成立之前，农业生产一直停滞在封建时期的水平，工业基础薄弱且规模很小，因而无论是生产资料还是生活资料都极度匮乏，整个国

---

① 曾璧钧，林木西. 新中国经济史 1949—1989. 北京：经济日报出版社，1990.

民经济的发展水平极为低下。新中国成立后,中国经济实现了较好的恢复发展,如表5-1所示,1956年的现价GDP超过1000亿元,1953—1957年的年均实际GDP增速高达9.38%,按照我们在第一章的模型,其原因主要可以分成以下四个方面。

表5-1　1952—1957年中国主要经济指标的发展情况

年份	现价GDP（单位：亿元）	实际GDP增速（单位：%）	全部工业增加值（单位：亿元）	全部工业增加值同比增速（单位：%）
1952	679.10	—	119.50	
1953	824.40	15.60	163.20	35.70
1954	859.80	4.30	184.50	18.20
1955	911.60	6.90	191.20	6.70
1956	1,030.70	15.00	225.20	28.80
1957	1,071.40	5.10	271.60	11.40

注：数据来源于中华人民共和国国家统计局。

首先是实物资本方面。这个时期中国的发展主要是恢复和快速积累。就农业生产而言,随着农村互助合作的深入发展,农业合作化运动经历了从初级社到高级社的发展过程,社会主义集体所有制的初步建立,农业生产能力大幅提升,国家整体的稳定和工业发展带来了农业方面实物资本积累能力的显著增强。就工业生产而言,由表5-1可以看出,全部工业增加值以非常快的速度在增长,1953—1957年的年均同比增速超过20%。原有但被战争破坏的铁路得到恢复,新铁路不断被修建,公路、内河通航、载重汽车、民用航空等其他交通运输均有明显发展,工业方面物质力量同样在迅速增强的过程之中。就对外贸易而言,1957年的进出口总额较1950年的增幅达到约200%,相较于1949年以前,单就对实物资本积累的促进看,外部环境不仅没有因为一边倒和抗美援朝战争而变坏,反而是变好了。这个时期的恢复和快速发展,为中国经济的进一步发展积累了大量的实物资本,而这种积累也拉动了经济的恢复和快速发展。

其次是人力资本方面。其一,就业人数有了大幅提高。全社会的就业人员一直处于上升状态,如表5-2所示,1957年的就业人员总数比

表 5 - 2　1949—1957 年中国就业及教育发展情况

年份	就业人员				教育		
	合计(单位:万人)	第一产业占比(单位:%)	第二产业占比(单位:%)	第三产业占比(单位:%)	高等学校每十万人口平均在校生数(单位:人)	研究生毕业生数(单位:人)	学成回国留学人数(单位:人)
1949	—	—	—	—	22.00	107	—
1950	—	—	—	—	25.00	159	—
1951	—	—	—	—	27.00	166	—
1952	20,729.00	83.5	7.4	9.1	33.00	627	—
1953	21,364.00	83.1	8	8.9	36.00	1177	16.00
1954	21,832.00	83.1	8.6	8.3	42.00	660	22.00
1955	22,328.00	83.3	8.6	8.1	47.00	1730	104.00
1956	23,018.00	80.6	10.7	8.7	64.00	2349	258.00
1957	23,771.00	81.2	9	9.8	68.00	1723	347.00

注:数据来源于中华人民共和国国家统计局和教育部。

1952 年增加了 14.68%,其中,第一产业占比有所下降,而第二、三产业占比有所上升。其二,教育水平显著上升。通过在全国范围内推行识字教育,文盲率逐步减少,到了 50 年代末,全国约有 3000 多万人脱盲;包括幼儿教育、小学教育、普通中学教育在内的基础教育日益完善,并取得较大进展;高等教育也实现较好的发展,表 5-2 表明,每十万人口平均在校(高等学校)生数由 1949 年的 22 人增长到 1957 年的 68 人,1957 年的研究生毕业人数是 1949 年的近 20 倍,劳动力的质量明显上升。此外,随着战争的结束、农业生产力的极大增强,人们面临的饥饿现象有所减少,加之政府对人民的生活愈发重视,人口死亡率由 1952 年的 17‰ 下降至 1957 年的 10.8‰;再加上新中国成立促使海外科学家与留学生归国增加,其中,学成回国的留学生人数也由 1953 年的 16 人猛增至 1957 年的 347 人。这个时期中国人力资本积累的速度可谓空前。

再次是科学技术方面。一则,重视学习国外先进科学技术。新中国成立之初正值第三次科技革命迅猛发展的时期,中国不仅制定了学习苏联科学技术等政策、加强与苏联的科技交流合作,还努力向西方国家学习一切先进的科学技术、加强与西方国家的科技合作,进而有助于缩小中国科学技术与世界先进水平的差距。二则,重视提高自身研发水平。通过对原有科研机构进行调整与改组,成立了国家科学院,使其成为中国科技队伍组织上的核心,领导全国的科学研究;R&D 经费支出大幅增加,由 1953 年的 0.56 亿元增加至 1957 年的 5.23 亿元,为国内研发水平的提高增添了动力。

最后是经济制度方面。新中国成立后,按照《中国人民政治协商会议共同纲领》的规定,国家要"有步骤地将封建半封建的土地所有制改变为农民的土地所有制"[①],土地改革的完成彻底摧毁了封建土地所有制,不仅解放了农村的生产力、提高了农民的生产积极性,为农业发展创造了良好条件,还为工业生产的发展提供了充分的原料和广阔的市场,为国家工业化开辟了道路。随着国民经济的逐渐恢复,社会主义改造拉开帷幕。

---

① 《中国人民政治协商会议共同纲领》(1949 年 9 月 29 日中国人民政治协商会议第一届全体会议通过)。

1956 年底社会主义改造提前顺利完成,个体农业、手工业和资本主义工商业相继被纳入社会主义国家计划的轨道,高度集中的计划经济体制最终确立。计划经济体制的确立能够保证将有限的资源运用到重点建设上去,避免不必要的损失和浪费,使我国初步建立起比较完整的基础工业体系和国际工业体系的骨架,为国民经济的长远发展创造了有利条件。

总体而言,在 1949—1957 年间,中国经济在经历了长时间的战乱后开始了恢复性发展,经济增速整体较快,但由于实际 GDP 增长率波动起伏较大(如图 5-1 所示),经济增长的稳定性与可持续性还远未实现。

二、 经济动荡发展阶段(1958—1977 年)

自 1958 年开始,中国先后经历了"大跃进""人民公社化运动""文化大革命"等,经济发展遭受到了很大程度的负面冲击。图 5-1 绘制了 1958—1977 年的实际 GDP 增速与 CPI 同比增速,可以明显看出,GDP 增长率的波动幅度非常大,且在多个年份为负增长,年均实际 GDP 增速为 5.79%,远低于前一个阶段;除个别年份外,CPI 同比增速较低,且在多个年份呈现通货紧缩状态,年均 CPI 同比增速仅为 0.72%。考察这一阶段经济增速变缓且极不具有稳定性的原因,主要可归结为以下四个因素。

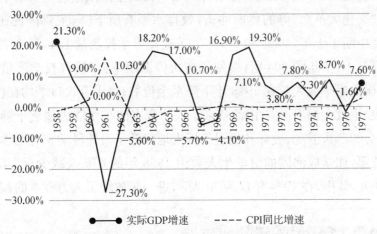

图 5-1　1958—1977 年中国实际 GDP 增速和 CPI 同比增速
注:数据来源于中华人民共和国国家统计局。

一是实物资本因素。首先是看"大跃进"和"人民公社化运动"的影响。"大跃进"实际上是全民大炼钢的工业大跃进,为了在短时间内达到钢铁产量翻一番的目标,农户将用于农业生产的农产品"捐献"出来,导致农业生产遭到严重破坏,同时冲击了轻工业和其他事业;"人民公社化运动"的"一大二公"是空想社会主义模式,造成了粮食等物资的大量浪费,削弱了广大农民的积极性,进一步阻碍了农业的发展进步。两个运动造成了国家资源的巨大浪费、农业生产水平倒退、轻重工业比例严重失调;在此期间,农田连续几年遭受大面积自然灾害,进一步削弱了农业生产。接着的"文化大革命"又带来了一定程度的社会秩序混乱,许多地方的政府机关瘫痪、工厂停工、农村大片土地荒芜。在此期间,外部环境较为恶劣,国家不断受到外部强权的威胁,不得不把大量资源分配到防范威胁上。各种因素作用的结果是,一方面实物资本积累因为内部发展不顺利而减慢,另一方面还要把这些积累中的很大一部分配置到没有产出的方面,导致其比上一个阶段的实物资本积累速度更低。

二是人力资本因素。一则,"大跃进"和"人民公社化运动"时期,人口死亡率由1958年的11.98‰翻了一番至1960年的25.43‰,自然增长率则由1958年的17.24‰暴跌至1960年的-4.57‰,就业人员总数也有所下降[1]。二则,"大跃进""人民公社化运动""文化大革命"等造成粮食等物资,以及人力等大量浪费,显著降低了人民的生活质量与生活水平。三则,受"文化大革命"等的负面冲击,教育水平有所下降,主要体现在:高考制度中断了十年(1966—1976年),普通高等学校数量由1958年的791所下降至1977年的404所;爆发了多次停课闹革命,教育教学质量严重下降;研究生毕业人数在1978年下降至个位数;每十万人口平均在校(高等学校)生数大幅下滑[2],由此带来了人力资本的扩张能力显著下降。四则,社会的严重混乱、破坏和倒退等极大地降低了海外科学家与留学生的归国意愿,如学成回国的留学生人数由1958年的670人减少至1977年的270人,其中,在1974年仅为70人[3],进一步放缓了人力资本的积累速

---

① 数据来源:中华人民共和国国家统计局。
② 数据来源:中华人民共和国国家统计局和教育部。
③ 数据来源:中华人民共和国国家统计局。

度。但这种放缓是相对于前一个阶段和后一个阶段的,而且主要表现在高等教育上。这个阶段在提高识字率,改善底层人民生活方面依然成绩斐然,为下一个阶段的到来积累了庞大的初级劳动力。

三是科学技术因素。一方面是研发支出波动较大,R&D 经费支出增长缓慢,甚至在部分年份(如 1961—1962 年、1966—1968 年等)呈现下降之势,从而不利于自身科技水平的提高;另一方面是长达 10 年的"文化大革命"使得科技管理紊乱,许多科学技术工作者被迫停止科研工作,严重影响了中国科学技术的发展。即便如此,中国科学技术工作者还是在极为困难的条件下取得了一系列重要成就,例如,1964 年,中国第一颗原子弹装置爆炸成功;1967 年,中国第一颗氢弹空爆成功;1970 年,"东方红一号"人造地球卫星发射成功;等等。因此,尽管科技进步对中国经济发展的推动作用依然不可小觑,但离应有的推动作用相距甚远。

四是经济体制和经济政策因素。计划经济体制弊端逐步显现,并在一定程度上破坏了经济规律起作用的基础条件,窒息了经济生活本身的生机与活力,进而无法有效地促进生产力的发展,不利于维持经济的持续稳定增长。就经济政策而言,由于"大跃进"忽视了客观的经济发展规律,导致国民经济各部门之间、积累和消费之间的比例严重失调;"人民公社化运动"极大地挫伤了农民的生产积极性,造成粮食供给严重困难;"文化大革命"则不仅造成党和政府的各级机构、各级人民代表大会和政协组织长时间陷入瘫痪和不正常状态,还导致经济管理体制更加僵化,使得党、国家和人民遭受建国以来最严重的挫折和损失。

综上所述,在 1958—1977 年间,由于国家发展处于探索阶段,出现了许多政策失误,导致中国经济增速较之上一个阶段有所放缓,且波动幅度非常大,经济增长不具有稳定性。但这一阶段也积累了经济政策上的教训,以及一定的物质财富和较为可观的初级劳动力。

三、 改革开放后的经济高速发展阶段(1978—2011 年)

"文化大革命"结束之后,以 1978 年的十一届三中全会为标志,中国开始实行改革开放,即对内改革、对外开放的政策,经济发展进入到了一个崭新的阶段。图 5 - 2 绘制了 1978—2011 年中国实际 GDP 增速和三次产业构成,我们看到虽然受国内政治风波(如 80 年代末的"六·四"风波)、金融危机(如 90 年代末的亚洲金融危机)等的负面影响,经济增长率有所波动,但这一波动幅度较之前阶段有着明显缩小;经济增速整体处于较高水平,1978—2011 年的年均实际 GDP 增速高达 10.01%,且在全球金融危机时期,经济不但没有出现西方国家的负增长,反而还达到接近10%的增速;三次产业构成也发生显著变化,第一产业占比逐步下降,第二产业的变动相对不明显,而第三产业不断上升且越来越接近第二产业。因此,改革开放后的这一阶段处于经济高速发展期。在这个阶段:

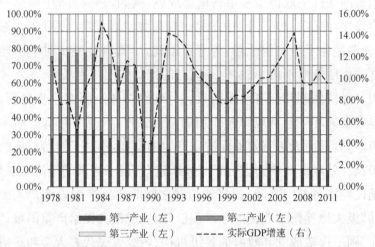

图 5 - 2　1978—2011 年中国实际 GDP 增速和三次产业构成
注:数据来源于中华人民共和国国家统计局。

　　就实物资本的积累而言,消费、投资、进出口显著增多,对物质生产有着很大的促进作用。在消费层面。国家的崛起给消费者带来了更多的财富,根据国家统计局数据,2011 年,城镇居民家庭人均可支配收入和农村居民家庭人均纯收入分别达到21809.8 元和6977.3 元,而该数值在 1978年仅为 343.4 元和 133.6 元,收入的大幅增长意味着他们更有能力去消费,进而有助于促使生产的增加和实物资本的积累;城乡恩格尔系数分别由 1978 年的 57.7%和 67.7%下降至 2011 年的 36.3%和 40.4%,也就是说,人们用于购买食物的支出比例显著下降,对食物外的其他产品需求有所增多。在投资层面。国家的崛起同样也为企业家、投资者等增添了信心,从而使得社会投资明显增多,根据国家统计局数据,全社会固定资产投资完成额由 1981 年的 961 亿元猛增至 2011 年的 311485.13 亿元,投资的增加使得生产进一步增多,实物资本的积累不断增长。在进出口层面。国家的崛起还使得对外贸易与投资显著增多,2011 年的进出口贸易总额约是 1978 年的近 200 倍,实际利用外资额则是 1983 年的 100 多倍。

就人力资本的积累而言,就业形势、人口健康状况、教育水平等的向好发展,使得人力资本数量与质量均有所提升,从而增强了对经济发展的拉动作用。一则,从图 5－3 可以明显看出,1978—2011 年的城镇登记失业率一直维持在较为合理的水平,年均失业率为 3.33%,即使在全球金融危机期间,失业率也没有发生显著变化;同时第一产业的就业人员占比大幅下降,而第二、三产业的占比不断上升,2011 年第三产业占比(35.7%)超过了第一产业(34.8%)。二则,社会保障体系日益完善,每万人口医院、卫生院床位数由 1989 年的 22.8 张增加至 2011 年的 35 张,参加养老保险、医疗保险等的人数也有显著上升,由此带来了更高的人均寿命,根据世界银行统计数据,出生时平均预期寿命已由 1978 年的 65.86岁增长至 2011 年的 74.71 岁。三则,随着教育经费的逐年提高,受教育水平也大幅提升,人均受教育年限有所增加;高等教育发展迅猛,普通高等学校由 1978 年的 598 所上升至 2011 年的 2409 所,研究生毕业人数增

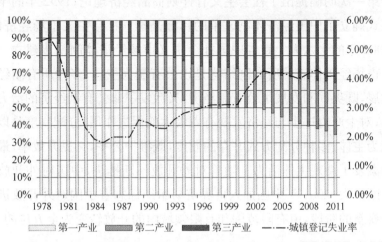

图 5－3　1978—2011 年中国城镇登记失业率和三次产业就业人员占比
注:数据来源于中华人民共和国国家统计局。

加至 429994 人;学成回国的留学生人数由 1978 年的 248 人猛增至 2011 年的 186200 人①,极大地改善了劳动力素质。

从科学技术的发展而言,改革开放后,中国科技水平实现了跨越式发展,科技事业取得了一系列举世瞩目的成就,极大地拉动了生产力进步与经济发展。一则,自主创新能力有了极大的提升,根据国家统计局数据,R&D 经费支出由 1978 年的 52.89 亿元猛增至 2011 年的 8687 亿元,为自身的科技研发营造了良好环境。二则,科技论文发表、专利申请及授予等有了明显增多,2011 年,科技论文发表量比 2005 年增加了 56 万篇;科技成果登记数比 1995 年增加了 13208 项;专利申请与授权数分别由 1985 年的 14372 件和 138 件猛增至 2011 年的 1633347 件和 960513 件。三则,即使自身研发水平有所提高,但仍对技术引进颇为重视,高技术产品进口额由 1995 年的 218.27 亿美元增加至 2011 年的 4632 亿美元,进而有助于从外部获取先进的科学技术。

从体制改革而言,"文化大革命"结束之后,政府和理论界纷纷反思中国的发展道路,在 1978 年的十一届三中全会上重新确立了实事求是的思想路线,决定把全党工作的重点转移到社会主义现代化建设上来,开始实行对内改革、对外开放的政策;1982 年党的十二大报告中进一步明确了"计划经济为主、市场调节为辅"的经济管理原则;1984 年的十二届三中全会第一次明确提出了社会主义有计划商品经济理论;1992 年的十四大上正式确立了中国经济体制改革的目标是建立社会主义市场经济体制;在 2002 年的十六大上宣告中国社会主义市场经济体制初步建立。社会主义市场经济体制的所有制结构是以公有制为主体、多种所有制经济共同发展,既巩固和发展了公有制经济,又激发了非公有制经济的活力和创造力,对生产力进步与经济发展有着极大的促进作用;分配制度是以按劳分配为主体、多种分配方式并存的制度,既维护公平,又提升效率,最大限度地激发了微观主体活力。随着对外开放不断推进,中国对外开放的范围不断扩大,2001 年中国加入世界贸易组织标志着中国对外开放进入了一个崭新的阶段,由有限范围和有限领域内的开放转变为全方位的开放,

---

① 数据来源:中华人民共和国国家统计局和教育部。

进一步与世界经济接轨，为中国经济发展营造了和平稳定的环境和新的发展机遇。

这个阶段的经济处于高速发展阶段，经济增长速度较快，且相对于前两个阶段而言更具有稳定性，但问题也是非常突出的：一则，经济发展不平衡，根据国家统计局数据，2003—2011 的基尼系数均在 0.47—0.5 的范围内，处于收入差距较大的区间，贫富不均必然会阻碍经济的可持续发展；二则，人口老龄化现象愈发严重，65 岁及以上人口占比由 1982 年的 4.9％增长至 2011 年的 9.1％；三则，无论是二氧化碳排放总量还是人均二氧化碳排放均不断增加，且化石燃料能耗占能耗总量的比重不断攀升，雾霾天气频繁。

四、"三期叠加"[①]阶段（2012—2016 年）

由表 5-3 可以看出，即使 2012—2016 年的城镇登记失业率和 CPI 同比增速较为稳定，但实际 GDP 增速却稳步下降，并在 2016 年跌破 7％，一般认为这是由于所谓的"三期叠加"导致的。我们这里则从要素的角度探讨问题的原因。

就实物资本而言，全社会固定资产投资完成额同比增速逐渐下降，在 2016 年降至不足 10％，从而造成生产能力被削弱，其中，全部工业增加值同比增速逐年下降至 5.7％；受全球经济总体复苏乏力及贸易保护主义抬头的影响，中国对外贸易增速有所下降，且进出口贸易总额在 2015—2016 年呈现负增长；此外，实际利用外资额的增速也有所放缓，严重影响了实物资本的积累。

就人力资本而言，虽然失业率未出现较大波动，但人口红利拐点出现，劳动力数量占比呈下降趋势，15—64 岁人口占总人口的比重由 2012 年的 74.1％下降至 2016 年的 72.5％，进而使得劳动力成本提高；根据《2018 年中国人力资本报告》显示，2016 年，全国劳动力人口的平均年龄上升到 35.9 岁，城镇与乡村分别上升至 35.2 岁和 36.9 岁。

就科学技术而言，尽管中国创新指数节节攀升，R&D 经费支出、科

---

① 三期叠加指的是增长速度换挡期、结构调整阵痛期、前期刺激政策消化期的同时出现。

表 5-3 2012—2016 年中国主要经济指标变动情况

年份	实际 GDP 增速（单位：%）	城镇登记失业率（单位：%）	CPI 同比增速（单位：%）	全社会固定资产投资完成额同比增速（单位：%）	全部工业增加值同比增速（单位：%）	15—64 岁人口比例（单位：%）	中国创新指数
2012	7.86	4.1	2.6	18.99	8.1	74.10	148.10
2013	7.77	4.05	2.6	18.9	7.7	73.90	152.60
2014	7.43	4.09	2	14.7	6.7	73.41	160.30
2015	7.04	4.05	1.4	11.8	5.7	73.00	174.00
2016	6.85	4.02	2.0028	8.6	5.7	72.50	183.70

注：数据来源于中华人民共和国国家统计局。

技论文发表、专利申请等也有所增加,但尚未形成一个足以支撑起整个产业的新的经济增长点,因而科技进步对经济增长的拉动作用有限。此外,人口老龄化现象变得更为严重,65 岁及以上人口占总人口的比重在 2016 年达 10.8%,老龄人口的增多不仅增加了人口抚养比,还降低了储蓄率,给中国经济带来了较大的下行压力;中国的生产力进步及经济发展与化石能源消费息息相关,且已经形成了对化石能源过高的依赖,其中,煤炭在中国能源消费中是最主要的能源产品,这不仅使得经济高速增长难以维系,还不利于经济的可持续发展。

当然,必须特别指出的是,虽然相比于上一个阶段,中国经济增速明显降低,但相较于前几章讨论的国家或地区而言,中国的经济增长速度依然是很高的,而且稳定性也比之前讨论的各大经济体要好很多。因此,中国在世界经济中的比重也日益提高。根据 IMF 统计数据,中国在世界经济中所占份额已由 2012 年的 11.42% 上升至 2016 年的 14.77%。

第二节　中国经济的发展现状

现阶段,中国是继美国之后的世界第二大经济体,其与美国之间的经济实力差距正迅速缩小,中国在世界经济格局中的话语权也随之不断得到提升。因此,中国的经济发展状况不仅会影响世界经济的发展进程,也在一定程度上影响未来一段时期内世界经济格局的变动。

一、现阶段的中国经济发展

2017 年,中国现价 GDP 突破 80 万亿元大关,实际 GDP 增速提高至 6.95%,较 2016 年上升了 0.1 个百分点,CPI 同比增速(1.6%)和城镇登记失业率(3.9%)均维持在较为合理的区间①。

这一年,中国仍是世界最大的制造业国家,全部工业增加值同比增速由 2016 年的 5.7% 增加至 6.2%,物质力量继续增强;消费者信心指数由

---

① 数据来源:中华人民共和国国家统计局。

2016 年的 104.44 上升至 2017 年的 115.6,加之人均可支配收入的提高,国内消费能力持续增强,需求的增多推动着生产能力的扩张,也推动着实物资本积累的增加;进出口贸易总额与实际利用外资额呈现正增长,也推动了实物资本积累能力的提升。

从人力资本的角度看,城镇登记失业率由 2016 年的 4.02％下降至 2017 年的 3.9％;普通高校毕业生人数、研究生毕业人数等均有所上升,高等教育实现较快发展;学成回国的留学生人数显著增多,在 2017 年达到近 50 万人;与此同时,来华留学生人数与来华访问的专家技术人才也有所增加,吸引国外人才的能力明显提升。

从科学技术发展状况看,根据《2017 年全球创新指数》报告,中国创新指数的世界排名从 2016 年的第 25 位上升到 2017 年的第 22 位,发明专利申请量仍居世界首位;"中国制造 2025"成果显著,工业机器人产量在 2017 年居世界第一,先进轨道设备、高端装备制造业已达到国际领先水平,并成功进入国际高端市场,制造业正在向价值链的中高端加速迈进;中国已经成为世界数字用户最大国、移动支付最大国,并建成了全球规模最大的 4G 网络,全球网速排名在 2017 年上升了 50 多位并跃居至世界第 23 位。

2018 年,中国的实际 GDP 增速比 2017 年下降了 0.2 个百分点,为 6.75％;城镇登记失业率则继续下降至 3.8％,而 CPI 同比增速上升至 2.1％,二者仍维持在合理的区间内。经济增速有小幅下跌的主要原因在于国际层面。由于国际形势的不确定性因素增多,如金融市场、大宗商品价格剧烈波动、全球投资大幅下滑、全球贸易保护主义及单边主义盛行等,在一定程度上阻碍了经济发展。但是,即便是在如此错综复杂的大环境下,中国经济不仅实现了 6.5％左右的预期增长目标,还持续成为世界经济增长的最大贡献者,究其原因,主要体现在以下几个方面:一是全部工业增加值同比增速虽比 2017 年降低了 0.1 个百分点,但也保持在 6％以上,且进一步向中高端迈进,保证了实物资本的积累维持较高速度。二是城镇登记失业率比 2017 年下降了 0.1 个百分点,高等教育实现较快发展,学成归国的留学生人数继续增多,吸引国外人才的能力继续提升,人力资本的积累量继续增大。三是科学技术发展水平继续提高。根据

《2018 年全球创新指数》报告,中国创新指数排名上升至世界第 17 位;新产业、新产品、新业态、新模式不断成长,战略性新兴制造业、服务业都保持较快增长;重大科技成果不断涌现,如北斗三号成功完成部署运营、首颗地震监测卫星升空、港珠澳大桥正式通车等。此外,三大攻坚战开局良好,对经济的可持续增长有一定的推动作用。宏观杠杆率趋于稳定,M2 与 GDP 之比较 2017 年有所下降,全国地方政府债务余额也在可控范围内;脱贫攻坚成效显著,2018 年末,全国农村贫困人口比 2017 年末减少了 1386 万人,贫困发生率下降至 1.7%;生态环境质量持续改善,GDP 能耗、PM2.5 浓度均有所下降,清洁能源消费比重、338 个地级及以上城市平均优良天数比例则有所上升。

2019 年,中国经济增长速度继续缓慢下降,但实际 GDP 增速仍高达 6%,主要原因在于:第一,全社会固定资产投资完成额有所下降,削弱了通过投资积累实物资本的能力;PMI 由 2018 年的 50.9% 下降至 2019 年的 49.73%,低于 50% 荣枯线;全部工业增加值同比增速下降了 1.3 个百分点,从而使得物质力量的增强变缓;受中美贸易争端及全球经济增长乏力的负面冲击,中国进出口贸易发展受阻,不利于通过对外贸易来增加实物资本。第二,尽管城镇登记失业率进一步下降至 3.62%,但随着世界面临的不确定不稳定因素明显增多,管理与技术人才的流动放缓。第三,科技的进步还没有使得一个足以支撑起整个产业的新的经济增长点完全形成,对经济发展的拉动作用有限。但在全球经济低迷的情况下,中国能够保持 6% 的经济增速已实属不易,相比其他国家而言经济增长速度较快,且中国在世界经济中的份额进一步提升至 16.45%。

2020 年初新冠肺炎疫情的暴发造成世界经济的大范围衰退,中国第一季度的实际 GDP 增速为 -6.8%,经济呈现明显的负增长,主要原因在于:疫情导致世界各国纷纷停工停产、"闭关锁国",中国规模以上工业增加值同比增速在第一季度均为负,对外贸易也大幅减少,极大地削弱了实物资本的积累能力;失业率、确诊人数等的攀升大幅减少了人力资本数量,停课停学、各国人才交流减少等也造成人力资本质量显著降低。

得益于中国在疫情初期果断采取了宣传、隔离、新建传染病医院、调集全国医疗资源支援武汉等强硬积极的应对措施,充分发挥了社会主义国家集中力量办大事的制度优势,很快便遏制住了疫情的蔓延。这一年,中国的资本积累能力继续增强。一方面,工业增加值同比增速由负转正且增速不断提高,进出口明显复苏,中国的实物资本积累能力迅速恢复并得到加强;另一方面,确诊人数急剧减少、学校复课复学等,使得中国人力资本积累能力也迅速恢复。科学技术发展水平的提高同样在继续。根据《2020年全球创新指数》报告,中国在2020年仍居世界第14位,并在专利申请量、实用新型、商标、外观设计和创意产品出口等关键产出指标中保持世界第一的地位;中国拥有着17个全球领先的科技集群,并建成了全球最大的5G网络。2020年,中国国内生产总值突破100万亿元大关,实际GDP增速为2.3%,是全球唯一实现经济正增长的主要经济体。此外,2020年,中国现行标准下农村贫困人口全部脱贫、贫困县全部摘帽,如期实现了全面建成小康社会的目标。

二、 中国经济发展的优势和劣势分析

(一)中国经济发展的内部优势

第一,拥有联合国产业分类中所列全部工业门类。中国已经拥有了41个工业大类、207个工业中类、666个工业小类,是全世界唯一拥有联合国产业分类中所列全部工业门类的国家。由于中国产业门类齐全、基础设施完善、各个行业的上中下游产业形成聚合优势,因而已经成为全球的制造基地,是当之无愧的世界第一制造大国。

第二,自主创新能力以较快速度提升。一方面,中国具有巨大的人力资本发展潜力,已经建立起了当今世界规模最大的教育体系和社会保障体系,有利于提升劳动力健康及教育水平,进而造就一批具有国际水平的战略科技人才、科技领军人才、创新团队等;另一方面,通过对创新及科技事业的大力扶持,中国科技水平迅速提高,创新指数由2012年的全球第34位跃升至2020年的全球第14位,已经迈入了创新型国家行列。

第三,中国特色社会主义制度具有明显优势。相比于资本主义制度具有其内在矛盾,社会主义制度则具有其独特优势,例如中国特色社会主

义制度的最大优势是中国共产党领导,能够确保国家始终沿着社会主义方向前进;具有集中力量办大事的优势,这一优越性在新冠肺炎疫情期间得到了进一步证明与凸显;中国特色社会主义制度和国家治理体系所坚持的基本经济制度,为调动各方面积极性和创造性、解放和发展社会生产力提供了重大制度条件;等等。

(二)中国经济发展的内部劣势

第一,人口老龄化问题日益严重。一方面,老年人口比重大幅提升,2019年,中国65岁及以上人口占总人口的比重上升至12.6%,而由老龄化所带来的一系列问题对经济增长与经济结构转型具有一定的阻碍作用;另一方面,据《中国人力资本报告2019》显示,1985—2017年间,中国劳动力人口的平均年龄从32.2岁上升到了37.8岁,这可能会对提升劳动力效率产生负面影响。

第二,贫富差距较为明显。一则,2018年,全国居民收入基尼系数高达0.465,处于收入差距较大区间;二则,2019年的城镇居民人均可支配收入和农村居民人均可支配收入分别为42359元和16021元,城乡之间仍有很大的收入差距;三则,东、中、西部地区经济发展差距仍比较显著,东部地区贡献了全国超过50%的GDP,中部地区经济发展又明显优于西部地区。

第三,对传统化石能源的依赖程度较高。根据国家统计局统计数据测算,2019年,中国煤炭、石油、天然气占能源消费总量的比重分别为57.7%、18.9%、8.1%,三者占比总和接近85%,也就意味着中国对传统化石能源(尤其是煤炭)仍具有非常高的依赖性。能源结构不合理不仅会对相关产业发展具有负面影响,还会加重对环境的污染,不利于实现经济的可持续增长。

(三)中国经济发展的外部机会

第一,新一轮科技革命和产业变革加速中国经济发展。在新一轮科技革命和产业变革蓄势待发的大背景下,中国"坚持面向世界科技前沿、面向经济主战场、面向国家重大需求、面向人民生命健康,不断向科学技术广度和深度进军"①,从而有助于中国夺取新一轮科技革命和产业变革的先机,以给中国经济发展创造更多机遇。

第二,中国与美国的经济力量对比将更趋均衡。根据 IMF 预计,2021 年,中国和美国的实际 GDP 增速分别为 8.4% 和 6.4%;2025 年,中美两国的经济总量分别是 22.48 万亿美元和 26.72 万亿美元,其中,中国经济总量占新兴市场和发展中经济体及世界的 44.98% 和 19.3%。因此,中国与美国的经济实力差距将以比预期更快的速度缩小,由此带来更高的国际经济地位及更大的话语权,有利于推动世界经济格局向有利于中国经济增长的方向发展。

第三,与其他经济体实现更为紧密的联系。截至 2020 年 11 月,中国已经与 138 个国家、31 个国际组织签署 201 份共建"一带一路"合作文件,为中国与沿线国家的交流与合作提供了广阔舞台;由中国主导构建的亚投行和丝路基金为参与国的对外投资和吸引外资提供了更加便捷的平台,进一步加强了参与国间的金融交流合作;2020 年 11 月 15 日,中国与包含东盟 10 国、日本、韩国、澳大利亚、新西兰在内的 14 个国家正式签署了《区域全面经济伙伴关系协定》,极大地推动了中国的对外经贸往来。

(四) 中国经济发展的外部威胁

第一,后疫情时代全球经济复苏乏力。根据 IMF,2020 年全球实际 GDP 增速为 -3.3%,世界经济出现大规模衰退,且在部分主要经济体(如美国、英国等)中,疫情尚未得到有效控制,进一步减弱了全球经济的复苏势头。后疫情时代的全球经济低迷必然会给中国对外贸易与投资的发展带来一定阻碍,进而削弱了中国从外部进行资本积累的能力。

第二,发达经济体将从贸易、金融、科技方面对中国实施压制。其一,发达经济体不愿看到中国的崛起将会发起更多具有破坏力的贸易进攻,以阻遏中国从世界市场的发展中获得助动力;其二,将在金融方面采取更为严密的防范围堵,以延缓中国金融资本国际化发展进程,阻碍中国从国际金融市场中进行资本积累;其三,将采取更强硬的限制措施,如强行推

---

① 习近平:在科学家座谈会上的讲话(2020 年 9 月 11 日)。

动"科技脱钩"等，以阻碍"中国制造 2025"的成功实施以及向科技强国的转变。

第三，发达经济体将通过各种途径对中国进行抹黑。一是通过互联网、新闻媒体等渠道大肆渲染所谓的"中国威胁论""中国崩溃论"等虚假言论，诋毁中国一直以来树立的负责任大国形象；二是攻击中国的政治体制和发展模式，造成对中国生活方式、价值观念、意识形态以及宗教信仰等的侵蚀；三是认定孔子学院等文化设施是由"外国政府实际拥有或有效控制的"，劝诱、施压、强制本国包括相关国家关闭和抵制孔子学院。

第三节　中国经济的发展前瞻

一、中国经济短期发展前瞻

在可预见的未来，中国在如下四个方面的进步是必然的：其一，实物资本的积累能力继续显著增强。一则，由于作为社会主义国家的中国能够集中力量办大事，因而此次疫情对生产的不利冲击的恢复速度较快，不会对物质力量的增强有巨大阻碍；二则，作为拥有联合国产业分类中所列全部工业门类的国家，给实物资本积累提供了良好的生产环境；三则，随着"一带一路"倡议的深入实施、RCEP 的成立等，中国与相关国家或地区的经济往来日益密切，有助于通过对外交流合作来实现实物资本的积累。其二，人力资本的积累能力进一步提升。一方面，后疫情时代的稳就业、保民生等政策措施，有利于降低失业率，加之新增确诊人数极少或为 0，为人力资本积累奠定了劳动力基础；另一方面，中国已经建立起了当今世界规模最大的教育体系和社会保障体系，有利于提升劳动力的健康水平与教育水平，从而使得中国人力资本有着巨大的发展潜力。其三，保持一定的科学技术进步速度。在新一轮科技革命和产业变革蓄势待发，但世界各国均难以在短期内形成一个新的经济增长点的情况下，中国自主创新能力的不断提高，将使自身科技水平的提高不至于失速。其四，中国特色社会主义经济制度有其独特的优越性，这一优越性能够在短期内起到促进经济复苏与推动生产力发展的作用。

这样,由于中国在短期内资本与科技均有较大发展,新冠疫情的冲击在较短时间内便能够得到较好的恢复,中国特色社会主义制度不存在资本主义制度中的内在矛盾,经济相对而言更具稳定性。因而,中国的经济增长速度仍将处于相对较高的水平。这一结论可由 IMF 对 2021—2025 年的经济预测所证明,根据 IMF 预计,2021—2025 年中国实际 GDP 增速分别为 8.4%、5.6%、5.4%、5.3%、5.1%。此外,中国仍将继续保持世界第二大经济体的地位,且与美国的经济实力差距日益缩小[1]。但,人口老龄化日益严重、贫富差距较为明显、对传统化石能源的依赖程度较高等问题在短期内不可能解决,还需要在较长时期中想办法。

二、 中国经济中长期发展前瞻

情况 I(乐观情况):若中国能够充分利用其内部优势与外部机会,改进内部劣势、防范外部威胁,那么在中长期内:就实物资本积累而言,中国将"基本实现新型工业化、信息化、城镇化、农业现代化,建成现代化经济体系";并随着与其他经济体的交流合作日益密切,"形成对外开放新格局,参与国际经济合作和竞争新优势明显增强";产业布局将更趋合理化,产业结构也向更为合理化、高级化发展,从而使得实物资本的积累能力进一步提高。就人力资本而言,中国将"建成文化强国、教育强国、人才强国、体育强国、健康中国,国民素质和社会文明程度达到新高度",进而使得在中长期内人力资本的发展潜力得到明显释放。就科学技术而言,中国的自主创新能力将显著增强,"关键核心技术实现重大突破,进入创新型国家前列"[2],与其他国家在科技领域的交流合作也更为密切,在中长期内找到一个支撑起中国繁荣发展的新的经济增长点,并成为引领新一轮科技革命和产业变革的主要经济体。就经济制度而言,中国将坚持完善和发展中国特色社会主义制度,改革不利于生产力发展和社会进步

---

① 张占斌,陈江生,黄锟,王海燕.新阶段 新理念 新格局——中央党校知名专家解读"十四五".北京:中共中央党校出版社,2020.
② 《中华人民共和国国民经济和社会发展第十四个五年规划和 2035 年远景目标纲要》.北京:人民出版社,2021.

的体制机制弊端,进而使其更能够促进中国经济社会的健康稳定发展。在情况Ⅰ中,各生产要素的发展将促使中国在未来15—20年甚至更长时期,经济增速仍处于相对较高的水平且具有稳定性,中国将在十五五期间超越美国成为世界第一大经济体①,人均国民生产总值达到中等发达国家水平;人口老龄化、贫富差距较大、依赖化石能源等问题会得到有效解决,且在2035年前基本实现社会主义现代化。

情况Ⅱ(中间情况):若中国在一定程度上利用其内部优势与外部机会,并比较妥善地处理内部劣势与外部威胁,那么在中长期内:从实物资本视角,在独立完整的现代工业体系、对外经济交流合作和产业结构调整中所获得的实物资本积累不如情况Ⅰ;从人力资本视角,人力资本的发展潜力仍将得到释放,但人口老龄化问题并未完全妥善解决,因而导致人力资本的积累能力不及情况Ⅰ;从科学技术视角,由于并未充分利用内部优势与外部机会,中国虽仍是引领新一轮科技革命和产业变革的经济体之一,但其科技水平的提高程度较情况Ⅰ略低;从经济制度视角,中国特色社会主义制度完善和发展不如情况Ⅰ,体制机制弊端的改革也没有达到情况Ⅰ的程度。在情况Ⅱ中,由于在处理人口老龄化、贫富差距较大、依赖化石能源以及发达经济体对中国更为严密的防范围堵等内外部问题上的妥善程度不及情况Ⅰ,虽然各生产要素的发展也将导致中国在未来15—20年甚至更长时期,经济增长相对较快且稳定,但不如情况Ⅰ,且中国会在十六五期间超越美国成为世界第一大经济体,人均国民生产总值达到中等发达国家水平。

情况Ⅲ(悲观情况):虽然我们现在看不到这种可能性,但假设中可能存在的,未能利用好内部优势与外部机会,内部劣势与外部威胁恶化的情况。即在中长期内:产业结构调整力度不足,没有充分利用好自身强大的现代工业体系及对外经济交流合作,实物资本增加幅度极小;人口老龄化问题没有得到改善,且未充分释放人力资本的发展潜力,进而严重削弱人力资本的积累能力;自主研发能力没有很大提高,在新一轮科技革命和产业变革中相对落后。在情况Ⅲ中,虽然依靠中国特色社会主义制度

---

① 陈江生. 对外开放与中国经济发展. 北京:社会科学文献出版社,2019.

的优越性,依然能够在十七五期间在总量上赶上美国,但在长期中的可持续发展将难以实现。

结合上述分析,短期来看,在实物资本、人力资本、科学技术和经济制度的共同作用下,中国经济增速相对较高且相对稳定。中长期来看,中国经济总量赶上和超过美国无论在哪种情况下都是必然的。

第六章

俄罗斯的经济发展

俄罗斯独立后,其经济呈现出独特的波动性发展,可谓大落大起;这种波动在全球金融危机后日益变缓,整个经济呈现低速增长。本章将在延续本书的理论框架回顾这一历程的基础上,依据同一分析框架对俄罗斯经济未来发展进行前瞻。

第一节　俄罗斯的经济发展历程

1991 年 12 月 25 日,苏联正式解体,不仅标志着二战后持续多年的冷战格局的结束,还意味着作为苏联继承者的俄罗斯开始作为独立的经济力量进入世界经济体系。为了尽快融入世界经济体系,得到西方发达国家的认可,俄罗斯进行了一系列的经济改革,由社会主义计划经济发展模式向资本主义市场经济模式转轨。从结果来看,俄罗斯的经济转轨并不成功,在整个 20 世纪 90 年代,其经济发展都非常不顺利。尽管进入 21 世纪后,俄罗斯的经济发展有所起色,但在经历 2008 年全球金融危机的巨大冲击后,起色还是回归了平庸。近 10 多年来,俄罗斯经济总体上一直处于低迷状态。

一、俄罗斯的经济转轨初期(1991—1999 年)

作为冷战期间可以与美国相互抗衡的存在,苏联的经济实力是非常强大的,虽然俄罗斯只是苏联的一部分,但其经济实力还是比较可观的。

然而自 20 世纪 90 年代俄罗斯经济几乎一路下行,主要经济指标的变动情况如表 6-1 所示。可以明显看出,20 世纪 90 年代,俄罗斯的实际 GDP 增速在 1997 年前均为负数,甚至有两年的经济增长率低于 -10%;虽然在 1997 年略有复苏,但受 1998 年俄罗斯金融危机(又称卢布危机)的冲击,经济在当年又转为负增长,次年则有所恢复。经济的大幅衰退也使俄罗斯在世界范围内的相对经济实力出现明显下降,根据 IMF 统计数据测算,1999 年,俄罗斯在世界经济中的份额骤降为不足 1%。经济出现如此差的发展主要可以由以下四个因素进行解释。

表 6-1　1991—1999 年俄罗斯主要经济指标的变动情况

年份	实际 GDP 增速 (单位：%)	工业生产指数 (上年＝100)	失业率 (单位：%)	CPI 同比增速 (单位：%)
1991	-5.05	—	—	—
1992	-14.53	84.00	5.20	—
1993	-8.67	86.30	5.90	874.25
1994	-12.57	78.40	8.10	307.72
1995	-4.14	95.40	9.40	197.41
1996	-3.76	92.40	9.70	47.75
1997	1.40	101.00	11.80	14.76
1998	-5.30	95.20	13.30	27.69
1999	6.40	108.90	13.00	85.75

注：实际 GDP 增速和 CPI 同比增速数据来源于世界银行,工业生产指数和失业率数据来源于俄罗斯联邦统计局;"—"代表缺失值。

一是实物资本因素。首先,工业生产能力显著下降,由表 6-1 可以看出,除了 1997 年和 1999 年外,工业生产指数较上一年度均有所减少,且在部分年份的减少程度较大,极大地削弱了实物资本的积累能力。其次,固定资产投资明显减少,根据俄罗斯联邦统计局统计数据测算,1995—1998 年的固定资产投资同比增速的均值为 -10% 左右,固定资产投资的大幅减少,极大地影响了实物资本的积累。再次,卢布大幅贬值,CPI 同比增速飙升(如表 6-1 所示),加之国内无休止的动荡,造成民众信心的急剧下降,消费者减少了对商品或服务的购买,投资者降低了生产意愿,需求与供给双双被削弱,导致物质力量的增强遭到严重打击。最后,受卢布汇率断崖式下跌等多重因素的影响,俄罗斯的对外贸易发展变缓,根据联合国贸易和发展会议统计数据,1999 年的进出口贸易总额较1995 年下降了超过 20%,其中,进口总额下降了 36.84%;加之美国的经济援助绝大部分折算成了俄罗斯欠下的到期债务,因而难以从对外贸易与外部援助中增强自身的物质力量。多相合力,实物资本积累能力的大幅减弱极大地减缓了俄罗斯的经济发展。

二是人力资本因素。由表 6 - 1 可以看出,20 世纪 90 年代,俄罗斯的失业率不断上升且维持在较高水平,自 1994 年起均超过 8%;根据世界银行统计数据,俄罗斯的粗出生率由 1991 年的 12.1‰下降至 1999 年的8.3‰,粗死亡率由 1991 年的 11.4‰增加至 1999 年的 14.6‰,总人口数量呈下降态势。因此,从数量方面看,人力资本的积累能力不断走低。就人力资本质量而言,根据世界银行统计数据,出生时平均预期寿命由1991 年的 68.47 岁下降为 1999 年的 65.98 岁;改善的卫生设施占总使用人口的比重由 1990 年的 74%下降至 1999 年的 72%。尽管在 20 世纪 90年代,俄罗斯颁布了《教育法》(1996 年 1 月修订)和《高等职业以及大学后续职业教育法》,但其因为国内政治经济环境动荡等因素的影响,教育的总体水平也呈现下降趋势。例如,15 岁及以上成人识字率在 1999 年下降为 90.26%(这一数值在 1989 年高达 97.99%);科研人员数量也有所下降,1998 年底,科研人员总数为 88 万人,较 1991 年和 1997 年分别减少了 47.5%和 5.8%[①]。人力资本数量与质量的发展双双受挫,不可避免地会影响经济发展。

三是科学技术因素。尽管俄罗斯联邦政府对国际科技合作颇为重视,积极参与国际科技合作项目,不断扩大双边、多边科技合作,进而对科技水平的提高有所助益,但由于 20 世纪 90 年代的国内科研环境恶化,科技进步对经济增长的拉动作用也是下降的。主要体现在以下几个方面:从科研机构来看,截至 1998 年底,俄罗斯科研单位总数为 4110 家,比

---

① 数据来源:兰天.1999 年俄罗斯科技发展综述.全球科技经济瞭望,2000(04):38—41.

1991 年减少了 11％；从科研投入来看，1996—1999 年，研发支出占 GDP 的比重约为 1％左右，且在 1996 年和 1998 年不足 1％[①]；从创新活动来看，1998 年，开展创新活动的工业企业约 1170 家，比 1995 年减少了 14％，占工业企业总数的比重不超过 5％；从科研成果来看，1998 年，俄罗斯共开发了 993 种新型机械设备和自动化仪表样品，比 1990 年减少了 14.8％；从科技产品出口来看，1999 年的高技术产品出口比重偏低，占世界高技术产品市场的份额仅有 0.3％[②]。

四是经济制度因素。自 1991 年，俄罗斯在叶利钦的带领下，采取"休克疗法"（即经济体制从中央计划经济向市场经济过渡的激进形式，具体包括一次性全面放开价格、实行紧缩财政政策、实行紧缩货币政策、推进对外贸易自由化、以行政手段强制推进私有化等[③]）进行改革开始，俄罗斯的经济制度就发生了巨大的变化。但由于存在没有形成有效所有者的私有化、缺乏有效管理的经济自由化等缺陷，且长期脱离其基本国情，此次改革不仅未能稳定俄罗斯的经济，反而使其经济发展遭受严重打击，社会生产大幅减少、通货膨胀恶性发展、对外贸易持续下降、人民生活急剧恶化等，进一步加剧了俄罗斯的经济衰退。糟糕的经济发展状况，迫使俄罗斯各界开始反思激进形式的经济改革的正确性，切尔诺梅尔金出任俄政府总理后，开始由激进式经济转轨向渐进式经济转轨转变，但这一调整并没有起到立竿见影的效果，其经济发展中仍存在严重问题。经济改革的失误，造成俄罗斯在整个 90 年代一直处于严重的经济衰退之中。

综上所述，在俄罗斯经济转轨初期，经济出现大幅衰退且极不具有稳定性，叠加数额庞大且无力偿还的债务问题，使得俄罗斯经济增长的可持续性不可能实现，因而在这一时期，俄罗斯整体经济呈现极不稳定且不可持续的逆增长。

二、 21 世纪初期的经济复苏阶段（2000—2007 年）

俄罗斯的经济发展在经历了 20 世纪 90 年代的挣扎之后，从 21 世纪

---

① 数据来源：世界银行。
② 数据来源：兰天.1999 年俄罗斯科技发展综述.全球科技经济瞭望,2000(04)：38—41.
③ 马蔚云.俄罗斯经济转轨十年研究.黑龙江人民出版社,2002.

开始逐渐步入正轨,并在 21 世纪初期经历了一段时间的恢复性增长,如图 6-1 所示,2000—2007 年的年均实际 GDP 增速为 7.18％,且除 2002 年外,经济增长率均高于 5％,经济复苏势头明显;通货膨胀率虽然处于较高水平,但呈现逐渐降低的趋势,由 2000 年的 20.8％下降至 2007 年的 9.01％;由于经济的恢复性增长,俄罗斯在世界经济中的份额也有所提升,到 2007 年提升至 2.39％,并且进入了世界十大经济体的行列。这一阶段的经济恢复性发展也可以通过实物资本、人力资本、科学技术以及经济制度四个方面来加以解释。

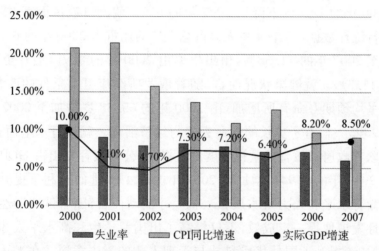

图 6-1　2000—2007 年俄罗斯实际 GDP 增速、CPI 同比增速和失业率
注:数据来源于世界银行和俄罗斯联邦统计局。

首先是实物资本方面。其一,21 世纪初,国际能源市场价格高涨,这给作为能源大国的俄罗斯带来了巨大的发展契机。能源价格的攀升带动了石油、天然气等能源以及能源产品出口价格的上涨,提高了企业生产相关产品的积极性。随着能源企业生产的复苏及发展,加工工业、机械制造工业、轻工业等也实现大幅回升,根据俄罗斯联邦统计局统计数据,2000—2007 年的工业生产指数不断上升,固定资产投资的同比增速均值超过 10％。其二,由于新世纪初期,世界经济整体呈现向前发展的态势,对能源及相关产品的进口需求明显增多,而俄罗斯作为能源出口大国,对外出口也因此增加;出口的增加也带来了进口能力的增强。根据联合国贸易和发展会议统计数据,2007 年的对外进出口贸易总额比 2000 年增长了近 300%,从而有助于俄罗斯从对外贸易中获得物质力量,为经济发展提供助动力。其三,根据俄罗斯联邦统计局统计数据,2000—2007 年的实际可支配收入指数连年攀升,消费者信心得到显著增强,对商品或服务的需求也日益增多,国内需求的增加进一步刺激了企业的生产积极性和投资者的投资意愿。

其次是人力资本方面。就失业率而言,由图 6-1 可以看出,尽管俄罗斯的失业率仍维持在较高水平上,但已经呈现出逐渐下降的势头,由 2000 年的 10.6% 下降至 2007 年的 6%。就人口数量而言,根据世界银行统计数据,15—64 岁人口占总人口的比重由 2000 年的 69.31% 增加至 2007 年的 71.58%,粗出生率由 2000 年的 8.7‰ 上升至 2007 年的 11.3‰。就健康状况而言,随着俄罗斯医疗卫生条件的改善,出生时平均预期寿命有所增加,由 2000 年的 65.48 岁增加至 2007 年的 67.59 岁,人们有了更长的寿命去参与经济活动。就教育水平而言,俄罗斯联邦政府对教育的重视程度日益提升,公共教育支出占 GDP 的比重由 2000 年的 2.94% 增加至 2007 年的近 4%,进而有利于提升全社会的教育水平和人力资本质量。就人才流动而言,随着俄罗斯经济的恢复性发展取得一定成效,不仅提高了出国留学生和高水平人才的归国意愿,还提升了国外优秀科技与管理人才的流入意愿。在上述因素的共同作用下,人力资本的积累显著提升,对经济发展起到了很好的推动作用。

再次是科学技术方面。一方面,自身研发能力有所提高。俄罗斯通过不断完善创新体制,如成立国有高技术集团公司、加大资金支持力度、将创新统计制度化、出台法律法规等,为自身研发能力的增强营造了良好的创新环境;在电子、船舶制造、化工、冶金以及运输机械等工业领域的技术和产品竞争力有一定提高,极大地促进了工业的发展和生产力的进步;在纳米技术、核能、航空、航天、军事技术等领域的科技也实现了长足发展,自身研发能力大大增强。另一方面,国际科技合作日益加深。俄罗斯与联合国工业发展组织、欧盟、欧洲核子研究组织、北约等 4 个国际组织和 50 个左右国家签署了合作协议①,通过积极参与双边、多边科技合作,吸收国外先进技术及经验,进而实现科技水平的提高,并以此来拉动经济增长。

最后是经济制度方面。一则,深化市场化改革为经济发展奠定了制度基础。普京接掌俄罗斯政权后,主张应从俄罗斯的实际出发,把市场经济、民主原则与俄罗斯的现实结合起来,探索适合自己国情的改革道路,并提出建立有秩序的市场经济,重点强调国家如何创造条件,以确保市场经济的有效运转。通过不断加快经济市场化的改革步伐,完善了市场经济运行机制,为经济复苏提供了制度基础。二则,宏观经济政策的调整对经济发展具有积极作用。普京正式当选后,经济发展战略一改过去以抑制通货膨胀为中心,紧缩财政、货币,抑制需求的政策,转向积极采取政策措施改善投资和经营环境,扩大内需,以刺激经济快速增长为中心的政策。通过对宏观经济政策进行有效调整,俄罗斯联邦政府的财政状况逐渐好转,卢布汇率基本稳定,宏观经济环境向好发展。

总体而言,在 21 世纪初期的经济复苏阶段,俄罗斯经济增长较快,且具有稳定性,但问题也依然存在,主要体现在以下三个方面:第一,俄罗斯经济结构单一,过于依赖原油等能源产业,因而其经济发展水平与国际能源价格的走势息息相关,一旦能源(如原油)价格下跌,则会使俄罗斯经济遭受重创,不利于经济的可持续发展。第二,俄罗斯的贫富差距较大,根据世界银行统计数据,20％最低收入人口的收入占总收入的份额由2000 年的 6.4％下降至 2007 年的 5.8％,财富分配的不平等削弱了经济活跃度,从而难以实现经济增长的可持续性。第三,尽管俄罗斯的环保费用支出逐年增多,但生态环境并未得到显著改善。

三、 全球金融危机后的缓慢发展阶段（2008—2016 年）②

俄罗斯经济增长在这一阶段整体放缓,年均实际 GDP 增速仅为

---

① 数据来源: 米桂雄. 2007 年俄罗斯科技发展综述. 全球科技经济瞭望,2008,23(03): 48—56.

② 之所以选取 2008—2016 年进行分析,主要是因为在全球金融危机、乌克兰危机等事件后,俄罗斯的经济发展变得极为缓慢,而 2017 年的俄罗斯经济虽有一定程度的复苏,但由于全球面临的不确定性日益增多,俄罗斯的经济复苏也面临更多的不确定性。我们将在下一节俄罗斯经济的发展现状中分析 2017 年之后的情形,在俄罗斯的经济发展历程中仅选取 2008—2016 年来分析全球金融危机后的经济发展情况。

1.22％,较上一个阶段而言出现明显下降;俄罗斯在世界经济格局中的地位也有所下滑,2016年在世界经济中的份额降为1.68％,且不再处于世界十大经济体行列之中。

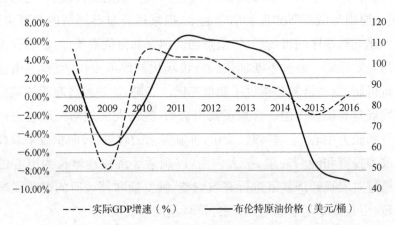

图6-2 2008—2016年俄罗斯实际GDP增速和布伦特原油价格
注:实际GDP增速数据来源于世界银行,布伦特原油价格数据来源于美国能源信息署。

由图6-2可以明显看出,俄罗斯经济增长率与原油价格走势大致相仿,全球金融危机后国际原油价格暴跌,使得过于依赖能源出口的俄罗斯经济遭到重创,2009年的实际GDP增速为-7.8％;2014年的乌克兰危机后,国际原油价格再度暴跌,俄罗斯经济也处于低迷状态,并在2015年再次出现负增长。全球金融危机爆发后,俄罗斯经济低迷主要可以由以下四个维度进行解释:

第一,国际能源价格剧烈波动不利于实物资本的积累。首先,国际能源价格的大幅波动使得投资者信心显著下降,极大地削弱了投资者对能源及相关产业的投资意愿,根据俄罗斯联邦统计局统计数据,2009年的固定资产投资同比增速为-17.11％,此后虽略有复苏,但在2013—2015年也均为负值。其次,国际能源价格暴跌使得能源及相关产品的出口价格显著下降,极大地降低了相关产业的生产积极性,2008—2016年的年均工业生产指数(上年=100)为101.01,增幅极小,且在2009年和2015年的工业生产指数小于100。再次,在这一国际大背景下,国内消费者信心明显下降,从而会降低对商品或服务的需求,需求的减少势必会进一步削弱企业的生产意愿。最后,受全球金融危机、地缘政治事件等的冲击,俄罗斯的对外贸易发展明显受阻,一是在全球金融危机期间,外部需求显著下降,叠加国际原油价格暴跌,使得 2009 年的进出口贸易总额下降了35.7%;二是自 2014 年乌克兰危机爆发后,直至 2016 年,进出口总额均呈现负增长,且在 2015 年的下降幅度超过 30%。由于俄罗斯的经济发展较大程度地依赖于能源及相关产品的生产与出口,能源价格的剧烈波动对实物资本积累和经济稳定发展有着巨大的阻碍作用。

第二,国内外形势不确定性增多削弱了人力资本的积累能力。一方面,在国际能源价格大幅波动给国内生产带来不确定性的同时,也从量的角度给人力资本的积累带来了新的不确定性。根据俄罗斯联邦统计局统计数据,2008—2016 年的年均失业率为 6.18%,其中在 2009—2010 年分别高达 8.3%和 7.3%;根据世界银行统计数据,15—64 岁人口占总人口的比重由 2008 年的 71.86%下降至 2016 年的 68.83%,而 65 岁及以上人口占总人口的比重却有所上升,由 2008 年的 13.41%增加至 2016 年的13.88%。另一方面,国内经济形势的不确定性降低了海外留学生及高水平人才的归国意愿,同时降低了其他国家或地区的科技或管理人才的流入意愿;同样,国际形势的不确定性也带来了不利于人力资本积累的外部环境,地缘政治事件的发生进一步减少了俄罗斯与相关国家的人才交流。

第三,俄罗斯经济由资源型向创新型转变的速度较慢。虽然俄罗斯在科技领域相比前一阶段有一定进步,如对科技的投入日益增多、青年研究人员数量有所增加、科学文章发表量持续上升等,但俄罗斯由资源型经济向创新型经济的转变进程却十分缓慢,主要原因在于:一则,由于企业缺乏创新的积极性,劳动生产率并未出现较大提高,根据俄罗斯联邦统计局统计数据,2008—2016 年的年均劳动生产率指数(上年 = 100)为101.3,增幅极小,且在 2009 年、2015 年和 2016 年甚至还出现逆增长;二则,国家整体的创新实力并不具有显著优势,在《2016 年全球创新指数》中,俄罗斯排名第 43 位,相比于美国、欧盟部分国家、日本、中国等世界经济大国而言创新能力较差;三则,由于发展能源等原材料部门对俄罗斯有着极大的诱惑力与现实需要,且俄罗斯经济的发展模式仍是粗放型发展,工艺技术发展缓慢,设备陈旧,国际竞争力较差,故而使其过渡到创新型经济发展模式较为困难。由于俄罗斯从资源型经济向创新型经济的发展模式转变较为缓慢,因而经济在较长时间里处于低迷状态也就不足为奇。

第四,国家经济制度的全面完善进程受阻。尽管在全球金融危机期间,俄罗斯政府出台了多项涉及金融业和实体经济的救援计划,在一定程度上保护了金融系统、减缓了全球金融危机对俄罗斯经济的影响,实际GDP增速在2010年便达到了4.5%,但俄罗斯的国家经济制度由于受到各方面因素的冲击,并未对它自身的不足与矛盾之处进行较大程度的改善甚至改革,因而难以对经济发展起到较大的促进作用。

总体来说,全球金融危机后的俄罗斯经济处于增长变缓且极不具有稳定性的阶段,存在着以下几个方面的突出问题:其一,尽管俄罗斯采取诸多政策措施调整经济结构,但由于这一调整较为缓慢,俄罗斯尚未改变对原油等能源行业的过度依赖,全球金融危机和乌克兰危机等使得国际原油价格暴跌,进而造成经济发展遭到重创,经济发展水平与国际能源价格的走势关联性极大导致俄罗斯经济无法实现可持续增长。其二,即便在2016年,俄罗斯20%最低收入人口的收入占总收入的份额增加至7%,可这一数值仍处于较低水平,贫富差距较大的问题没有得到显著改善,故而未能实现经济增长的可持续性。其三,俄罗斯人口老龄化问题日益严峻,65岁及以上人口占总人口的比重不断上升,且这一比重仍有持续增长的势头,老龄人口比重的过度增多必然会阻碍经济的可持续增长。其四,根据世界银行统计数据,俄罗斯的化石燃料能耗占能耗总量的比重由2008年的90.95%上升至2014年的92.14%,过度依赖于化石能源进行生产不利于生态环境的显著改善和经济的可持续发展。

第二节　俄罗斯经济的发展现状

现阶段,作为世界领土面积最大的国家,俄罗斯在国际政治、经济、军事等领域上仍有着举足轻重的地位,因此,其经济发展情况不仅对世界经济发展进程产生一定影响,同时还会对未来一段时期内国际经济格局的演变起到一定作用。接下来，我们将以 2017 年至今的俄罗斯经济发展情况为分析对象，进而对俄罗斯经济的发展现状进行系统全面的把握。

一、现阶段的俄罗斯经济发展

首先，我们绘制俄罗斯在 2017—2020 年的实际 GDP 增速、CPI 同比增速及经济总量在世界经济中的份额，如表 6‑2 所示。可以明显看出，2017—2019 年，俄罗斯经济虽有波动，但较上一阶段有一定复苏，通货膨胀率较上一阶段则有所下降，其经济总量在世界经济中的份额也较为稳定；而在 2020 年，俄罗斯经济出现大幅衰退，其经济总量在世界经济中的份额也随之变小。

表 6‑2　2017—2020 年俄罗斯的实际 GDP 增速、CPI 同比增速及在世界经济中的份额

	实际 GDP 增速	CPI 同比增速	在世界经济中份额
2017	1.8%	3.68%	1.95%
2018	2.8%	2.88%	1.92%
2019	2%	4.47%	1.93%
2020	−3.1%	3.38%	1.74%

注：俄罗斯实际 GDP 增速和经济总量在世界经济中的份额数据来源于 IMF；CPI 同比增速数据来源于世界银行。

2017 年，俄罗斯经济有了一定程度的复苏，实际 GDP 增速上升至 1.8%，通货膨胀率降低至 3.68%，在世界经济中的份额也上升至 1.95%，经济之所以呈现这一发展态势主要可以从以下几个方面进行说明。从实物资本方面而言，随着国际原油价格开始回升，投资意愿和生产积极性便有所增强，2017 年的工业生产指数（上年 = 100）为 102.1，进而有利于实现实物资本的积累；消费者信心也开始回温，居民收入下降的趋势得到有效遏制，由此带动了居民消费，需求的增多也使得供给进一步上升；2017 年的对外进出口贸易总额增幅超过了 25%，加之吸引外资的能力也显著提高，进而有助于促进物质力量的增强。从人力资本方面而言，尽管 65 岁及以上人口占总人口的比重继续上升至 14.26%，但就业状况

向好发展,2017 年的失业率比上一年度下降了 0.3 个百分点,进而有助于为人力资本的积累提供劳动力前提;公共教育支出占 GDP 的比重增加至 4.69%(这一比重在 2016 年时为 3.76%),随着俄罗斯联邦政府对教育的愈发重视,人力资本质量便有所改善;根据世界经济论坛发布的《2017 年全球人力资本报告》,俄罗斯的人力资本指数上升至全球第 16 位,人力资本的积累能力明显提高。从科学技术方面而言,通过实施 2016 年制定的《俄罗斯联邦科学技术发展战略》,加快进行科研机构体制改革,继续支持进口替代项目,并对重点领域提供经费补贴,进而促进科技水平的提高;为了夯实数字经济发展的基础,2017 年俄罗斯制定了《数字经济计划》,其数字经济体量预计已经达到了 GDP 的 5%[①]。在上述因素的共同作用下,俄罗斯经济开始向好发展,但由于经济结构不合理、经济发展模式有待改善、欧美制裁等内外部问题仍未妥善解决,因而这一向好发展也仅是实现经济低速增长的向好发展。

这一经济复苏势头持续到了 2018 年,在该年中实际 GDP 增速上升到 2.8%,通货膨胀水平进一步下降至 2.88%。俄罗斯的经济复苏之所以继续保持到 2018 年的原因主要可以解释为:一则,实物资本的积累进一步增强。布伦特原油价格由 2017 年的 54.13 美元/桶增长至 2018 年的 71.34 美元/桶,国际能源价格的回温刺激了投资和生产积极性,制造业持续复苏,2018 年的工业生产指数(上年 = 100)为 102.9;随着消费者信心和居民收入的增加,国内需求持续增多,由此促进了生产与供给;2018 年的对外贸易得到进一步发展,进出口贸易总额较上一年度增长了 8.22%,对外资的吸引力也持续增强。二则,人力资本也实现了进一步积累。2018 年的失业率为 4.8%,比上一年度下降了 0.4 个百分点;俄罗斯联邦政府对教育的重视程度日益提高,教育体系日趋完善,网络在线学习的市场份额快速增长,大学在国际排行榜中的位置也在不断提高;随着俄罗斯经济的向好发展以及国内形势趋于稳定,留学生以及高水平人才的归国意愿增强,同时国外优秀的科技与管理人才的流入意愿也有所增强。三则,科技水平有了进一步的提高。一方面是自身研发能力有一定提升,

---

① 数据来源:张丽娟. 俄罗斯六年科技创新发展总结. 科技中国,2018(10):89—91.

通过树立科技发展新理念,在诸多领域(如有助于推动经济可持续发展的大气治理、核废料和水处理等领域)取得新进展;另一方面是与其他国家或地区间的科技合作进一步深化,如不断与中国在航空航天领域联合开展研究项目,双边科技合作继续深化。但是,欧美的制裁、人口老龄化、经济结构不合理等问题也对俄罗斯的经济发展起着较强的阻碍作用。因此,2018 年的俄罗斯经济增长速度虽然相对较快,但还是达不到要素状况所赋予的潜在增长水平。

然而,这一经济增长势头并未持续下去,2019 年,俄罗斯的实际 GDP 增速降为 2%,较 2018 年下降了 0.8 个百分点,通货膨胀率则提高至 4.47%,俄罗斯经济增长之所以出现略有放缓的现象,主要与国际能源价格下降、劳动力人口减少、向创新型经济发展模式的转变较为缓慢、外部环境不确定性较高等有关。就国际能源价格而言,2019 年的布伦特原油价格下跌至 64.3 美元/桶,对于严重依赖能源及相关产品的俄罗斯而言,也就意味着能源及相关产品的出口价格下降,导致投资意愿和生产积极性有所降低,进而不利于实物资本的积累,作为与国际原油价格呈类似走势的经济增长也就因此变缓。就劳动力人口减少而言,尽管 2019 年的失业率进一步下降了 0.2 个百分点,但 15—64 岁人口占总人口的比重下降至 66.75%,而 65 岁及以上人口占总人口的比重进一步上升至 15.09%,且 2019 年的总人口数较上一年度略有下降。就向创新型经济发展模式的转变较为缓慢而言,俄罗斯一直致力于通过科技进步与创新转变资源型的经济发展模式,但这一转变进程却十分缓慢,导致某些对经济增长有较大拉动作用的产业发展力度不足。就外部环境不确定性较高而言,全球贸易摩擦此起彼伏导致世界经济低迷,各个国家的经济发展面临严峻挑战,外部需求明显减少,根据联合国贸易和发展会议统计数据,俄罗斯的进出口贸易总额在 2019 年下降了近 3%。

2020 年,突如其来的新冠肺炎疫情给全球经济带来巨大损失,俄罗斯经济大幅衰退,根据 IMF 统计数据,实际 GDP 增速暴跌至 -3.1%,是自全球金融危机以来俄罗斯经济的最大降幅。一则,此次疫情导致国内企业停工停产,2020 年的工业生产指数(上年=100)下降至 97.4;随着疫情的蔓延和扩散,世界各国纷纷"闭关锁国",对外贸易发展出现较大衰退,进而导致从对外贸易的发展中获得助动力变得十分困难;此外,国际原油价格进一步下跌至 41.96 美元/桶,作为对能源及相关产品具有很强依赖性的俄罗斯而言,形成了较强的外部负面冲击。二则,此次疫情导致患病率与死亡率不断攀升,劳动力人口受到较大损失;疫情还造成了大量的失业,且俄罗斯人口老龄化问题日益严重;雇员与雇主形成持久的雇佣关系变得更加困难,雇主也就没有培训和提升雇员劳动技能的积极性;各类学校为减弱疫情冲击,也纷纷采取了停课停学等举措;由于世界范围内的"闭关锁国",各国高水平人才的交流与流动意愿显著降低,不利于俄罗斯吸收国外的优秀科技与管理人才。三则,此次疫情不仅使得俄罗斯提高了自身的研发能力以应对疫情冲击(如新冠疫苗"卫星 V"的生产),还加强了与其他各国在应对疫情等领域的科技交流合作,但由资源型向创新型经济发展模式的转变还远未实现,并不足以形成一个新的经济增长点。

二、 现阶段俄罗斯经济发展的优势和劣势分析

(一) 俄罗斯经济发展的内部优势

俄罗斯经济发展的内部优势在于以下三个方面:

第一,拥有漫长的国境线。俄罗斯是世界上版图最大的国家,领土面积超过 1700 万平方公里,且地域跨度很大,即横跨亚欧大陆,北临北冰洋,东临太平洋,拥有着漫长的国境线,因而也就有了较多的邻国,既有中国、挪威、哈萨克斯坦等陆地邻国,还有日本、美国等隔海邻国,加之其便利的陆运交通和海运交通,有助于俄罗斯对外贸易的发展。

第二,拥有极为丰富的自然资源。俄罗斯不仅是世界国土面积最大的国家,还是世界上为数不多的资源可以自给的国家,尤其是油气、森林、矿产等自然资源十分丰富。例如,作为现代工业"血液"的石油,对保障国际经济和社会发展有着不可估量的作用,俄罗斯丰富的油气及矿产等资源使其拥有充足的工业原料,在工业发展中具备一定的优势,从而有利于增强物质力量并以此来拉动经济增长。

第三,拥有强大的军事实力。尽管俄罗斯在部分领域的发展已经相对落后,但在军事领域却一直处于世界前列,在世界军事力量排名中仅次

于美国,强大的军事实力使得俄罗斯在国家之间的对抗中能够有效维护自身利益。

(二)俄罗斯经济发展的内部劣势

俄罗斯经济发展的内部劣势在于以下三个方面:

第一,不合理的经济结构难以迅速调整。俄罗斯的经济高度依赖军火销售和能源及相关产品的生产和出口,导致在其他产品的生产和出口方面缺乏国际竞争力,尤其是在部分需要高科技且对经济增长有较大拉动作用的产业中的发展举步维艰。尽管俄罗斯已经采取诸多政策措施促使其从资源型经济转向创新型经济,但这一进程却十分缓慢,不合理的经济结构则会对经济发展起到较大的阻碍作用。

第二,劳动力人口呈现减少趋势。一方面,人口数量呈下降走势,粗出生率由 2015 年的 13.3‰下降至 2018 年的 11.5‰,总人口数也由 2017 年的 14688 万人减少至 2019 年的 14678 万人,新冠肺炎疫情的暴发更是加剧了这一下降趋势;另一方面,老年人口占比大幅提升,用于积累人力资本的劳动力基础被削弱,2019 年,65 岁及以上人口占总人口的比重创历史新高,15—64 岁人口占总人口的比重则进一步下降。

第三,贫富差距较为明显。一则,根据世界银行统计数据,近年来,俄罗斯 20%最低收入人口的收入占总收入的份额在 7%左右,大部分的财富都掌握在极少数人的手中,财富分配严重不均;二则,俄罗斯东西部经济发展的差距较大,西部地区是整个俄罗斯的先进地带,人口数量多、现代化水平较高,还拥有着先进的科学技术,而东部地区拥有丰富的自然资源,但经济水平与西部地区有着相当大的差距,严重影响了整个国家的健康稳定发展。

(三)俄罗斯经济发展的外部机会

俄罗斯经济发展的外部机会在于以下三个方面:

第一,新一轮科技革命和产业变革加速俄罗斯产业结构转型升级。在新一轮科技革命和产业变革蓄势待发的大背景下,俄罗斯为贯彻《俄联邦科学技术发展战略》和实现普京第四任期提出的重返世界五大科研强国的目标,俄罗斯政府出台了面向 2030 年的《国家科学技术发展计划》,旨在通过发展智力潜力,高效组织国内科学、技术与创新活动,进而保障国家经济结构转型和技术升级,从而有助于俄罗斯夺取新一轮科技革命和产业变革的先机,以给俄罗斯的经济发展创造更多机遇。

第二,俄罗斯分享其他新兴市场与发展中经济体的经济发展红利。随着新兴市场和发展中经济体特别是中国的崛起,他们越来越成为拉动世界经济增长的主要动力,俄罗斯积极分享其他新兴市场与发展中经济体的发展红利。例如,俄罗斯通过参与"一带一路"倡议,与中国在双方战略合作框架下开展交通、能源、商贸、金融、人文、基础设施建设等全方位合作;俄罗斯加入亚洲基础设施投资银行,进一步促进了金融,经贸,以及高科技等领域的务实合作。

第三,包括俄罗斯在内的新兴市场与发展中经济体组织在处理国际经济事务中的话语权越来越高。新兴市场和发展中经济体已经建立了以它们为主导的国际治理平台,并且这些平台的影响力也正在不断提升。例如,包括中国、印度、俄罗斯、巴西及南非在内的金砖国家的形成及相互间合作的加强,就是一个典型的代表;包括俄罗斯与中国在内的上海合作组织也在改善成员国国内经济及处理国际经济事务中发挥重要作用。

(四)俄罗斯经济发展的外部威胁

俄罗斯经济发展的外部威胁在于以下三个方面:

第一,新冠肺炎疫情的持续蔓延给经济发展带来较大的不确定性。就国内而言,俄罗斯疫情防控力度与效果较差,已经有了超过 700 万的累计确诊人数,以及超过 20 万的累计死亡人数,这极大地阻碍了俄罗斯的经济复苏;就国外而言,根据 IMF 统计数据,2020 年全球实际 GDP 增速为 -3.3%,世界经济出现大规模衰退,致使全球经济增长脆弱、缺乏动力,降低了俄罗斯的对外贸易发展速度,进而不利于经济的恢复性发展。

第二,欧美国家可能会对俄罗斯采取更严厉的制裁。自 2014 年俄罗斯收回克里米亚事件后,以美国为首的西方国家对俄罗斯实行了多轮严厉的经济制裁,包括禁止美国金融机构向俄方实体提供贷款等;2021 年,美国与欧盟因俄罗斯反对派纳瓦利内一事相继对俄罗斯实施制裁,包括冻结相关资产等措施。

第三,国际能源价格变化将造成俄罗斯经济大幅波动。在全球金融危机、乌克兰危机、新冠肺炎疫情等事件期间,国际原油价格出现暴跌,俄罗斯的经济也出现较大程度的衰退,因而俄罗斯的经济发展与国际能源价格走势息息相关。也就意味着,由于经济危机、负面的地缘政治事件、公共卫生事件等而造成的国际能源价格下跌,则会导致俄罗斯经济增长速度放缓甚至陷入衰退泥潭。

第三节　俄罗斯经济的发展前瞻

俄罗斯经济会如何发展? 在前面回顾了俄罗斯经济的发展历程,以及分析俄罗斯经济的发展现状和存在的优缺点的基础上,下面,我们分短期(未来 3—5 年)及中长期(未来 15—20 年甚至更长)对俄罗斯的经济发展做一个前瞻。

一、俄罗斯经济短期的发展

我们认为在未来三到五年的短期中,决定俄罗斯经济发展的几大因素会有下述表现:首先,物质力量增强的速度较为缓慢。其一,新冠肺炎疫情对投资、生产、消费的负面冲击在短期内不会迅速消失,其影响将继续存在;其二,俄罗斯的经济结构在短期内无法实现彻底的调整;其三,全球经济低迷导致俄罗斯与其他国家或地区间的进出口贸易增速放缓。其次,人力资本的积累能力不会迅速提升。一则,此次疫情带来的失业危机与劳动力健康危机以及全球人才流动受限等在短期内不会消散;二则,俄罗斯劳动力人口减少、人口老龄化愈发严重等问题在短期内不能得到有效解决。再次,科学技术虽有一定进步,但幅度依然很小。为应对疫情冲击,俄罗斯的自身研发能力将继续增强,与其他国家或地区间的科技合作更为密切,但在短期内形成一个足以支撑起俄罗斯繁荣发展的新的经济增长点还是比较困难的。最后,经济制度在短期内不会发生实质性改变,短期内的所有调整都只能是小修小补,不可能形成有利于经济大发展的大变革。

按照第一章所构建的经济发展模型,前述影响经济发展因素的表现决定了俄罗斯经济在短期内仍将以相当低的速度增长。IMF 所预计的 2021—2025 年俄罗斯实际 GDP 增速分别为 3.8％、3.8％、2.1％、1.8％、1.8％,应该是比较合理的。

二、 俄罗斯经济中长期发展前瞻

就俄罗斯经济的中长期发展的前瞻,我们仍按照乐观、中性和悲观三种情况展开:

情况Ⅰ(乐观情况):若俄罗斯能够充分利用其内部优势与外部机会,改进内部劣势、防范外部威胁,那么在中长期内:随着新冠肺炎疫情的消散,其对投资、生产、消费的负面冲击将不复存在,而且也不会发生其他国内国际的新的预期外冲击;经济结构实现了相当大程度的调整,旧经济结构对物质积累的阻碍被最大限度地消除;全球经济长期繁荣且俄罗斯能够较成功地通过对外贸易等分享其红利。疫情带来的失业、劳动力健康危机以及人才流动受限等问题消散,且劳动力人口减少等问题得到妥善解决,教育质量也显著提高。通过提高自身研发能力,并与其他国家或地区加强在科技领域的交流合作,成为引领新一轮科技革命和产业变革的经济体之一。从优秀的发展道路与经济制度中借鉴经验,不断完善自身的经济发展道路,使其更能够促进俄罗斯经济社会的健康稳定发展。在这种情况下,各生产要素的发展将促使俄罗斯在未来 15—20 年,实现经济以中速稳定增长的局面。这将保证俄罗斯重回世界主要经济体的行列,也许进不了前三,但通过不懈且成功的努力,成为世界前五大经济体之一不成问题。

情况Ⅱ(中间情况):若俄罗斯在一定程度上利用其内部优势与外部机会,并比较妥善地处理内部劣势与外部威胁,那么在中长期内:从实物资本角度,经济结构的调整不如情况Ⅰ成功,通过生产、投资、消费、贸易等也并未带来如情况Ⅰ中较成功的实物资本积累;从人力资本角度,劳动力人口呈现减少趋势这一问题并未完全有效解决,因而即使在教育、健康、人才流动向好发展的前提下,人力资本的积累也不及情况Ⅰ;从科学技术角度,由于并未充分利用内部优势与外部机会,俄罗斯只能成为新一轮科技革命和产业变革的跟随者;就经济制度而言,资本主义经济制度的弊端将进一步显现,内在矛盾进一步被激化,越来越不利于俄罗斯的经济发展。在情况Ⅱ中,各生产要素的发展将导致俄罗斯经济在未来15—20年以一个比短期略快的速度增长,但不如情况Ⅰ。这样,俄罗斯经济的低速但较稳定的发展将使得俄罗斯在20年后能够留在世界经济的十强之内。

情况Ⅲ(悲观情况):若俄罗斯未将其内部优势与外部机会有效利用,内部劣势与外部威胁也未能妥善处理,在中长期内:经济结构的不合理因素仍未得到有效改善,实物资本增加幅度极小;劳动力人口呈现减少趋势的问题可能会进一步恶化,将削弱人力资本的积累能力;自主研发能力没有很大提高,高端技术依赖进口,在新一轮科技革命和产业变革中处于相对落后的地位;资本主义经济制度将进一步恶化俄罗斯的经济发展环境。俄罗斯在未来15—20年甚至更长时期,经济总量维持低速增长甚至经常出现个别年头的负增长。

第七章

印度的经济发展

尽管印度在被英国殖民之前从来都没有在同一政权下被统一过,刚摆脱殖民统治时经济也相当落后,但不可否认的是今天版图的印度虽然还是一个发展中的资本主义国家,但其在世界经济中的地位已经不可小视。独立以来的印度经济走过了一个什么样的历程? 它还将做怎样的发展呢?

第一节　印度的经济发展历程

作为南亚次大陆最大的国家,印度从 18 世纪开始,先后被葡萄牙、荷兰、英国等发达资本主义国家进行殖民统治,直至 1947 年 8 月才宣布独立,1950 年 1 月宣布成立印度共和国,进而开始了独立自主的经济发展。虽然在独立前的殖民期间,发达资本主义国家的生产方式也在客观上促进了印度由落后、传统的农业经济发展模式向现代经济发展方式的转变,但由于长时间作为殖民地,使得印度大量的财富向宗主国源源流入,因而独立初期印度的国民经济基础十分薄弱,农业凋敝、工业停滞,国家经济处于极端的贫困之中。但在独立后的 70 余年时间里,尤其是在市场化改革后,印度经济呈现出较快的发展速度,成为经济实力较为强大的新兴市场和发展中经济体,在当前的世界经济体系中占据着重要地位。

一、 印度经济恢复性发展时期（1947—1964 年）

政治独立之后,寻求经济独立成为印度从上到下的共同追求,在社会

各界的共同努力下,印度确立了混合经济体制,进入了经济的恢复性发展
阶段。如图 7 - 1,除 1957 年为 - 0. 41％外,印度经济增长率均为正增长,
且在 6 个年份超过 5％、2 个年份超过 7％,1951—1964 年的年均实际
GDP 增速达 4. 32％。

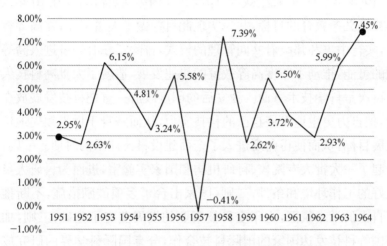

图 7 - 1　1951—1964 年印度实际 GDP 增长率
注:数据来源于印度中央统计局。

　　印度经济在恢复性发展阶段发展比较稳定向上的原因主要来自于如
下四个方面:

　　首先是实物资本积累颇有成效。一方面,印、巴分治时,据统计,约
91％的大工业(如钢铁、造纸等)留在印度。这给印度的工业发展奠定了
较好的基础。另一方面,由于分治后,印度经济发展重心向基础工业和重
工业倾斜,在电力、冶金、矿山、采矿、机械制造、化工原料、采油、煤油、石
油化工以及化肥等领域的投资显著增多,因而形成了一套比较完整的工
业体系,有利于工业的生产与发展。两相合力,使得印度在这一时期的工
业生产实现较快增长,1964 年的工业生产总指数比 1950 年翻了一番还
多,工业产品(尤其是为生产服务的机械设备和耐用消费品)显著增加。
此外,印度的对外贸易有了进一步发展,根据印度商工部统计数据,1964
年的进出口贸易总额比 1948 年上升了近 70％;国外垄断组织对印度的
投资也有了显著增加。

其次是在推动人力资本的积累方面也比较成功。就数量而言,根据世界银行统计数据,印度的粗死亡率由 1960 年的 22.18‰下降至 1964 年的 20.1‰,出生时平均预期寿命则由 1960 年的 41.42 岁上升至 1964 年的 43.87 岁,也就意味着人们有了更长的寿命去参与生产活动。就质量而言,1950 年 1 月 26 日生效的《印度共和国宪法》提出,要在 10 年内普及八年初等义务教育的目标,并为实现此目标做了大量工作;在高等教育体制上,实行中央和邦政府共同管理的模式,排除了私有经济进入高等教育领域的可能,推动了印度高等教育的快速发展,造就了大批高科技人才。

再次是科学技术方面。独立后的印度政府一直把科技发展放在重要位置,把自力更生地发展自己的科技实力,从而跻身于世界领先地位作为其发展目标,从而使得印度进入了全面建设科技体系的时期。一则,不断建立起了一大批大专院校、科研机构和国家实验室,进而为科研人员创造了良好的工作环境和条件;二则,国家出台了多项鼓励措施,不断推动形成了自由的学术氛围,为印度科技事业的发展奠定了基础;三则,加强了与美国等科技发达国家的国际科技合作,分享国际科学界的研究成果和信息情报。随着科技水平的进步,其对印度经济发展的拉动作用也日益增强。

最后是制度方面。印度独立之初,总理尼赫鲁根据国内外形势,采取了公私混合、计划为主的混合经济体制,即实行计划为主的经济体制,优先发展公有经济,通过国有化等措施使政府控制国家经济命脉,主导经济发展方向;建立国有资本为主、国有资本和私人资本并存的混合经济体系,在同一经济体制下实现资源的配置,进而在一定程度上起到促进印度经济增长的作用。此外,大范围进行土地改革,通过取消大型土地所有权、土地租赁改革、实行统一的土地管制等改变封建土地所有制。这些制度安排为印度的经济发展打下扎实的基础。

不过,在经济恢复性发展时期,印度经济虽然实现了较快的恢复性增长,但波动幅度较大。引发波动的主要原因可能在于:尼赫鲁模式存在政府过多干预经济、对私人资本投资范围的限制导致效率损失、对国有工业的高度保护造成产品缺乏竞争力等弊端。这些弊端累积一段时间,就要释放其累积成的能量,拉低经济增长。

二、印度经济波动发展时期（1965—1979 年）

在经济得到一定的恢复后，印度进入到经济波动发展时期。在这一时期，经济呈现波动性增长。如图 7-2 所示：1965—1979 年的年均实际 GDP 增速还不及 3%，低于上一个时期的年均增速；经济增长率的波动性较大，最高达 9.15%，最低则为 -5.24%，且有 4 年的经济增速为负；通货膨胀率也处于较高水平，且极不稳定，1965—1979 年的年均 CPI 同比增速为 7.42%，最高达近 30%，最低则为 -7.63%。

图 7-2　1965—1979 年印度实际 GDP 增速和 CPI 同比增速
注：数据来源于世界银行。

这一时期，印度经济呈现波动性增长主要可以归结为以下四个原因：

实物资本积累能力减弱。首先，1965—1966 年发生灾荒，粮食产量大幅削减。根据印度农业部统计数据，主要农作物产率由 1964 年的 757 千克/公顷下降至 1965—1966 年的不足 650 千克/公顷，主要农作物产量则由 1964 年的近 90 百万吨减少至 1965—1966 年的不足 75 百万吨。农业生产的衰退不仅影响与农业领域相关的实物资本积累，还极大地影响了工业的发展。其次，工业生产和发展速度减慢。自 20 世纪 60 年代中期的粮食恐慌后，印度开始着重发展农业，农业投资比重有所上升，与农业相关的物质力量也随之增强。但印度农业投资比重的升高是以减少工业领域的投资比重为代价的。这带来了工业生产和发展的速度变缓,制造业实物资本积累能力的提升速度变缓。再次,印度的进出口贸易总额在 1967—1969 年连年下降,降低了对外贸易的发展速度。最后,1965 年的印巴战争和美援的中断,1979 年的大规模干旱导致主要农作物产率和产量出现大规模减少造成印度经济出现较大程度的衰退,等等,都削弱了印度实物资本的积累能力。

人力资本积累速度放缓。尽管在这一时期,15—64 岁人口占总人口比重有所增加、粗死亡率继续下降、出生时平均预期寿命持续提高,但受以下因素影响,人力资本的积累速度却有所放缓:一则,1965—1966 年的灾荒、1979 年的大规模干旱等使得劳动力人口的粮食需求远大于供给,粮食供给不足导致劳动力人口没有一个健康的体魄去参与生产活动;二则,由于印度的人口增长过快以及政策调整等客观原因,印度并未实现《印度共和国宪法》中所提出的要在 10 年内普及八年初等义务教育的目标,因而其国民素质的提升程度也就不如预期;三则,受与周边国家战争、自然灾害等因素的影响,印度发展的不确定性程度增大,导致其海外留学生及科研人员的归国意愿被削弱,对国外优秀的科技与管理人才的吸引力也进一步减小。

科学技术进步对经济的拉动力量减弱。印度这一时期的科技发展以1958 年的《科学政策决议》①为指引,逐步建立起了完整的科技部门,完成国防、核能、空间和海洋领域的科学布局,但由于其科研经费重国防轻民用。20 世纪 60 年代以来,印度科技支出的重点逐渐转向国防、原子能和空间等部门,长期保持了较高的国防科技投入,而用于工业部门、疾病防治、卫生保健、环保减灾等领域的研究经费则相对较少,因而印度在这一时期的科技水平提高对经济发展的促进作用相当有限。

另外,虽然印度政府为了增加粮食供应,积极在农村推广了绿色革命,且这一革命取得了一定成效,不仅改善了农业的生产环境,还刺激了农民的生产积极性。但是,混合经济体制的弊端不断凸显,印度虽然号称

① 印度《科学政策决议》是印度国家政策文件,由总理尼赫鲁主持,科学家巴巴领导起草,1958 年 3 月 4 日国会通过,颁布,是指导印度科学发展的纲领性文件,其内容是初步建立起现代科学体系,其实质是科学政策。

自由经济体制国家,却制定了若干严格的经济计划。政府的过度干预与管制措施导致其工业生产效率低落,计划经济的具体政策与经济发展的现实需求相脱节,进而使得经济整体缺乏生机与活力,工业生产与发展面临窘境。

三、 印度经济稳中有进的发展时期（1980—1990 年）

鉴于混合经济体制的弊端日渐明显,为促进经济的健康稳定发展,印度在 20 世纪 80 年代进行了一场旨在使经济向自由化方向发展的经济体制改革运动。在这一时期,如表 7-1 所示,经济增长率处于相对较高水平,1980—1990 年的年均实际 GDP 增速为 5.68%,高于前两个时期的年均增速;经济增长相较于前两个阶段而言更加稳定;但通货膨胀率处于较高水平,年均 CPI 同比增速高达 9.19%。

表 7-1　1980—1990 年印度主要经济指标发展情况

年份	实际 GDP 增速（%）	CPI 同比增速（%）	主要农作物产率（千克/公顷）	国民可支配净收入（千万印度卢比）	进出口贸易总额（百万美元）
1980	6.74	11.35	1023	126528	127551
1981	6.01	13.11	1032	147562	148594
1982	3.48	7.89	1035	163139	164174
1983	7.29	11.87	1162	190190	191352
1984	3.82	8.32	1149	210929	212078
1985	5.25	5.56	1175	237398	238573
1986	4.78	8.73	1128	264297	265425
1987	3.97	8.80	1173	300740	301913
1988	9.63	9.38	1331	356206	357537
1989	5.95	7.07	1349	409242	410591
1990	5.53	8.97	1380	479505	480885

注：实际 GDP 增速、CPI 同比增速指标来源于世界银行,主要农作物产率指标来源于印度农业部,国民可支配净收入指标来源于联合国,进出口贸易总额指标来源于印度商工部。

这一时期经济的相对稳定高速增长的原因包括：

实物资本维度。就农业生产而言，农业发展新战略的实施不断取得成效，根据印度农业部统计数据，主要农作物产量由 1980 年的近 130 百万吨增加至 1990 年的 176 百万吨；根据世界银行统计数据，每 100 平方公里耕地的拖拉机数由 1980 年的 23.51 辆上升至 1990 年的 60.45 辆，由此带来了农作物产率的增加，由表 7-1 可以看出，主要农作物产率由 1980 年的 1023 千克/公顷上升至 1990 年的 1380 千克/公顷。就工业发展而言，尽管工业投资比重相较而言有所降低，但政府积极开展放松《工业许可证法》的相关政策，减少因办理许可证而妨碍生产的可能性；在电子工业领域实施相关政策改变体制，鼓励私人经营等，对与工业相关的实物资本积累有着促进作用。就居民收入而言，由表 7-1 可以看出，1990 年的国民可支配净收入比 1980 年翻了近两番。就对外贸易而言，由表 7-1 还可以看出，进出口贸易总额在 1990 年比 1980 年翻了近两番。

人力资本维度。首先，根据世界银行统计数据，印度总人口数一直处于上升状态，且 15—64 岁人口占比由 1980 年的 57.14% 上升至 1990 年的 58.23%，这为人力资本的积累奠定了雄厚的劳动力基础。其次，由于上一时期的粮食灾荒等在这一时期有所缓解，粮食供给相对充足，加之医疗卫生水平的提高，出生时平均预期寿命由 1980 年的 53.81 岁上升至 1990 年的 57.87 岁。再次，公共教育支出占 GDP 的比重逐年升高，政府对教育的重视程度日益提升，高等教育发展迅速，人才培养体系与模式日趋成熟，使得高科技人员的数量不断增强。最后，印度国内环境趋于稳定且不断发展，增加了海外留学生及科研人员的归国意愿，吸引国外优秀人才的能力也有所增强。

科学技术维度。随着《科学政策决议》的运行，印度初步建立起了完整的科技部门，还推行了一系列科技计划，完成了国防、核能、空间和海洋领域的科学布局，营造了良好的科技氛围，科技水平也有了较大提高。1983 年，印度政府推出了《技术政策声明》①，强调要利用现代技术加强国家竞争力，把技术的独立发展与吸收国外先进技术并列，着重推动了计算

---

① 《技术政策声明》于 1983 年在英迪拉·甘地总理任上推出，其实质是技术政策。

机、通信、生物、制药等高技术产业的发展。这些高技术产业的发展对印度科技水平的提高有着极大的促进作用，有助于以科技进步促进经济发展。

体制改革维度。从国际环境看，中国的改革开放、东亚经济的快速发展使得印度政府开始重新审视印度式发展模式的正确性；从国内角度看，混合经济体制有其内在缺陷，必须要探索新的经济发展路线。因此，在国内国际双重影响下，印度逐步实行经济体制改革，如采取强化私营企业的经济角色、税制的合理化与单一化、鼓励外商投资、放宽或废除设立产业的管制与规定等自由化政策。

在这一阶段，印度经济实现了较高的增长速度，且相对而言较为稳定，但也存在着两个方面较大的问题：第一，虽然印度已经逐步开始对经济体制进行改革，但这一改革是不全面的，与这种体制直接相关的弊端依然存在；第二，印度的贫富差距较大，根据世界银行统计数据，20％最低收入人口的收入占总收入的份额还不足 10％，国家贫困线以下人口占总人口比重处于较高水平。

四、 印度经济全面改革时期（1991—2016 年）[①]

图 7-3 绘制了 1991—2016 年印度主要经济指标的发展走势，从中我们可以看到：1991—2016 年的年均实际 GDP 增速为 6.32％，高于上一时期的年均增速；除 1991 年外，其他年份的实际 GDP 增速均高于 3％，即使在全球金融危机期间增速略有放缓，但仍达到 3.09％的增速；通货膨胀率较上一阶段有所下降，1991—2016 年的年均 CPI 同比增速为 7.69％。

印度经济全面改革时期的发展呈现上述特征的原因主要在于以下四个方面：

第一，物质力量的增强对印度经济发展的促进作用继续加大。就农

[①] 之所以选取 1991—2016 年进行分析，主要是由于 2017 年印度新总统就任，且全球面临的不确定性日益增多，给印度的经济发展也带来更多的不确定性，因而我们将在下一节印度经济的发展现状中分析 2017 年及之后的情形，在印度的经济发展历程中仅选取 1991—2016 年来分析全面改革时期的经济发展情况。

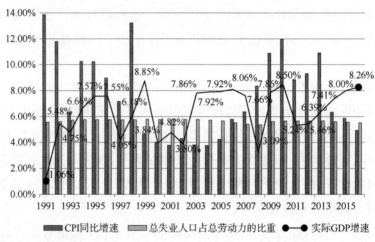

图 7-3　1991—2016 年印度主要经济指标发展走势

注：实际 GDP 增速、CPI 同比增速和总失业人口占总劳动力的比重指标来源于世界银行。

业生产而言，根据印度农业部统计数据，2016 年的主要农作物产量较 1991 年的增幅超过 60%，主要农作物产率也增长了超过 50%；根据世界银行统计数据，2016 年的人均农业增加值（2010 价）比 1991 年翻了一番。就非农业发展而言，根据印度统计局统计数据，工业生产指数（1993—94 年＝100）由 1994 年的 109.1 上升至 2010 年的 341；2010—2016 年，制造业 PMI 和服务业 PMI 均位于 50% 荣枯线之上，整个制造业和服务业经济均处于扩张状态；电子和 IT 产业发展迅猛，根据印度信息技术部统计数据，其产值由 1999 年的 28105 千万印度卢比猛增至 2016 年的 310197 千万印度卢比；旅游业也有了突飞猛进的发展，根据旅游部统计数据，入境旅游人数逐年攀升，旅游业外汇收入由 1991 年的 1861 百万美元猛增至 2016 年的 22923 百万美元。就对外贸易而言，根据印度商工部统计数据，2016 年的印度进出口贸易总额是 1991 年的超过 16 倍，实现了相当大程度的提高。

第二，人力资本积累能力提高。一则，由图 7-3 可以看出，总失业人口占总劳动力的比重一直十分稳定，即使在全球金融危机期间也没有较大波动，1991—2016 年的年均总失业人口占总劳动力的比重为 5.65%；印度总人口数一直呈现增长势头，15—64 岁人口占总人口比重由 1991

年的 58.37% 上升至 2016 年的 66.27%。二则，劳动力健康状况显著提高，根据世界银行统计数据，改善的卫生设施占总使用人口的比重由 1991 年的 18% 上升至 2016 年的 40% 左右；出生时平均预期寿命则由 1991 年的 58.35 岁提高至 68.9 岁。三则，全社会的教育水平进一步提升，15 岁及以上成人识字率由 1991 年的不足 50% 猛增至 2016 年的 96.23%；高等教育的规模不断扩大，高等教育入学率也不断提高，高等教育质量和整体水平均有所提升。四则，印度突飞猛进的发展也使得海外留学生及科研人员的归国意愿变得更加强烈，同时还吸引着其他国家的优秀科技与管理人才。

第三，科技进步状况改善。一方面，印度自身的研发环境向好发展，印度政府在 2003 年推出《科学技术政策》[1]，强调研发投入和科技产出，提出建立科技、研发与经济社会协同发展政策，由此带来了研发投入的不断加大、科技成果转化的不断加快等。另一方面，移动互联网发展迅速，根据世界银行统计数据，互联网用户占总人口的比重由 1995 年的 0.03% 上升至 2016 年的 22%，每百人移动电话使用量由 1995 年的 0.01 人猛增至 2016 年的 85.15 人。此外，随着科技水平的不断提高，印度的全球竞争力以相当快的速度增强，由世界经济论坛发布的《2016—2017 年全球竞争力报告》显示，2016—2017 年印度是全球竞争力排名上升最快的国家，由 2015—2016 年的 55 位提高至 39 位。

第四，通过全面改革使印度朝着有利于经济实力增强的方向发展。1991 年，拉奥政府开始对尼赫鲁模式进行全面改革，主要包含以下几个方面的内容：基本取消许可证制度；实行经济自由化改革；在国有企业中引入竞争机制；通过开放增加国际化带来的红利。[2][3] 印度的市场化改革不仅建立了高效稳定的市场机制，还保持了经济政策的稳定性与延续性，有力地促进了印度经济的持续增长。

在全面改革时期，印度经济增长速度加快，且具有一定的稳定性，但主要还存在着以下三个方面的问题：首先，贫富差距较大的问题愈发严

---

[1] 《科学技术政策》于 2003 年在瓦杰帕伊总理任内推出，其实质是研发政策。
[2] 杨文武. 印度经济发展模式研究. 北京：时事出版社，2014.
[3] 文富德. 印度经济发展前景研究. 北京：时事出版社，2014.

重,不利于经济的持续健康发展;其次,人口数量过多、人口密度过大可能会增加社会负担,对经济可持续发展起到阻碍作用;最后,印度在独立之后即选择了资本主义发展路线,但资本主义经济制度本身存在其固有矛盾,在这个时期这种矛盾发展得比较快。

第二节　印度经济的发展现状

现阶段,印度已经是拥有很强经济实力的新兴市场和发展中经济体之一,在世界经济格局中也拥有着举足轻重的地位,其经济发展状况不仅会对世界经济的发展走势产生一定影响,同时还会对未来一段时期内国际经济格局的演变起到重要作用。接下来,我们将以2017年至今的印度经济发展情况为分析对象,对印度经济的发展现状进行全面把握。

一、现阶段的印度经济发展

首先,从印度2017—2020年的实际GDP增速、CPI同比增速及经济总量在世界经济中的份额(如表7-2所示)可以明显看出,2017—2019年,印度经济增长率不断呈下降之势,而通货膨胀率却不断上升。其经济总量在世界经济中的份额较为稳定。即使在2020年,印度经济出现了相当大程度的衰退,其经济总量在世界经济中的份额仍基本不变。

表7-2　2017—2020年印度的实际GDP增速、CPI同比增速及在世界经济中的份额

	实际GDP增速	CPI同比增速	在世界经济中份额
2017	6.8%	3.6%	3.28%
2018	6.5%	3.4%	3.14%
2019	4%	4.8%	3.29%
2020	-8%	6.2%	3.21%

注:数据来源于IMF。

2017年,印度的经济增长不如预期,经济增速明显减缓,归其原因,主要可以从以下几个方面进行说明。一则,工业发展呈现缓慢增长态势,

工业产值增速的下降削弱了实物资本的积累能力;印度卢比的升值加剧了工业生产在供给侧的生产方面和需求侧的投资方面的下降趋势。二则,印度约有 13.4 亿人口,几乎是世界人口的五分之一,但印度尚未具有良好运用其人口红利的能力,使得人口的潜力并未得到充分释放;根据世界银行统计数据,15 岁及以上成人识字率下降至 94.37%,全社会教育水平的改善进程受阻;根据世界经济论坛发布的《2017 年全球人力资本报告》,印度人力资本指数的世界排名为 103 位,远弱于美国(第 4 位)、中国(第 34 位)等其他经济大国。三则,尽管印度在推进数字化进程方面的成果显著,数字交易急剧上升,但印度仍是一个现金密集型经济体,现金交易可能会造成企业逃税、限制电子商务发展等。四则,印度政府的两项主要经济决策——废钞令(废除了约 86% 的流通现钞)和税改(商品与服务税改革),给 2017 年的经济发展造成了严重影响,前者突兀地打断了农业、制造业供应链,对短期的建设活动有一定破坏;后者则因执行紊乱且缺乏组织性,而对经济发展起到阻碍作用。

　　这一经济增速减缓的态势并没有在 2018 年得到恢复,反而进一步发展。我们为此归纳了如下几点原因:就实物资本而言,农业发展水平的上升速度继续变缓,根据印度农业部统计数据,主要农作物产率仅有小幅增加(由 2017 年的 2235 千克/公顷上升至 2018 年的 2299 千克/公顷),而主要农作物的产量还略有下降(由 2017 年的 285.01 百万吨下降至 2018 年的 284.95 百万吨);制造业发展缓慢,工业化进程仍将相对漫长,进一步削弱了实物资本的积累能力。就人力资本而言,印度仍然不具备良好运用其人口红利的能力,人力资本的潜力仍并未得到充分释放;15 岁及以上成人识字率进一步下降,全社会教育水平和国民素质的提升受到限制,不利于人力资本质量的提高。就国际环境而言,2018 年,国际金融环境收紧、原油价格大幅波动、贸易保护主义抬头、外需放缓等因素使印度发展的外部环境面临较大的不确定性,进而不利于其经济发展。就国内环境而言,印度经济发展不平衡、贫富差距较大、经常账户赤字扩大、劳动参与率(占 15 岁及以上总人口比重)持续下降(由 2017 年的 49.91%下降至 2018 年的 49.42%)等问题继续恶化,进一步阻碍了印度的资本积累、科技进步以及经济发展。

2019年,印度经济增长速度进一步放缓,实际GDP增速显著下降,这主要可以从以下两个方面进行解释。一方面,实物资本积累能力被进一步削弱。受2019年干旱和洪灾两种极端天气影响,部分农产品(如洋葱)严重歉收;根据印度统计局统计数据,工业生产总指数(2011—2012年=100)由2018年的130.1下降至2019年的129,从而减弱了实物资本的积累能力;对外贸易发展受阻,根据印度商工部统计数据,2019年的进出口贸易总额比2018年下降了3.37%。另一方面,人力资本积累速度继续放缓。由于不具备良好运用其人口红利的能力,印度人力资本的潜力难以得到充分释放;全社会教育水平没有得到显著改善,国民素质也未得到显著提高,进而不利于人力资本质量的提升;印度的经济发展不如预期,减少了海外留学生及科研人员的归国意愿,对其他国家优秀人才的吸引力也有所下降,进一步减缓了人力资本的积累速度。此外,国内国际环境的不确定性依然很高。

2020年,新冠肺炎疫情在全球范围内爆发,使印度经济蒙受了巨大损失。根据IMF统计数据,实际GDP增速暴跌至-8%,是自印度独立后其经济的最大降幅。首先,此次疫情导致国内企业停工停产,各行各业的生产面临困境;疫情还导致世界各国纷纷"闭关锁国",对外贸易发展出现较大衰退,进出口总额的降幅超过20%。其次,此次疫情导致患病率与死亡率不断攀升,造成了大量的失业,教育与培训也因此受到冲击,各国高水平人才的交流与流动意愿显著降低。

二、现阶段印度经济发展的优势和劣势分析

(一)印度经济发展的内部优势

印度经济发展的内部优势在于以下三个方面:

第一,拥有丰富的劳动力基础。根据世界银行统计数据,印度人口一直处于上升趋势,并在2019年达到了13.7亿人,是世界第二人口大国,其中,15—64岁人口占总人口的比重为67%,且这一比重在今后一段时间还将保持上升趋势,这为印度提供了丰富的廉价劳动力,尤其是年轻的劳动力,从而为经济增长提供了有利条件。

第二,拥有地理优势。一则,印度国土面积虽然不大,但其五分之二

是平原,耕地面积较大,加之印度属于热带季风气候,进而有利于促进农业生产;二则,印度是印度洋沿岸最大的国家,依托这一优势,有助于为其对外贸易的发展提供有利条件。

第三,拥有巨大的市场规模与潜力。一方面,随着印度经济由弱变强,其零售业已经成为世界增长最快的市场之一,得益于农村市场的扩大和在线零售业的发展,印度的市场规模仍有不断扩大之势,由此对经济增长有一定的促进作用;另一方面,由于印度市场潜力巨大,其吸引外资的能力也在不断增强,有助于其从国外投资中获得经济发展的助动力。

(二)印度经济发展的内部劣势

印度经济发展的内部劣势在于以下三个方面:

第一,人口负担过于沉重。一则,印度人口的爆炸性增长在很大程度上消耗了新增的社会财富,导致社会发展的资本积累不足,在一定程度上抵消了社会发展取得的成效;二则,人口剧增激化了人口与资源的矛盾,人均资源拥有量十分有限,这给印度的可持续发展带来了巨大压力;三则,人口增长过快会导致在教育、健康和就业方面受到制约,从而形成人口素质低的恶性循环。

第二,经济发展不均衡。一方面,印度各地区之间的经济发展不平衡,整体而言,印度南部的经济发展水平要远高于北部,且印度南部的贫困率也远低于北部,这一差异的越来越大将不可避免地阻碍国家经济的健康稳定增长;另一方面,印度社会的贫富差距悬殊,富人与穷人的生活有着天壤之别,且这一问题仍将继续恶化,严重阻碍印度的经济发展与社会进步。

第三,宗教问题、种姓问题及民族问题根深蒂固。印度国内的宗教矛盾不断被激化,宗教暴力冲突频频发生,造成人员伤亡、社会骚乱,破坏了印度的稳定,进而对经济发展起到阻碍作用;由于长期以来的种姓制度而导致的社会不公平加剧、人口红利不能被充分发挥,同样阻碍了印度经济的健康稳定发展;作为一个多民族并存的国家,印度的民族矛盾非常严重,制约着整个经济社会的发展。

（三）印度经济发展的外部机会

印度经济发展的外部机会在于以下三个方面：

第一，新一轮科技革命和产业变革加速印度产业结构转型升级。在新一轮科技革命和产业变革蓄势待发的大背景下，印度通过启动"印度制造""数字印度"等计划，推动印度成为全球制造业大国，实现数字和金融领域的公众广泛参与，全面提升公共服务水平和整体数字素养，助推印度夺取新一轮科技革命和产业变革的先机，以给印度的经济发展创造更多机遇。

第二，印度将从与其他国家的合作中获得发展助力。一方面，随着新兴市场和发展中经济体特别是中国的崛起，他们越来越成为拉动世界经济增长的主要动力，印度将积极分享其他新兴市场与发展中经济体的发展红利，进而谋求自身发展；另一方面，印度还会与美国等西方发达国家达成更深度的合作，进一步促进自身的经济发展。

第三，印度在国际经济格局中的话语权提升。就印度自身而言，根据IMF统计数据，2019年，印度经济总量在世界经济总量中的比重上升至3.29%，成为世界排名第五位的国家，由此带来了在处理国际经济事务中更大的话语权；就包含印度在内的新兴市场与发展中经济体组织而言，以它们为主导的国际治理平台的影响力也正在不断提升，如包括中国、印度、俄罗斯、巴西及南非在内的金砖国家的形成及相互间合作的日益加强，就是一个典型的代表。

（四）印度经济发展的外部威胁

印度经济发展的外部威胁在于以下三个方面：

第一，新冠肺炎疫情的持续蔓延、公共卫生水平低下和国家治理能力的缺乏使得印度经济发展受到许多别的大国所没有的掣肘。就国内而言，印度疫情的防控力度与效果都很差，这给印度2021年的经济复苏带来了较大的打击，而且由于公共卫生水平低下和国家治理能力较差，以后一个较长时期印度的公共卫生安全问题会不断冲击经济发展；就国外而言，受新冠肺炎疫情的冲击与蔓延，全球经济在2020年出现大规模衰退，2021年的印度疫情会在一个比较长的时期内影响外部世界对印度稳定发展的信心,从而使印度面临着一个不利于经济复苏的外部环境。

第二,印度与中国爆发冲突影响两国间的经济合作。中印两国间的边境问题矛盾不断,从边境争议到军事冲突,再到军事对峙,不可避免地恶化了中印关系,进而阻碍了两国在经济领域中开展交流与合作,导致印度难以从中国的崛起中获得发展红利,在一定程度上阻碍了印度经济的健康稳定发展。

第三,印度与周边国家的矛盾纠纷恶化了其经济发展环境。除中国外,印度还与其他周边国家爆发冲突,如频频爆发的印巴冲突、印度与尼泊尔冲突等,这些冲突给印度的经济社会发展带来了一定程度的不稳定性,恶化了其经济发展环境,进而对经济的持续健康发展起到阻碍作用。

第三节 印度经济的发展前瞻

印度的经济发展存有许多问题,但基于印度的实物资本、人力资本的积累都处于增长阶段;其总体科技水平非常低下,为引进和发展留下了足够的空间。因此,我们认为,无论是短期还是长期,只要其政府不从制度建设上拆经济发展的台,印度经济的发展都不会太差。

一、 印度经济短期发展前瞻

虽然印度的经济发展不会太差,但未来的三五年内,其情况也不会太好。首先,实物资本的积累能力被削弱。尽管印度巨大的市场规模与潜力为实物资本积累创造了有利条件,但受印度第二波疫情迅速蔓延的影响,其新增确诊人数每日可达几十万人次,不仅加剧了新冠肺炎疫情对各行各业的负面冲击,还削弱了对外贸易的发展和吸引外资的能力,进而使得生产的恢复速度以及实物资本的积累速度受到严重影响。其次,人力资本的积累速度放缓。尽管印度丰富的劳动力基础为人力资本积累提供了有利因素,但第二波疫情浪潮恶化了失业、劳动力健康危机以及人才流动受限等问题,极大地减缓了人力资本积累的恢复速度。再次,为了应对此次疫情的冲击,印度不断提高自身研发能力,加强与其他国家或地区的科技合作,但在短期内形成一个足以支撑起印度繁荣发展的新的经济增长点还是比较困难的。最后,印度经济体制改革的红利已经基本耗尽,短期内即使能出台新的改革措施,也不能立竿见影,推动经济大幅前进。

因此,我们认为,在未来的 5 年里,印度经济不会像许多西方学者所认为的那样会大幅度增长,也不认同国际货币基金组织 2021 年 4 月报告中所认为的印度在 2021 年 GDP 增幅高达 12.5％的预测。更大的可能是 2021 年印度经济的增长会达不到(基于 2020 年倒退了 8％基础的)两位数,之后即使恢复,也就是回到 5—6％的正常增长,不会通过大幅增长完全抹平 2020 年的衰退。

二、 印度经济中长期发展前瞻

情况Ⅰ(乐观情况):若印度能够充分利用其内部优势与外部机会,改进内部劣势、成功应对外部威胁,那么在中长期内:随着新冠肺炎疫情的消散,其对各个领域的负面冲击将逐步消失,进而有利于实物资本的积累;全球经济的复苏与发展也有助于印度通过对外贸易来实现物质力量的增强;依托其巨大的市场规模和潜力,印度吸引投资的能力将继续增强,从而提高了实物资本的积累能力;“印度制造”计划也将成功实施,进一步促进了实物资本的积累。就人力资本而言,疫情带来的失业、劳动力健康危机以及人才流动受限等问题将消散,印度将有效缓解人口激增所带来的负担,进一步发挥其人口红利优势,并将人口红利优势转变为人才红利优势。就科学技术而言,印度通过提高自身研发能力,加强与其他国家或地区在科技领域的交流合作,成为引领新一轮科技革命和产业变革的经济体之一。就经济制度而言,通过从优秀的发展道路与经济制度中借鉴经验,不断完善自身的经济发展道路,使其更能够促进印度经济社会的健康稳定发展。如果这几项都做好了,各生产要素的发展将促使印度经济在未来 15—20 年甚至更长时期以较快且稳定的速度增长,当然由上一章的经济发展模型可以得出实物资本积累对于经济发展的促进作用是边际效应递减的,因此越到后面实物资本积累对印度中长期经济发展的促进作用会减弱一些。

这样发展的结果,将会使印度经济在 15 年后达到小康水平,并在

2030年前后成功地超越日本,成为继中国和美国之后的第三大经济体(欧盟除外)。虽然这并不意味着印度的经济发展不均衡、宗教、种姓和民族、生态环境恶化等问题能得到妥善解决,但可观的经济成就和人民生活总体上的改善,将为印度继续顺利前行打下坚实的基础。

情况Ⅱ(中间情况):若印度在一定程度上利用其内部优势与外部机会,并比较妥善地处理内部劣势与外部威胁,那么在中长期内:印度物质积累的质和量均不及情况Ⅰ。这就意味着吸引投资的能力、"印度制造"计划的实施情况,生产、投资、消费、贸易等的发展均弱于情况Ⅰ;与物质积累水平提高速度相对较低相联系,全社会教育水平与国民素质的改善与提高不及情况Ⅰ,其人力资本积累的水平也会比较缓慢。人口红利优势只能部分转化为人才优势,人口负担依然呈现过重的情形。在科学技术发展方面,印度在一些领域可能仍将是引领新一轮科技革命和产业变革的经济体之一,但其总体科技发展水平依然较低。各生产要素发展变化的结果将导致印度在未来15—20年甚至更长时期,经济增长速度维持一个中等速度。一边是许多问题未能解决,发展也不是很稳定;另一边是在世界主要经济体中,是发展速度比较可观的。在这种情况下,印度经济发展虽然不能达到使人民生活有较大改善的程度,但依然会在世界经济排序表上往前迈进,到2035年左右超越日本成为世界第三大经济体。

情况Ⅲ(悲观情况):若印度未将其内部优势与外部机会有效利用,内部劣势与外部威胁也未能妥善处理,那么在中长期内:吸引投资的能力明显下降,"印度制造"计划的实施并不成功,实物资本的积累能力无法得到提高;人口红利优势不能充分发挥,过多的人口还将给印度经济社会发展带来沉重负担;自主研发能力没有很大提高,在新一轮科技革命和产业变革中处于相对落后的地位;资本主义经济制度的内在矛盾将进一步被激化,从而恶化印度的经济发展环境。在情况Ⅲ中,各生产要素的共同作用将逐步拉低印度经济发展的速度,甚至不时出现负增长。但只要不出现因为经济发展缓慢而导致的政治危机,到本世纪30年代,印度经济依然能够超越日本成为世界第三大经济体。如果出现政治危机,国家甚至会在30年代出现分裂的风险;而如果出现这种趋势,则其经济将可能转向衰退。

第八章

巴西的经济发展

巴西曾在 20 世纪 40 年代被欧美经济学家冠以了"未来之国""潜在之国"等头衔,其经济发展潜力不容小视。20 世纪 70 年代,巴西的"经济奇迹"更是让巴西成为世界经济体系中最为瞩目的明星之一。然而,在 20 世纪 80 年代,巴西经济陷入了长期停滞不前的泥潭当中。为此,巴西政府进行了一系列经济改革,终于在新世纪实现了突破,实现了较长时期的发展,成为强大的新兴市场和发展中经济体。那么,巴西还会不会再入"陷阱"呢?

第一节　巴西经济发展的历史回顾

1500 年 4 月 22 日,葡萄牙航海家佩德罗·卡布拉尔抵达巴西。他将这片土地命名为"圣十字架",并宣布归葡萄牙所有。由于葡殖民者的掠夺是从砍伐巴西红木开始的,"红木"(Brasil)一词逐渐代替了"圣十字架",成为巴西国名,并沿用至今,其中文音译为"巴西"。

1807 年,拿破仑入侵葡萄牙,葡王室迁往巴西。1820 年,葡王室迁回里斯本,王子佩德罗留巴任摄政王。1822 年 9 月 7 日,宣布完全脱离葡萄牙独立,建立巴西帝国,接着加冕称帝,称佩德罗一世。1824 年,巴西颁布宪法。1825 年,葡萄牙承认巴西独立。

1889 年,巴西军人发动政变,推翻帝制,成立巴西合众国。新政府打着"秩序和进步"的口号,并以总统制为基础开始了巴西的近代化。但在第二次世界大战之前,巴西的工业化并不成功,虽然面积广大,但其经济实力远弱于各主要大国。巴西成为世界经济体系中重要的国家,是在第二次世界大战后的国际经济秩序下发展而成的,我们回顾巴西的经济发展也就从战后开始。

一、 二战后的经济恢复性发展阶段（1945—1963 年）

二战结束后,巴西利用其在二战期间积累的政府干预经济方面的经验,通过有效的干预,推动经济实现了恢复性发展。[①] 如图 8 - 1 所示,1945—1963 年巴西经济增速虽有较大波动,实际 GDP 增速最高达11.6％(1946 年),最低仅为 0.6％(1963 年),但整体的经济增长速度处于较高水平,年均实际 GDP 增速为 6.91％。这个时期影响巴西经济变化的主要是以下四个方面。

图 8 - 1　1945—1963 年巴西实际 GDP 增速
注：数据来源于巴西国家地理与统计局。

一是实物资本方面。就农业生产而言,一方面,从 16 世纪葡萄牙殖民者登上巴西的土地,巴西的生产部门就被长期专门从事农产品出口生产的单一经营的大种植园统治。这种统治虽然不利于国家经济的长期发

---

① 罗博克.巴西经济发展研究.上海：上海译文出版社,1980.

展,但由于长期稳定,积累还是很客观的。另一方面由于巴西的可耕地资源极其充足,水资源丰富,气候适宜于农业发展和农业多样化生产,巴西农业领域也相对易于实现实物资本的积累。就工业生产而言,巴西的矿产资源条件得天独厚,不仅品种丰富,而且品质高、储量大,且拥有现代工业发展所需要的绝大部分矿产资源,这为巴西的工业生产提供了重要的资源基础;本阶段,巴西制定了各阶段的经济发展计划和产业政策,加大了国内投资力度,建立了汽车工业、造船工业、重型电机制造业、钢铁、有色金属、重化工业、造纸和纤维生产等部门,加之进口替代工业化发展模式的实施,极大地促进了工业的发展,推动了工业领域的物质积累不断增强。就对外贸易与投资而言,巴西丰富的矿产资源促进了此类产品的出口,加之工业生产能力的增强刺激了工业品的出口,加快了巴西对外贸易的发展;在这一阶段,巴西还吸收了较大量的外国直接投资,提升了基础设施建设与工业生产的水平。

二是人力资本方面。从数量上看,根据巴西国家地理与统计局统计数据,巴西人口数量每年以近3‰的速度增加,1945—1963年的年均增速为2.86%,加之15—64岁人口占总人口比重的变化幅度不大,劳动年龄人口的绝对数量增幅较多;根据世界银行统计数据,巴西人的出生时平均预期寿命由1960年的54.14岁上升至1963年的55.63岁,人们有了更多的寿命去参与社会经济活动。从质量上看,1947年,巴西成立了教育委员会以制定国家教育规划,并颁布相关法律,明确宣布人人都有受教育的权力,进而使得巴西教育开始出现较快发展。巴西政府加大了对教育的重视力度,对教育的财政投入力度处于较高水平。初等、中等和高等教育的发展得到明显推进,全社会的教育水平显著提升,从而有利于人力资本质量的改善与提高。

三是科学技术方面。巴西科技水平在这个阶段也有了一定的提升,这些提升主要得益于两个方面的推动。一个是技术的引进。通过借鉴和吸收美国等发达国家的先进技术、管理经验等,巴西的科技水平不断被推着往上走,劳动生产效率也因此得到不断的提升。另一个是自己研发。随着巴西对科技创新的愈发重视,其自身的研发能力也得到明显增强。如巴西建立了自己的核能工业,设立了全国原子能委员会以统一协调管理原子能开发活动,并在 1956 年,第一座原子能反应堆开始运转;在农业、工业等生产领域的生产工具也在不断更新换代。研发能力的提高和成果的应用也推动了生产效率的日益提升,拉动了经济增长。

四是经济体制改革方面。二战后,面对当时极其不利的外部环境,巴西政府采取了更大力度的国家直接干预经济的方式,即通过企业国有化,加强国家对经济发展的决策、领导和调节作用,逐步确立国有经济在国民经济中的主导地位,以此来促进制造业的发展和经济增长。然而,由于在该发展模式下,靠高保护发展起来的制造业逐渐失去活力,1961 年后,巴西经济增速开始放缓。为解决这一问题,在国内民众主义运动不断高涨的形势下,巴西政府采取了一系列激进的改革措施,但这些措施并没有起到其预想的作用。

在这个阶段,巴西经济还有一个特点,即发展进程中产生了大量的公共债务,并且出现了较高的通货膨胀。巨额外债、超支和恶性通货膨胀等时时威胁着经济发展,货币的稳定性差和国际收支平衡无法维系更时刻等待着强力冲击巴西经济的机会。

二、 经济高速发展阶段（1964—1980 年）

但应该是得益于拉动发展的因素作用力大于迟滞发展的力量,巴西经济受较大冲击的情况并没有在恢复性增长阶段结束后到来,1964 年起巴西经济反而迎来了所谓的"经济奇迹"阶段。

自 1964 年发生军人政变后,巴西经济飞速发展,并创造了"经济奇迹",主要经济指标的发展情况如表 8－1 所示。从表 8－1 可以看出:实际 GDP 增速高于上一阶段,1964—1980 年的年均实际 GDP 增速达 7.83%,其中,1968—1973 年的年均实际 GDP 增速高达 11.16%,经济呈现高速发展态势;尽管受到石油危机的冲击,经济增长率仍维持在较高的水平上;人均 GDP 也呈不断增加之势,巴西人民的生活水平不断提高。此外,巴西也因此一跃成为拉美第一经济大国,其在世界经济格局中的地位也显著上升。分析巴西经济高速发展的原因我们可以看到:

实物资本方面。一则,农业发展加快。巴西政府为提高农业生产和发展水平,大幅度地增加了农业信贷,进一步发展多种农作物种植,鼓励

表 8-1 1964—1980 年巴西主要经济指标的发展情况

年份	实际 GDP 增速（单位：%）	人均 GDP（单位：美元）	人口同比增长率（单位：%）	外商直接投资净流入（单位：美元）	外债总额（单位：百万美元）
1964	3.40	277.23	2.95	—	—
1965	2.40	283.14	2.92	—	—
1966	6.70	345.00	2.89	—	—
1967	4.20	367.31	2.85	—	—
1968	9.80	389.81	2.82	—	—
1969	9.50	415.02	2.78	—	—
1970	10.40	457.12	2.74	391,700,000.00	—
1971	11.34	515.05	2.70	449,000,000.00	8,283.40
1972	11.94	600.63	2.65	459,900,000.00	11,463.90
1973	13.97	838.82	2.61	1,180,700,000.00	14,857.20
1974	8.15	1,074.56	2.56	1,207,900,000.00	20,032.40
1975	5.17	1,233.77	2.52	1,302,000,000.00	25,115.60
1976	10.26	1,426.98	2.47	1,555,000,000.00	32,145.10
1977	4.93	1,603.06	2.42	1,833,000,000.00	37,950.70

（续表）

年份	实际 GDP 增速（单位：%）	人均 GDP（单位：美元）	人口同比增长率（单位：%）	外商直接投资净流入（单位：美元）	外债总额（单位：百万美元）
1978	4.97	1,775.68	2.37	2,006,000,000.00	52,186.40
1979	6.76	1,924.50	2.32	2,419,000,000.00	55,802.90
1980	9.20	2,005.45	2.27	1,911,000,000.00	64,259.50

注：实际 GDP 增速和人口同比增长率数据来源于巴西国家地理与统计局；人均 GDP 和外债总额数据来源于巴西央行；外商直接投资净流入数据来源于世界银行。

出口农产品的生产,同时制定了一系列地区开发计划,使得地域辽阔、土地肥沃的优势转化为农业发展的优势,巴西这一阶段的农业生产能力持续提升。二则,公共与私人投资不断增加。巴西政府不仅提高了其公共投资率,还放宽了对私人投资和企业的信贷,在二者的共同作用下发展和扩大机械制造业、基础设施和新工业部门的建设。在进口替代工业化的发展模式下,一方面,传统机械制造业(如机床、造船、汽车、家用电器等)得到进一步发展,另一方面,建立了飞机制造、军工、原子能、航天工业等部门,制造业结构日趋合理,促进制造业和矿业的生产以及财富的持续增长。三则,外资流入持续增加。通过增加和扩大对外资的优惠政策,巴西引进外资的力度不断扩大,由表8-1可以看出,除1980年外,外商直接投资净流入逐年攀升且增幅较大,这些外资中的大部分都投入了制造业、能源、基本原料和新兴工业等部门。四则,对外贸易得到了新的发展。巴西政府不断鼓励出口,扩大向外发展,并不断调整出口结构,增加工业品在出口中的比重,使出口结构更为多样化、贸易伙伴更为多边化。

人力资本方面。其一,由表8-1可以看出,人口同比增速虽有所下降,但仍保持2%以上的增长率,且根据世界银行统计数据,15—64岁人口占总人口的比重由1964年的53.19%上升至1980年的57.98%。其二,巴西人出生时平均预期寿命已由1964年的56.12岁增加至1980年的62.63岁,人们有了更长的寿命去参与生产活动。其三,教育在这个阶段对发展的贡献持续增强。根据世界银行统计数据,公共教育支出占GDP的比重已由1970年的2.86%增加至1980年的3.48%;大、中、小学生人数的增速远高于巴西人口增速,全社会的教育水平也因此得到显著提升;巴西还派遣大量学生和科技人员去发达国家留学,这种派遣和学生的回流相辅相成,这阶段巴西获得了大量的回流人才;另外,引进的外资在教育上的投入也为发展培养了不少人才等。

科学技术方面。一方面,巴西鼓励外资企业与本国公私企业合营,积极参与国际科技活动、开展国际双边或多边的科技合作,及时掌握科技发展动态,吸取有益经验、高科技甚至尖端技术,使得这一阶段中科技进步有所加速,并作用于经济发展;另一方面,政府在这个阶段对科学研究的支持力度和重视程度前所未有,再加上将引进的大规模外资应用于开展科技研发和推动科研成果的实际应用。农业、工业的生产效率都因此而得到了提高,其他经济部门也因为科技的这种发展而受益。

制度体制方面。1964 年,巴西军人发动军事政变,推翻了古拉特的文人政府后,积极采取各项措施控制通货膨胀、创造有利于外资进入的环境和条件。[①] 如推出了一系列缩小财政赤字的政策,配合财政政策还推行了金融改革,建立了全国货币委员会和独立的央行以及相对完备的银行体系,推出"货币修正法"[②]等。这些举措为克服通胀的消极影响贡献了一定力量,指数制政策也使得通货膨胀率大幅下降并在一定时期内保持稳定,极大地促进了投资与储蓄,进而有力地推动了经济增长。另外,废除了古拉特政府规定的禁止赢利汇出的限制,简化外汇管制,使巴西出口产品在国际市场上保持竞争力,新的外汇政策还对外国投资有着相当程度的鼓励与刺激作用,进而通过大量引进外部资金包括国际短期投机资本,以弥补经济发展中的资金缺口,有效拉动经济的扩张。

但"经济奇迹"及导致这一"奇迹"的政策并没有消除有这一阶段留下的问题。高速发展是凭借着对要素推动力的强化,对阻滞力的抑制实现的。我们看到:第一,负债在高速增加。根据巴西央行统计数据,外债总额以较高速度增加。第二,外资依赖越加严重。外国直接投资对巴西经济的影响力显著扩大。第三,军政府并没有根本上改善和解决巴西的高通胀问题。因此,当要素的推动力终于被阻滞力超越的时候,前述的三大问题就毫不留情地把巴西经济拉入了"经济迷失阶段"。

三、 经济迷失阶段(1981—1994 年)

20 世纪 80 年代初,巴西经济高速发展所带来的一系列问题集聚爆发,"经济奇迹"戛然而止,进入了大幅波动且整体疲软的经济迷失阶段。图 8-2 绘制了 1981—1994 年巴西的实际 GDP 增速、CPI 同比增速以及

---

① 陈江生,郭四军. 拉美化陷阱:巴西的经济改革及其启示. 中共石家庄市委党校学报,2005(07):40—43.

② 货币修正法是一种指数制,即在通货膨胀率不断上涨的情况下,根据一定的指数对几乎所有的金融债券实行货币修正的调节方法,补偿企业和个人由于货币贬值而遭受的损失,这种方法在很大程度上克服了通货膨胀对经济所带来的消极影响。

外商直接投资净流入增速,可以发现在这一阶段:年均实际 GDP 增速还不足 2%,经济增长率处于较低水平且波动幅度非常大,其中,有 5 年的实际 GDP 增速为负值;通货膨胀率处于相当高的水平,各个年份的 CPI 同比增速均大于 100%,甚至有四个年份超过 1000%。

图 8-2　1981—1994 年巴西实际 GDP 增速、CPI 同比增速和外商
直接投资净流入增速

注:实际 GDP 增速数据来源于巴西国家地理与统计局;CPI 同比增速和外商
直接投资净流入数据来源于世界银行。

　　巴西经济在这一阶段呈现上述特征的原因主要体现在以下几个方面:

　　第一,实物资本的积累能力显著减弱。首先,为保证经济高速增长,巴西借入大量资本,根据巴西央行统计数据,1994 年的外债总额比 1981 年翻了一番。在第二次石油危机爆发后,国际信贷市场利率大幅上调,急速攀升的利率大大加重了巴西还本付息的压力,致使巴西深陷债务危机。高昂的负债使得巴西用于生产的投资大幅减少。其次,巴西对外资的吸引能力也在这一阶段大幅减弱,外商直接投资净流入有了明显减少,根据图 8-2 可以看出,在部分年份,外商直接投资净流入增速为负值。由于巴西的经济发展严重依赖外资,外资的减少必然会降低制造业、能源、基本原料和新兴工业等部门的资金流入,经济增长的资金缺口无法弥补。再次,作为一个依靠石油进口的国家,巴西不仅没有发展低能耗、低成本

的交通运输方式,反而还大力发展汽车产业。石油危机导致的石油价格攀升给巴西带来了长久的压力。最后,国内外环境的不稳定性削弱了其进口与出口的能力。

第二,人力资本的积累速度明显放缓。尽管人口数量、15—64岁人口占总人口的比重、出生时平均预期寿命等均呈上升之势,但巴西人力资本的积累并未出现显著上升。主要原因在于:由于巴西经济全面滑坡,用于教育的经费也被大幅削减,教育质量明显下降,不利于全社会教育水平与人口素质的提升;巴西注重高等教育而忽视基础教育的政策,让贫民无法获得良好的教育,叠加各个州的教育质量参差不齐,进而导致整个社会教育质量的提高受到阻碍;由于引进的外资大规模减少,用于增加教育投资、人才培养的资金严重不足;巴西国内的不确定性增多也降低了海外高层次科技与管理人才的流入意愿。

第三,科技进步对经济增长的拉动作用减弱。一则,鉴于巴西的经济迷失,外资企业与本国公私企业合营的意愿显著降低,其他国家或地区与巴西展开科技合作的意愿也有所减弱,不利于引进和吸收国外的先进技术;二则,巴西经济的全面滑坡使其用于科研的经费大幅削减,对科学研究的支持力度与重视程度有所减小,从而减缓了巴西科技的进步速度;三则,由于吸引外资的能力大幅下降,用于开展科技研发的资金不充足,难以通过提高生产效率来推动整个经济社会的发展与进步。

第四,巴西经济发展模式亟待改革。巴西"经济奇迹"的中断和经济增长不稳定的根源主要在于巴西的经济发展模式已经不足以维系经济的健康稳定增长。其一,随着上一阶段外资政策的改革,大量外国资本涌入巴西,导致国民经济进一步控制在外国资本手中,过度依靠外资的经济发展是不具有稳定性和可持续性的;其二,由于政府放宽借贷条件和实行资金来源多边化,巴西的外债不断增加,超需求与缺乏偿还能力的借债使得巴西的债台越筑越高,形成恶性循环,且在这一发展模式下,巴西应对债务危机的能力明显不足,进一步加剧了经济增长的波动性;其三,尽管固化的通货膨胀机制在短期内起到稳定通货膨胀的作用,但从长期来看,高通胀问题不仅没有被妥善解决,还进一步演化为恶性通货膨胀,难以维持经济的健康稳定增长;其四,随着进口替代工业化程度的深化,市场规模狭小、技术进步缓慢和资本积累水平较低等问题逐渐显现,进口替代工业化的发展模式不再适合巴西的经济发展。

综上所述,在经济迷失时期,巴西经济增速明显下降且极不具有稳定性,并且过度依赖外资、外债负担过于沉重、通货膨胀率极高、进口替代工业化发展模式不适宜、地区发展不平衡、贫富差距悬殊、产业结构畸形化等问题愈演愈烈。

四、经济重新调整阶段（1995—2013 年）①

从 20 世纪 90 年代开始,巴西在 IMF 等援助方的建议下接受了新自由主义经济思想,整体经济进入了重新调整阶段,经济增长率逐步回温,通货膨胀率显著下降,如图 8-3 所示。

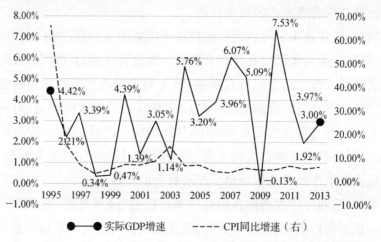

图 8-3　1995—2013 年巴西实际 GDP 增速与 CPI 同比增速
注：实际 GDP 增速数据来源于巴西国家地理与统计局;CPI 同比增速数据来源于世界银行。

由图 8-3 可知,1995—2013 年的年均实际 GDP 增速为 3.22%,远高于上一阶段的年均经济增长率,但经济增速仍有较大波动。受全球金融危机爆发的负面影响,2009 年的实际 GDP 增速为 -0.13%,但在次年

---

① 之所以选取 1995—2013 年进行分析,主要是由于自 2014 年起,巴西经济又开始陷入低迷状态,因而我们将在下一节巴西经济的发展现状中分析 2014 年及之后的情形,在巴西的经济发展历程中仅选取 1995—2013 年来分析经济重新调整阶段的情况。

便有所好转,2010 年的实际 GDP 增速高达 7.53%。1995—2013 年的年均 CPI 同比增速为 9.94%,远低于上一阶段的通货膨胀水平。整体而言,在这一阶段,不论是实际 GDP 增速还是 CPI 同比增速均表明,巴西经济开始向好发展。此外,巴西不仅是拉美地区当之无愧的第一大经济体[①],其经济总量在世界中的份额也有所上升,即由 1995 年的 2.47% 上升至 2013 年的 3.2%,并在世界各国经济总量的排名中位居第 7 位。在重新调整阶段,巴西经济取得如此成绩的原因如下:

一则,物质力量显著增强。就农业发展而言,农业生产工具与生产技术得到较大改善,根据全国汽车制造商协会统计数据,2013 年的农业机械生产较 2002 年翻了近一番,有助于促进农业的生产与发展;根据世界银行统计数据,2013 年的粮食产量较 1995 年翻了近一番,不仅提高了农业领域的实物资本积累能力,还为工业及其他经济部门的发展奠定了基础。就工业发展而言,巴西的工业生产能力与发展水平大幅提高,根据巴西国家地理与统计局统计数据,1995 年的平均工业生产指数(2012 年 = 100)为 69.44,到 2013 年这一数值大幅上升至 102.08。就对外贸易而言,根据巴西工贸发展部统计数据,2013 年的进出口贸易总额是 1995 年的近 5 倍,巴西的对外贸易实现巨大发展。就引进外资而言,根据世界银行统计数据,外商直接投资净流入虽有波动,但整体而言呈迅猛增加的态势,2013 年的外商直接投资净流入约是 1995 年的 14.48 倍。

二则,人力资本的积累能力有所提升。根据巴西国家地理与统计局统计数据,六大城市失业率显著降低,由 2003 年的 12.32% 下跌至 2013 年的 5.4%;人口数量的增长速度虽然放缓,但人口总量一直呈上升状态,且根据世界银行统计数据,15—64 岁人口占总人口的比重由 1995 年的 62.49% 上升至 2013 年的 69.18%;巴西人的出生时平均预期寿命由 1995 年的 68.32 岁增加至 2013 年的 74.48 岁,人力资本的损耗进一步减少。巴西政府针对教育经费不足、教育基础薄弱、教育质量下降等突出问题,采取了一系列推动教育发展、改革教育体制的措施,如在立法上进一步强调教育的重要性,并确定政府对教育投资的重点是初等和中等教育;

---

① 苏振兴.拉丁美洲的经济发展.北京:经济管理出版社,2000.

加大教育经费投入,根据世界银行统计数据,公共教育支出占 GDP 的比重由 1995 年的 4.57％增加至 2013 年的 5.84％;加强基础教育,提高全民素质,根据世界银行统计数据,2013 年,15 岁及以上成人识字率已经超过 90％;高等教育改革,扩大高等院校的自主权等的实施,带来了高校培养高水平人才的能力的较大幅度提升。此外,2011 年,巴西正式启动了"科学无国界"项目,鼓励优秀人才到海外学习进修,加强国际学生交流,培养优秀科技人才。

三则,科技进步速度明显加快。首先是自身研发能力显著增强,国家对科技研发的支持力度和重视程度有所增加,根据世界银行统计数据,研发支出占 GDP 的比重由 1996 年的 0.73％增加至 2013 年的 1.2％;巴西的论文发表数量逐年攀升,已经成为拉丁美洲第一论文产出大国,国内发明专利的申请数量也逐年提升;建设了国家级大型科研基础设施,促进了科技研究院所去中心化,进而使得其自身的研发能力得到一定提升。再是积极参与国际科技合作,巴西经济的向好发展,鼓励了外资企业与本国公私企业合营,这些合作从外部带入了许多先进的科技和管理经验。与其他国家或地区展开科技合作的意愿与能力也显著上升,如中巴科技合作已从一般性技术考察逐渐转向合作研究、联合开发和合作经营,科技合作领域也日益广泛,除了航天、农牧业等传统领域的合作外,还积极拓展可再生能源、纳米技术、航空、信息技术、水电、交通、通信、地质、医学医药、生物技术等领域的合作,进一步加快了科技水平的提升速度。

四则,经济改革有所成效。为了摆脱危机,巴西开始了以新自由主义为核心内容的经济改革进程,主要改革措施包括:巴西政府制定了多个有关农业现代化的"新巴西计划",同时辅以"工业产品质量计划"及"农产品质量计划";改革长期以来实行的进口替代战略,全面开放经济和实行自由化,积极吸引外资和引进技术;采用循序渐进的方式对国有企业进行私有化改革;出台雷亚尔计划,实行雷亚尔对美元的盯住汇率制度;改革公共预算,精简机构,减少政府支出;等等。上述经济改革措施既使市场机制显著增强,一批私人企业在市场竞争中成长起来,也使得巴西摆脱了严重通货膨胀的困扰,产品的国际竞争力持续增强,进而使得巴西经济开始向好发展。

在经济重新调整阶段,巴西的经济增速明显上升,但经济增长的稳定性依然不够,长期困扰巴西经济发展的三个大问题依然存在:第一,对出口和外部投资的过度依赖。巴西的出口经济是以农作物和矿产品等大宗商品为主的,出口经济结构十分单一,且在工业没有充分发展的情况下"盲目"地去工业化,制造业竞争力较弱。第二,贫富差距非常严重。根据世界银行统计数据,2013 年,20％最低收入人口收入占总收入的份额仅为 3.5％。第三,财政赤字和债务问题依然严重。这在一定程度上拖累了巴西的基础设施建设和经济的健康稳定增长。

第二节　巴西经济的发展现状

现阶段,巴西已经是世界十大经济体之一,其在国际经济格局中拥有着举足轻重的地位,因而巴西经济的发展状况不仅对世界整体的经济发展产生重要影响,也会对未来一段时期内世界经济格局的演变起到重要作用。接下来,我们将以 2014 年至今的巴西经济发展状况为研究对象,进而对巴西经济的发展现状进行整体把握和理解。

一、现阶段的巴西经济发展

我们制作了包含巴西在 2014—2020 年的实际 GDP 增速、CPI 同比增速及经济总量在世界经济中的份额的表 8-2。从表中可以明显看出,2014—2016 年,巴西经济出现了较大衰退,且这一衰退程度远超全球金融危机时期,其经济总量在世界经济中的份额也随之下降。而且这几年的通货膨胀率也处于较高水平。2017—2019 年,巴西经济有小幅回升之势,CPI 同比增速也相对下降,但其经济总量在世界经济中的份额仍在不断下降;2020 年,与新冠疫情冲击相对应,巴西经济出现了相当大程度的衰退,幅度大于世界平均水平,由此导致其经济总量在世界经济中的份额继续下降。

表 8-2　2014—2020 年巴西的实际 GDP 增速、CPI 同比增速及
　　　　　在世界经济中的份额

	实际 GDP 增速	CPI 同比增速	在世界经济中份额
2014	0.5%	6.33	3.11%
2015	-3.5%	9.03	2.4%
2016	-3.3%	8.74	2.36%
2017	1.3%	3.45	2.55%
2018	1.8%	3.66	2.24%
2019	1.4%	3.73	2.15%
2020	-4.1%	3.21	1.69%

注：巴西实际 GDP 增速和经济总量在世界经济中的份额数据来源于 IMF；CPI 同比增速数据来源于世界银行。

2014—2016 年,巴西经济呈现全面下滑之势,究其原因,主要体现在以下几个方面:就实物资本而言,农业生产受阻,根据世界银行统计数据,2016 年的粮食产量较 2013 年下降了 13.36%;工业发展变缓,根据巴西国家地理与统计局统计数据,2014—2016 年的平均工业生产指数(2012 年=100)逐年下降,分别为 98.99、90.83 和 85;投资消费比例失衡,过低的投资率导致巴西在基础建设方面缺乏资金,而且外国直接投资也大幅减少;全球经济低迷、大宗商品价格下跌导致对外贸易发展受阻,根据巴西工贸发展部统计数据,2014—2016 年的进出口贸易总额连年下降,降幅约 30%。就人力资本而言,根据世界银行统计数据,劳动参与率和就业人口占 15 岁及以上总人口的比重分别由 2013 年的 64.17% 和 59.7% 下降至 2016 年的 63.79% 和 56.39%;国家贫困线以下人口占总人口比重由 2014 年的 7.4% 猛增至 2016 年的 25.7%;国内外投资的减少导致巴西在教育资金投入方面缺乏资金支持,教育水平与教育质量的提升持续停滞;国内环境的不确定性增多降低了留学生及科研人员的归国意愿,对国外优秀人才的吸引能力也有所下降;根据世界经济论坛发布的《2016 年人力资本报告》,巴西人力资本指数的世界排名为第 83 位,与中国及发达经济体相比,处于较低水平。就科学技术而言,尽管巴西在航空、国防与公共安全、纳米技术等领域有了一定的创新发展,并积极

制定创新政策,引导创新政策和产业体系的有机结合,但科技进步对经济增长的拉动作用不足,难以保证经济的总体运行在 2014—2016 年止跌回稳。

2017—2019 年,巴西经济有所好转,但增速依然很低,我们可以从以下几个角度进行解释:从实物资本角度来看,根据巴西国家地理与统计局统计数据,2017—2019 年的平均工业生产指数分别为 87.13、87.98、87.02,较 2016 年而言有所增加;2017—2019 年的进出口贸易总额亦较 2014—2016 年有所增长。就人力资本角度来看,根据世界银行统计数据,劳动参与率和就业人口占 15 岁及以上总人口的比重分别由 2017 年的 64.06%和 55.84%上升至 2019 年的 64.46%和 56.76%;教育水平和质量有所提高,15 岁及以上成人识字率超过 93%,整体的国民素质有一定上升;根据世界经济论坛发布的《2017 年人力资本报告》,巴西人力资本指数的世界排名上升至第 77 位。从科技水平提高角度来看,信息业发展迅速,根据世界银行统计数据,每百人中的宽带用户由 2017 年的 13.91 人上升至 2019 年的 15.6 人,互联网用户占总人口的比重也在 2018 年超过 70%;技术创新合作有所增加。在巴西政府实施的国家科技创新体制改革的推动下,本国企业、高等院校、科研机构间的技术创新合作得到加强,推动了科学技术的进步。

2020 年,新冠肺炎疫情蔓延全球,各国经济蒙受巨大损失,巴西也不例外,根据 IMF 统计数据,实际 GDP 增速暴跌至﹣4.1%,这一降幅远超全球金融危机和 2015—2016 年巴西经济衰退时期。我们看到:一方面,此次疫情导致的停工停产使得各行各业的生产面临困境,平均工业生产指数进一步下降至 83.14;此次疫情还导致世界各国纷纷"闭关锁国",进出口贸易总额较 2019 年下降了近 10%;外国直接投资也随之减少。另一方面,疫情使得感染率与死亡率持续上升(巴西累积确诊人数已超过 2000 万人次,累计死亡人数达到超过 50 万人次);劳动参与率和就业人口占 15 岁及以上总人口的比重分别下降至 59.24%和 51.14%;教育与培训也因此次疫情而受到严重冲击,世界各国的人才流动受限。整个巴西经济发展陷入严重困难之中。

二、 现阶段巴西经济发展的优势和劣势分析

（一）巴西经济发展的内部优势

第一，拥有地理位置优势。作为南美洲最大的国家，巴西没有沙漠和冰原，不仅相较之下更适宜人类居住，还为各类经济活动的开展提供了广袤的土地；巴西大部分地区都处于热带地区，降水充沛、光照充足，有利于农业发展；拥有世界上最大的森林，即亚马逊热带森林，这对于巴西乃至全世界的气候都有着很大的影响；巴西地处北美洲和南美洲之间，东靠大西洋，西靠太平洋，其漫长的海岸线也使交通运输较为便利，从而有助于对外贸易的发展。

第二，拥有极为丰富的自然资源。巴西的矿产、森林、土地和水资源丰富，铌、锰、钛、铝矾土、铅、锡、铁、铀等 29 种矿物储量位居世界前列，铌矿产量占世界总产量的 90% 以上，铁矿产量居世界第二位，石油探明储量为南美地区第二位，从而为工业发展奠定了资源基础，对此类产品的出口也有着较大的促进作用；森林覆盖率达 62%，木材储量较高，有利于相关产品的生产和出口；耕地及水力资源丰富，有助于农业的生产和发展。

第三，拥有丰富的劳动力资源。一方面，虽然人口增长率有所下降，但人口总量逐年攀升，且根据世界银行统计数据，本世纪以来巴西 15—64 岁人口占总人口的比重不断上升，并在 2019 年达到近 70%；另一方面，由于巴西的自然环境适宜人类居住，其出生时平均预期寿命也不断提高，2019 年已经达到 75.67 岁，远高于俄罗斯、印度等国家或地区的同期水平。两相合力，为巴西的经济发展提供了充足的劳动力基础。

（二）巴西经济发展的内部劣势

第一，经济结构不合理。巴西虽然已经形成了较为完善的工业体系，然而由于其丰富的自然资源和第三产业的快速发展，巴西在其制造业并没有发展完善之时过早进行了"去产业化"，制造业的全球竞争力较弱；由于巴西的自然环境适宜农业生产且自然资源极为丰富，对外出口主要是以农作物和矿产品等大宗商品为主的，出口经济结构十分单一，因而对外贸易发展更容易受到全球大宗商品价格波动的影响。

第二，经济发展不平衡。一方面，贫富差距非常严重，根据世界银行统计数据，20%最低收入人口收入占总收入的份额仅为3%左右，国家贫困线以下人口占总人口的比重较高，严重阻碍了巴西整体的经济发展与社会进步；另一方面，巴西人口与主要经济活动集中于沿海地区尤其是东南沿海地区，因而东南部和南部地区最为发达，中西部地区次之，北部和东北部地区最不发达，不利于全国经济的一体化发展。

第三，债务负担过于沉重。财政赤字问题较为严重，导致巴西在基础设施建设等方面缺乏资金支持，在公路、铁路、机场和港口建设等交通设施方面水平较差，缺乏国际竞争力，基础设施建设的落后极大地拖累了巴西的经济增长；债务问题也较为严重，根据巴西央行统计数据，外债总额逐年攀升，中央政府债务占GDP的比重也处于较高水平，且新冠肺炎疫情的暴发进一步恶化了巴西的财政赤字与债务问题。

（三）巴西经济发展的外部机会

第一，新一轮科技革命和产业变革加速巴西产业结构转型升级。在新一轮科技革命和产业变革蓄势待发的大背景下，巴西强调科技与创新作为国家发展核心的重要性，整合各部门力量，实施"国家科技创新战略"，通过对航空航天、水资源、农牧业、数字经济和数字社会、能源、可持续发展、生物多样性、气候变化等重点领域实施重大科技计划，以优先发展项目带动整体科技进步，助推巴西夺取新一轮科技革命和产业变革的先机，以此来带动其经济发展。

第二，巴西分享其他新兴市场与发展中经济体的经济发展红利。随着新兴市场和发展中经济体特别是中国的崛起，他们越来越成为拉动世界经济增长的主要动力，巴西积极分享其他新兴市场与发展中经济体的发展红利。例如，"一带一路"倡议与拉美发展战略对接为中巴经贸合作开启了重大机遇，进而使其合作水平有了质的提升并建立了长效机制；巴西加入亚洲基础设施投资银行，进一步促进了巴西与其他成员国在基础设施建设、金融、经贸等领域的务实合作。

第三，巴西在国际经济格局中的话语权提升。就巴西自身而言，根据IMF统计数据，尽管巴西经济总量在世界中的份额有所下滑，但巴西仍是世界十大经济体之一,由此带来了在处理国际经济事务中的话语权;就包含巴西在内的新兴市场与发展中经济体组织而言,以它们为主导的国际治理平台的影响力也正在不断提升,如金砖五国在全球治理中的地位和作用日益凸显,影响力显著增强。

(四)巴西经济发展的外部威胁

第一,新冠肺炎疫情的持续蔓延使得巴西经济复苏变得更为困难。就国内而言,巴西疫情的防控力度与效果都很差,已经有超过 2000 万的累计确诊人数,以及超过 50 万的累计死亡人数,这给巴西的经济复苏带来了较大的不确定性;就国外而言,此次疫情导致全球经济出现大规模衰退,随之而来的是国家或地区间的贸易往来、人才交流等的减少,难以为巴西营造一个有利于经济复苏与发展的外部环境。

第二,外国直接投资的减少将阻碍巴西经济复苏。巴西经济发展至今在较大程度上是依赖外国对本国的直接投资,外国直接投资的减少将进一步减少用于基础设施建设、工业生产、教育、科学研究等领域的投资,过低的投资率导致巴西在经济活动各个方面缺乏资金支持,进而对巴西经济造成较大的不利冲击。

第三,国际大宗商品价格变化将造成巴西经济大幅波动。巴西的经济发展与大宗商品的生产和出口息息相关,由需求低迷、供给过剩、美元走强等多因素叠加而导致国际大宗商品价格大幅下降时,巴西原有的经济支柱面临挑战,通过大宗商品出口对经济发展的拉动效应消失,反而还会对其经济发展起到一定的抑制作用。

第三节　巴西经济的发展前瞻

一、 巴西经济短期发展前瞻

自 2014—2016 年的较大衰退后,巴西经济一直处于低迷状态,新冠肺炎疫情的暴发更是给巴西经济带来了巨大的负面冲击,且这一负面冲击在短期内不会迅速消失,因此,短期内生产要素的发展也会受到一定制约。首先,物质力量增强的速度较为缓慢。尽管随着企业开始"复工复产"、外国直接投资明显回升,实物资本的积累能力有了一定的恢复性发展,但由于新冠肺炎疫情对各类经济活动的不利影响仍将继续存在,且经济结构在短期内不会出现明显的转型升级,实物资本的积累速度肯定会比较缓慢。其次,人力资本的积累能力不会得到迅速提升。虽然巴西拥有着丰富的劳动力数量和低廉的劳动力成本,能够为人力资本数量的增加奠定基础,但此次疫情带来的失业、劳动力健康危机以及全球人才流动受限等仍将威胁人力资本的积累,且教育质量在短期内也不会出现较大程度的改善,使得人力资本质量的提升速度放缓。再次,科学技术会有比既往稍快一些的进步。为了应对此次疫情的负面冲击,巴西不断提高自身的研发能力,加强与其他国家或地区的科技合作,但在短期内形成一个足以支撑起巴西繁荣发展的新的经济增长点还是非常困难的。最后,经济制度在短期内不会发生根本性变革。巴西是一个资本主义国家,资本主义经济制度本身存在着日益被激化的内在矛盾,而形成这一矛盾的经济制度在短期内无法改善甚至改革,这就需要通过不断向下调整增长速度去缓和,这也会影响巴西经济的发展。

综合各因素,在较短的未来,巴西将在艰难中复苏。就经济总量而言,巴西经济约在3—4年后才能恢复至疫情暴发前的发展水平,这为国际货币基金组织所佐证,IMF预计,2021—2025年的巴西经济总量(现价美元)分别为1.49万亿美元、1.64万亿美元、1.77万亿美元、1.92万亿美元、2.05万亿美元,而2019年则为1.88万亿美元。就经济增长率而言,巴西的经济增速不会高于过去20年的平均水平,这也为国际货币基金组织的预测所佐证,IMF预计,2021—2025年巴西实际GDP增速分别为3.7%、2.6%、2.1%、2%、2%,且整体上不及拉美地区的平均水平(预计2021—2025年拉丁美洲和加勒比海的实际GDP增速分别为4.6%、3.1%、2.7%、2.4%、2.4%)。就经济实力对比而言,虽然巴西在可预见的短期内仍是拉美地区当之无愧的第一大经济体,但其经济总量在世界经济中的份额却并未恢复至疫情暴发前的水平,根据IMF预计,2025年,巴西经济在世界经济中的份额仅为1.76%,远低于2019年2.15%的份额。结合巴西的疫情防控力度与效果、经济结构的不合理性、经济发展的不平衡性、债务负担的加重、国际大宗商品价格及外国直接投资的不确定性等综合判断，我们认为，巴西经济在未来3—5年的状况可能还会比这略差，难以实现健康稳定的经济增长。

二、 巴西经济中长期发展前瞻

同前面各章一样，我们对巴西经济中长期发展的预判也分为三种情况：

情况Ⅰ（乐观情况）：若巴西能够充分利用其内部优势与外部机会，改进内部劣势、防范外部威胁，那么在中长期内：随着全球经济与贸易的复苏，将给巴西带来更强的发展对外贸易与吸引外部投资的能力，以及比较顺利的经济结构转型升级和全国经济的一体化发展。内外两方面作用的结果，将使巴西实物资本的积累速度全面加快，由此带来较快的经济增长。随着新冠肺炎疫情影响的消失，因疫情带来的失业、劳动力健康危机以及人才流动受限等问题也将逐渐得到解决；再加上教育水平和教育质量的显著提升，人力资本的积累能力也会全面加强。通过提高自身研发能力，并与其他国家或地区加强在科技领域的交流合作，如果能成为引领新一轮科技革命和产业变革的经济体之一，科技发展的速度也将大幅度加快。如果还能从优秀的发展道路与经济制度中借鉴经验，不断完善自身的经济发展道路，将使巴西经济社会持续发展的能力得到空前提高。在情况Ⅰ的假设中，各类生产要素的发展将促使巴西经济在中长期内摆脱"陷阱"，向高速、稳定发展迈进，并跃迁到高收入国家的行列。

情况Ⅱ（中间情况）：若巴西在一定程度上利用其内部优势与外部机会，并比较妥善地处理内部劣势与外部威胁，那么在中长期内：经济结构的转型升级和全国经济的一体化发展将出现有推进但不是很成功的现象，外部世界的变化和本国的各类经济活动也未能如情况Ⅰ中的那样带来实物资本积累能力较大幅度的提高；教育水平与教育质量的提升不及情况Ⅰ，丰富的劳动力基础也没有得到充分利用，从而使得人力资本积累能力的提升也不及情况Ⅰ；由于未能充分利用内部优势与外部机会，巴西虽然也参与了新一轮科技革命和产业变革，但其引领能力和科技进步速度较情况Ⅰ相去甚远;资本主义经济制度的弊端将进一步显现,在一定程度上减缓了巴西的经济发展速度。在情况Ⅱ中,各生产要素的发展将导致巴西在未来15—20年甚至更长时期,经济发展虽然打破了在"奇迹"和"陷阱"之间循环的周期律,但经济发展总体仍比较缓慢,难以迅速向高收入国家跃升并摆脱发展中经济体的地位。

情况Ⅲ(悲观情况):若巴西未将其内部优势与外部机会有效利用,内部劣势与外部威胁也未能妥善处理,那么即使是在中长期内,经济结构的调整和经济一体化的发展也会很不成功。出现:实物资本的积累能力较弱;丰富的劳动力基础未得到有效利用,反而成为经济社会持续健康发展的累赘,人力资本的积累能力提升得十分缓慢;在新一轮科技革命和产业变革中处于相对落后的地位;资本主义日益凸显的基本矛盾不断增大着经济危机的可能性;等问题。在情况Ⅲ中,各生产要素的发展将导致巴西在未来15—20年甚至更长时期,不仅"奇迹"不再出现,而且经济陷入增长停滞甚至衰退将成为常态。

第九章

拉美地区的经济发展

某种意义上,现代拉美的发展可以说是从二战后开始的。本章也主要讨论二战后拉美地区整体和除巴西外的五个主要国家的经济发展历程,对拉美的经济发展做出解释,并分析现状,前瞻未来。

第一节　拉美地区整体的经济发展

拉丁美洲是一个政治地理概念,通常是指美国以南以衍生于拉丁语的罗曼语族语言作为官方语言或者主要语言的美洲地区,包括墨西哥、中美洲、西印度群岛和南美洲。

19世纪上半叶,拉美独立战争取得胜利后,整个拉丁美洲成功摆脱西班牙、葡萄牙等国的殖民统治,先后建立起十多个主权国家。独立之初,拉美各国的精英阶层主张走美国化和欧洲化之路,但由于军人独裁政治在各国的盛行,整个拉美政局动荡,拉美国家追求的美国梦和欧洲梦相继破碎。直至19世纪70年代,拉美国家才实现初步稳定,开始更多关注经济发展,但工农业的发展因原有的大地产制、大庄园制的继续存在和扩展受到很多限制,形成了以初级产品为主的出口导向模式。20世纪30年代,在出口导向发展模式受到世界经济危机的严重冲击后,拉美主要国家开始有意识地推动民族工业的发展,用国产工业品来代替必须依赖进口的外国产品,形成了进口替代工业化的经济发展模式。① 二战后,欧美

---

① 苏振兴.拉丁美洲的经济发展.北京:经济管理出版社,2000.

等国忙于欧洲经济的重建,导致拉美国家出现了严重的资金短缺困难。为此,拉美国家开始转变发展思路,试图摆脱对外依赖,并从 20 世纪 50 年代起开始了自身发展的新阶段。

一、　拉美地区经济发展的历史回顾

自 20 世纪 50 年代以来,整个拉美地区以工业化为主的经济发展大体上可分为两个阶段:二战后 30 多年的经济较高速增长阶段和 80 年代拉美债务危机后 30 多年的经济增速放缓阶段。如图 9 - 1,可以看出,1981 年是一个明显的分界点。在这之前,1951—1980 年拉美经济以较高的速度增长,年均实际 GDP 增速为 5. 53%,其中有 16 个年份经济增长率超过 6%,5 个年份超过 7%,甚至在 1973 年经济增速一度高达 8. 59%。但在 1981 年,拉美经济迅速从 1980 年的 6. 06% 下降到 0. 38%,此后拉美经济受债务危机影响,不仅增速变缓,而且波动幅度加大,其中有 3 个年份,1982 年、1983 年和 2009 年,拉美经济出现了负增长,12 个年份经济增长率低于 2%,虽然也有 5 个年份经济增长率超过了 5%,但拉美经济并没能在这一水平上持续发展,1981—2013 年拉美经济年均实际 GDP 增速仅为 2. 67%。

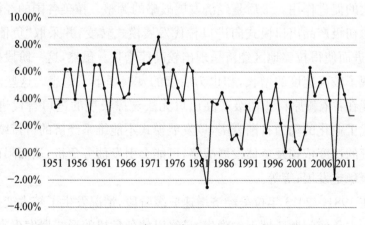

图 9 - 1　1951—2013 年拉丁美洲和加勒比海实际 GDP 增速

注:1951—1960 年的数据来源于《世界经济千年史》[1];1961—2013 年的数据来源于世界银行。

---

[1] 〔英〕安格斯·麦迪森. 世界经济千年史. 伍晓鹰等译. 北京:北京大学出版社,2003.

1951—1980 年的拉美经济之所以能够处于较高速增长阶段,主要源于四个方面的因素状况都比较支持经济的增长。首先是实物资本因工业化的发展不断扩张。拉美各国工业化的起步时间不同,形成了一种波浪式的发展趋势,这一趋势促使拉美工业化进入了一个高潮发展期,从而有利于拉美整体的物质力量增强;20 世纪 70 年代,拉美国家普遍实行的"负债增长"战略,即通过借债投资来推动工业增长,为推动工业化发展和物质力量增强奠定了充足的资金基础;进口替代发展模式极大地刺激了拉美各国的工业生产,其中部分国家还进入了新兴工业国的行列,进一步提升了实物资本的扩张能力[①]。其次是人力资本存量显著提升。根据世界银行统计数据,1960—1980 年拉丁美洲和加勒比海的人口增长率均在2%以上,15—64 岁人口占总人口的比重由 1960 年的 53.94%上升至1980 年的 56.14%,这为拉美地区的人力资本积累提供了丰富的劳动力基础;拉美国家对人才开发尤其是培养高级科技人才愈发重视,并逐渐建立起了较完善的劳动保护、社会保障和救助体系,进一步提高了人力资本的扩张能力。再次是重视科学技术的发展。拉美地区用于发展科学技术的财政支出逐年增多,科学研究体制日臻完善,各类科研机构也相继问世,同时还加大了国外科技的引进力度,从而对科学研究和科学实验起到了巨大的促进作用。最后是经济发展战略的调整。拉美各国的经济发展模式由初级产品出口模式向进口替代发展模式转变,并采取"负债增长"战略,进而使得拉美地区经济呈现出较高速增长。虽然,这一阶段拉美经济实现了较高速度的增长,却也为后续的发展埋下了隐患。这些隐患主要表现在:依赖原料和初级产品出口无法支撑长期的进口替代进程,进口替代工业化的动力日渐衰竭,该发展模式不能维系经济的可持续增长;对外资的过度依赖及负债发展战略,可能会引发债务危机,从而阻碍经济的健康稳定发展;等等。

在 1981—2013 年拉美经济增速放缓阶段,情况发生了较大变化。上一阶段中负债问题所埋下的隐患,最终以债务危机的形式爆发出来,导致80 年代大多数拉美国家经历了严重的经济衰退。受债务危机笼罩的拉

---

① 苏振兴.拉美国家现代化进程研究.北京:社会科学文献出版社,2006.

丁美洲,用于经济活动的投资大幅减少,限制了其生产能力的提升、就业的扩大、教育质量的提高、新技术的吸收等,叠加通货膨胀的迅猛上升和进口替代发展模式的动力不足,导致其实物资本、人力资本和科技资本的积累严重受阻,拉美经济陷入衰退。为了走出困境,20 世纪 90 年代以来,拉美国家相继进行了新自由主义改革,主要包含改革进口替代发展模式、财政制度、产业结构、能源结构、金融体制等。经济调整与改革对物质力量增强、人力资本积累和科技水平提高有着一定的促进作用,从而使得拉美经济有所恢复,但其增长速度较上一阶段而言趋于缓慢,经济总量在世界经济中的份额也不断下降[①],主要可以从以下几个方面进行解释:第一,拉美国家未能消除经济结构的固有弊端,没有摆脱产业结构单一的困扰,在国际专业化生产中处于相对落后的地位,经济结构具有脆弱性,削弱了实物资本的扩张能力。第二,人力资本扩张与科学技术进步的速度较慢,拉美地区整体的教育水平与人才质量提升缓慢,生产效率也处于较低水平,对经济增长的拉动作用减弱;危机的爆发进一步延缓了资本积累和科技进步速度。第三,经济的调整与改革没有消除体制的固有缺陷,未从根本上提升制度效能和体制效率,缺乏化解经济危机的能力;尽管经济改革后的拉美债务危机有好转趋势,但未从根本上消除该地区的债务风险,如 2001 年阿根廷陷入了新一轮债务危机,其他国家的外债偿债率也随之提高,拖累了拉美地区整体的经济发展。此外,社会两极分化日益严重,收入差距、城乡差距、贫富差距等日益增大,不利于经济社会的健康稳定发展。

二、拉美地区的经济发展现状

自 2014 年起,拉美地区经济增长几乎陷入停滞,经济增速远低于2014 年前,并成为全球经济增速最为缓慢的地区,因而我们对拉美地区的经济发展现状也是从 2014 年开始分析的。如表 9 - 1 所示,2014—2019 年拉美地区的通货膨胀水平相对温和,但却没能对同一时期的经济

[①] 根据 IMF 统计数据,拉丁美洲和加勒比海 GDP(购买力平价)占世界的比重由 1980 年的 12.19% 下降至 2013 年的 8.65%。

增长起到刺激作用,年均实际 GDP 增速仅为 0.64%,到 2020 年,受新冠肺炎疫情的影响,拉美地区实际 GDP 增长率下降到 -7.01%,经济衰退的幅度进一步加大。地区性经济衰退的同时,伴随着更加明显的"边缘化"趋势。这一时期,拉美地区的经济总量在世界经济中所占的份额也在连年下降,拉美正面临着地区性"边缘化"的风险。

表 9-1   2014—2020 年拉美实际 GDP 增速、CPI 同比增速及
在世界经济中的份额

年份	实际 GDP 增速	CPI 同比增速	在世界经济中份额
2014	1.33%	4.89%	7.57%
2015	0.38%	5.45%	7.05%
2016	-0.58%	5.50%	6.66%
2017	1.34%	6.32%	6.78%
2018	1.18%	6.58%	6.18%
2019	0.18%	7.65%	5.94%
2020	-7.01%	6.38%	5.11%

注:数据来源于 IMF。

透过 2014—2019 年拉美经济的持续低迷甚至趋于停滞的现象我们看到,这个时期的拉美地区在影响经济增长的四个方面都不是很乐观。一是实物资本方面。就内部因素而言,这一时期拉美国家的投资大幅下降,根据 IMF 统计数据,拉丁美洲和加勒比海的投资率由 2014 年的 21.44% 下降至 2019 年的 18.94%;就外部因素而言,拉美经济增长主要依赖大宗商品出口,但是近年来,全球经济持续低迷,大宗商品的价格下跌削弱了拉美国家原本从对外贸易中扩张实物资本和促进经济发展的能力。二是人力资本方面。投资的减少还降低了用于教育的资金投入,教育水平与教育质量难以提升,人力资本的扩张能力被削弱。三是科学技术方面。拉美整体的科技进步速度较慢,生产效率处于较低水平,对经济复苏及增长的拉动作用不足。四是经济制度方面。经济政策的效果有限,难以解决有效需求不足的问题;结构性改革成效低于预期,经济增长的内生动力不足;资本主义经济制度的内在矛盾不断被激化,对经济的持

续健康发展起到阻碍作用。

到 2020 年,受新冠肺炎疫情的影响,实物资本、人力资本和科技资本的扩张能力被进一步削弱,加之拉美地区绝大多数国家均为资本主义国家,难以在短时间内集中力量办大事,疫情的防控力度与效果明显不足,使得经济出现二战后最为严重的衰退。

三、 拉美地区的经济发展前瞻

从短期(未来 3—5 年)来看,拉美疫情仍将继续严峻,其对资本扩张的负面冲击在短期内不会迅速消失,经济结构的脆弱性将继续阻碍物质力量的增强;人力资本扩张与科学技术进步速度仍较为缓慢,无法形成一个足以支撑起拉美地区繁荣发展的新的经济增长点;经济体制的固有缺陷及潜在的债务风险依然存在,各国的发展道路及经济制度的改善和改革也难以实现,叠加经济发展不平衡、政治变动等,拉美地区经济将以缓慢的速度复苏。根据 IMF 预计,2021—2025 年拉丁美洲和加勒比海的实际 GDP 增速分别为 4.6%、3.1%、2.7%、2.4%、2.4%,经济增长颇为缓慢,其经济总量在世界经济中的份额也将继续下降。目前,拉美地区经济增长率处于全球底部,并且在拉美 33 国中,有 2/3 的国家经济增长率低于世界平均水平。因此,我们认为,未来 3—5 年,拉美经济复苏的过程受经济增速较慢的国家拖累,会比较艰难,实际 GDP 增速会从 2020 年的负增长回升到 2%—3%,但仍处于较低水平。

从中长期(未来 10—20 年)来看,乐观情况下,拉美国家能够充分利用其丰富的自然资源与劳动力优势,加强与其他国家或地区尤其是中国的经贸、科技合作,改进内部劣势、防范外部威胁,其资本扩张、科技进步、发展道路改善将取得相当大的进展,经济则会摆脱低迷状态,向中高速增长迈进,经济总量在世界经济中的份额也将显著提升。而悲观情况下,要素状况和制度的改进较差,对拉美经济的拉动作用很小,使得整体经济陷入持续停滞甚至衰退泥潭,再入"拉美陷阱"。中间情况则介于两者之间,拉美经济虽不会再入"陷阱",但其增长长期处于 3% 以内的低速增长区,在世界经济中的比重继续缓慢下降。

第二节　拉美部分国家的经济发展

拉美国家的经济发展历程虽有其共性,但也有各自的特殊性,由于我们已经在第八章深入分析了拉美第一大经济体——巴西的经济发展,因而接下来,将选取墨西哥、阿根廷、秘鲁、智利、委内瑞拉五个国家分别进行分析。

一、　墨西哥的经济发展

在 20 世纪之前,墨西哥由于长期被西班牙殖民统治,形成了以农业和采矿业为主的经济结构,经济发展较为缓慢。独立后,墨西哥广袤的市场吸引了外资的进入,但由于国内政治局势较为动荡,其经济发展具有很大的不确定性。20 世纪 30 年代后,墨西哥在拉萨罗·卡德纳斯的带领下进行了一系列改革,包括土地改革、没收外国垄断资本归为国有、加大基础设施建设投入、保护民族经济等,并取得了一定的经济发展成果。

在第二次世界大战期间,墨西哥由于要满足参战各同盟国对墨西哥所能提供的原料和制成品的需求,加快了工业化的步伐。战后,发达国家恢复了和平时期的生产,墨西哥制成品的国外市场便几近丧失,在这种情况下,政府发布了加工工业发展法,从而使进口替代工业化成为整个经济发展的动力。此后,墨西哥迎来了经济增长的"奇迹"。

(一) 历史回顾

如图 9-2 所示,1961—1981 年墨西哥的年均实际 GDP 增速为 6.84%,经济增长率最高达 11.91%(1964 年);但自 1982 年的债务危机后,墨西哥经济增速放缓,1982—2018 年的年均实际 GDP 增速仅为 2.23%,甚至在部分年份出现负增长,且较上一阶段而言具有更大的不稳定性。

分析影响这个时期墨西哥经济发展的因素可以看到:在实物资本方面,独立前的农业基础以及独立后政府对农业的高度重视使农业在国民经济中拥有举足轻重的地位,根据世界银行统计数据,1981 年的粮食产

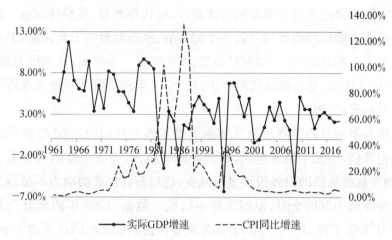

图 9 - 2　1961—2018 年墨西哥的实际 GDP 增速和 CPI 同比增速
注：数据来源于世界银行。

量比 1961 年翻了一番，为工业发展提供了条件；二战期间工业化的加速
推进也为墨西哥的工业发展奠定了基础，进口替代发展模式和政局稳定
鼓励了国内储蓄和投资的增长，投资数量在 1970 年占 GDP 的比重已经
增加至 19.5％[①]，同时墨西哥还大量地引进和利用外资，由于投资活跃，
商品和劳务的总产值也迅速增长。在人力资本方面，根据世界银行统计
数据，墨西哥人口一直以超过 2％的速度增加，15—64 岁人口占总人口的
比重由 1960 年的 50.89％增加至 1982 年的 51.79％，为经济发展提供了
丰富的劳动力基础；1981 年墨西哥人均预期寿命比 1960 年高了约 10
岁；全社会的教育水平与人口素质有所上升，15 岁及以上成人识字率也
由 1975 年的 69.57％增加至 1981 年的 85.26％。从科学技术来看，研发
投入的增加以及国外科技成果的引进力度加大，提高了农业、工业等领域
的科技水平，从而对经济发展起到拉动作用。在制度改进方面，政府通过
采取一系列政策措施，如协调公共投资、本国私人投资和外国投资三者的
关系，推行以进口替代为基础的工业化政策，积极鼓励发展商品性农业
等，起到了促进经济增长的作用。但是发展"奇迹"的背后也存在着一系

---

① 数据来源：P·L·马丁内斯，杨恩瑞. 墨西哥四十年的经济发展梗概. 拉丁美洲丛刊，1981(02)：
　　17—19.

列影响墨西哥经济进一步发展的体制性、结构性弊端,主要体现在:进口替代模式未能使墨西哥建立起一个完整的、平衡发展的工业体系,工业内部结构不平衡;国际收支状况日益恶化,赤字进一步扩大;通胀压力加剧,如图 9-2 所示,受石油危机的冲击,自 1973 年起墨西哥开始出现两位数的通货膨胀;等等。

随着墨西哥的经济政策及体制弊端不断显现,1982 年,墨西哥因无力偿付外债,引发了债务危机,通货膨胀率飙升,经济一度陷入衰退。一则,债务危机导致国内外投资显著减少,进口替代模式的动力不足,农业、工业等领域的发展受阻,根据世界银行统计数据,1989 年的粮食产量较 1982 年下降了近 10%;二则,公共教育支出占政府支出的比重由 1980 年的 20.43% 骤降到 1990 年的 8.25%,全社会的教育水平提升动力不足;三则,用于研发的投入也有所减少,对新技术的引进力度下降,难以通过科技进步拉动经济增长。为了重振经济,墨西哥进行了一场改革封闭的进口替代模式、倡导经济自由主义的经济改革。基本做法有推行贸易自由化、加快私有化步伐、放宽对外资的限制、改革财税制度等。大刀阔斧的改革,带动了墨西哥的经济复苏,然而,这一改革并未使墨西哥重回"奇迹",整体经济仍低于世界经济的平均水平,分析认为,其原因主要包括:首先,尽管经济改革有所成效,但经济危机仍然频发,应对危机的能力明显不足,如 1994—1995 年比索迅速贬值引发的金融危机、2001 年阿根廷债务危机和全球金融危机对墨西哥的波及等,极大地延缓了资本扩张和科技进步速度,从而对经济造成巨大的负面冲击;其次,尽管墨西哥的宏观经济状况有了一定改善,但高度自由的市场经济势必无法避免社会收入分配的过度不公问题,低收入阶层变得更加贫困,根据世界银行统计数据,2018 年,国家贫困线以下人口占总人口的比重超过 40%,20% 最低收入人口收入占总收入的份额仅为 5.4%,不利于经济的可持续增长;再次,经济的对外依赖性太强,美国经济状况对墨西哥经济的影响程度较高,国际油价变动也对依赖石油出口的墨西哥产生重要影响;最后,墨西哥政府进行的结构性改革力度不够,无法推动墨西哥实现所需的经济发展。

（二）现状

现阶段，墨西哥是拉丁美洲仅次于巴西的第二大经济体，但其经济增长速度却不及拉美地区的平均水平，在 2019—2020 年均呈现负增长。根据 IMF 统计数据，2019 年，墨西哥的实际 GDP 增速为 -0.1%，经济出现衰退的原因可以从以下几个方面说明：就实物资本而言，根据墨西哥统计局数据，工业生产指数较 2018 年有所下滑；受全球范围贸易战的影响，墨西哥的对外贸易发展变缓；墨西哥的经济增长较为依赖石油出口，而当年国际原油价格低迷。就人力资本而言，失业率由 2018 年的 3.33% 上升至 2019 年的 3.49%；经济衰退及不确定性增多降低了海外留学生的归国意愿，同时也减少了国外高水平人才的流入。就科学技术而言，虽然科技水平有了一定进步，但其对经济增长的拉动作用较弱。就经济制度而言，墨西哥是资本主义国家，资本主义经济制度中的固有矛盾日益凸显，不可避免地造成经济危机的发生。此外，贫富分化严重、腐败横行、政府治理能力差、毒品交易猖獗等因素也直接或间接地拖累了墨西哥经济。

2020 年，新冠肺炎疫情暴发后，墨西哥的工业生产指数和进出口贸易总额较 2019 年下降了 10% 左右，加之国际原油价格的暴跌，墨西哥的实物资本积累出现萎缩；而失业率上升至 4.44%，叠加劳动力健康危机和人才流动受阻等，削弱了人力资本的积累；科技水平对经济增长的拉动作用更加受限；资本主义国家难以在短时间内集中力量办大事，其应对疫情的能力较弱，进一步加剧了经济衰退。多相合力，使得墨西哥经济出现二战后最为严重的衰退，实际 GDP 增速为 -8.2%。

（三）前瞻

从短期来看，新冠疫情对资本扩张的负面影响在短期内不会迅速消失，科技对经济复苏的拉动作用较弱，结构性改革的力度也难以迅速增强，墨西哥经济只能缓慢复苏，预计约 3 年后才能回到疫情前的发展水平。根据 IMF 预计，2021—2025 年墨西哥的实际 GDP 增速分别为 5%、3%、2.1%、2%、2%，整体上不及拉美地区的平均水平，但仍能够保持拉美第二大经济体的地位。此外，墨西哥经济发展还存在着结构性改革力度不足、贫富差距悬殊、政治动荡、国际原油价格波动、应对危机的能力较弱等问题需要解决。

从中长期(未来 15—20 年甚至更长)来看,最好的情况是墨西哥能够充分利用其地理位置、自然资源及劳动力优势,分享其他国家尤其是新兴市场与发展中经济体的发展红利,改进经济不平等、结构单一等不足,提高防范和化解外部风险与危机的能力,改善生产要素积累水平,推动经济向高速、稳定发展迈进;最坏的情况是墨西哥没能把握其优势与机遇,克服其劣势,生产要素累积状况得不到改善,经济可能将继续低迷,被拉美地区其他国家赶超。

二、 阿根廷的经济发展

在 20 世纪 30 年代世界经济危机爆发前,阿根廷维持了将近半个世纪的经济繁荣,不仅是拉美地区工业最发达、人均收入最高的国家,还曾跻身世界十大强国之列。随着全球经济危机的爆发,阿根廷经济一落千丈,社会矛盾日益突出,给庇隆主义[①]的出现创造了"初始条件"。20 世纪 40 年代中期庇隆政府上台后,阿根廷制定和实施了一系列的经济发展措施,具体包括形成进口替代工业化发展路径、削弱和限制外国资本在国民经济中的地位与作用、加强国家对经济生活的干预等。虽然这一系列改革措施在初期取得了一定成效,但是随着时间的推移,庇隆推行的政策难以为继,并造成严重的经济衰退。自 20 世纪 60 年代起,阿根廷接连不断地发生政治和经济危机。[②]

(一)1961—2011 年的阿根廷经济发展

图 9-3 绘制了 1961—2011 年的阿根廷实际 GDP 增速和 CPI 同比增速,可以明显看出:阿根廷经济增长波动相当大,实际 GDP 增速最高超过 10%,最低则低于 -10%,极不稳定;增长速度也较为缓慢,1961—2011 年的年均实际 GDP 增速仅为 2.84%,远低于拉美整体的经济增速;

---

① 20 世纪 40 年代,阿根廷前总统胡安·多明戈·庇隆提出了"政治主权、经济独立、社会正义"的口号,被称为庇隆主义。
② 姜涵. 制度选择与钟摆式发展:新经济史视角下的阿根廷发展悖论. 北京:中国社会科学出版社,2018.

20 世纪 60 年代以来的 CPI 同比增速一直处于较高水平,在 1989—1990 年甚至出现四位数的通货膨胀,自 1994 年起才有所缓和,但其不稳定程度很高。此外,经济"心电图"模式的发展,还使得阿根廷从拉美第一大经济体跌落为第三大经济体,在世界经济格局中的地位显著下降。

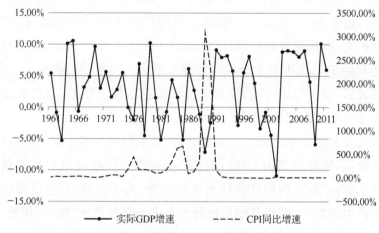

图 9 - 3　1961—2011 年阿根廷的实际 GDP 增速和 CPI 同比增速
注: 数据来源于世界银行。

阿根廷经济为什么会出现如此大幅的波动呢?

从实物资本积累方面看。得益于优异的自然禀赋,阿根廷是世界上重要的农业生产国,但阿根廷的农业却不断受到自然灾害、农业政策失当等因素的影响,如 1980 年军事独裁时期的土地所有权法修订、2008—2009 年的干旱都极大地减少了农作物产量。战后阿根廷采用了进口替代模式发展工业,在短期内取得了一定的发展,但在过度而无限期的保护下,这一发展很快转为停滞。为了解决这一问题,20 世纪 90 年代后,政府开始降低贸易壁垒以期转向开放经济,依靠开放带来的竞争推动发展。但长期的高度保护,使企业在面对外来竞争时陷入困境。根据阿根廷统计局数据,1995—2011 年的平均工业生产指数同比增速最高为 16.28%,最低为 - 10.22%。就对外贸易而言,阿根廷是世界大宗商品出口的重要国家,其经济也在一定程度上依赖大宗商品出口,故而国际大宗商品市场波动,叠加外部经济形势变化也会造成经济发展的波动。另外,为满足扩大再生产的需要,阿根廷不断大规模引进外资,带来了过度依赖外资和外债数额过大等问题,导致债务危机频频发生(如 1982 年、1989 年、2001年),增加了国民经济的脆弱性,也导致经济发展稳定性的下降。

从人力资本方面看。一则,失业率处于较高水平且波动幅度大,根据阿根廷统计局数据,2003—2011 年的平均失业率超过 10%,其中,最高达17.25%,最低为 7.18%。二则,收入分配严重不均且持续恶化,贫富差距日益扩大,根据世界银行统计数据,20%最低收入人口收入占总收入的份额还不足 5%,极不利于全社会教育水平和人民素质的提高。三则,政府更迭频繁,政治稳定性差,使得经济政策稳定性也很差,吸引和留住高水平人才的能力当然也好不了。

再次是科学技术方面。一方面,阿根廷的科研经费不足,根据世界银行统计数据,研发支出占 GDP 的比重还不足 1%,政府对科技创新的重视力度不够,不利于阿根廷科技水平的提升;另一方面,科技成果转化为实际生产力难度大,阿根廷的科技研发与市场存在严重"脱节"现象,致使科研成果难以实现其价值,不能为提高竞争力、促进经济发展作出实质性贡献。此外,阿根廷对外存在着较为严重的科技依附现象,从而导致依靠自身的力量进行研发和创新的能力较弱,使其难以依托科技进步形成一个促进经济稳定发展的增长点。

最后是经济制度方面。随着进口替代工业化模式的潜力逐渐耗尽,1989 年上台的梅内姆政府进行了以新自由主义为特征的经济改革和对外开放,包括实行固定汇率、进行财政调整、实行私有化和对外开放等。这一改革虽然在实施前期取得了一定的积极效果,使得阿根廷经济有了短暂复苏,但很快暴露出诸多问题,如本国币值升值过高、过分依赖外部资金等,为 2001—2002 年爆发波及拉美的债务危机埋下伏笔。债务危机爆发后,阿根廷政府又进行了新一轮改革,即对上一轮改革进行修正,如建立生产型经济模式、维持比索对美元的浮动汇率制等。制度的大转向也影响了阿根廷经济发展的稳定性。

(二)现状

现阶段,阿根廷是拉丁美洲仅次于巴西和墨西哥的第三大经济体,但其实际GDP增速依然非常缓慢且波动性极大,如表9－2所示。从表中可以明显看出,2012—2019年的年均经济增长率为负,远不及拉美地区的平均水平(根据IMF统计数据,2012—2019年拉美地区的年均实际GDP增速为1.2%);通货膨胀率处于较高水平,且远高于拉美地区的CPI同比增速;经济总量在拉丁美洲和加勒比海经济中的份额也在波动中呈减小趋势。

表9－2　2012—2020年阿根廷实际GDP增速、CPI同比增速及其经济总量份额

年份	实际GDP增速	CPI同比增速	在拉丁美洲和加勒比海经济中的份额
2012	－1.03%	10%	9.71%
2013	2.41%	10.6%	10.09%
2014	－2.51%	—	9.41%
2015	2.73%	—	12.17%
2016	－2.08%	—	10.98%
2017	2.82%	25.7%	11.75%
2018	－2.57%	34.3%	9.74%
2019	－2.09%	53.5%	8.56%
2020	－9.96%	42%	8.99%

注:数据来源于IMF;"—"代表统计缺失。

这个阶段阿根廷深陷经济发展困境的原因包括:第一,自2017年12月以来的严重干旱,使得阿根廷农业生产显著下降。根据世界银行统计数据,2018年的粮食产量较2017年下降了14%。工业生产并不景气,根据阿根廷统计局数据,除2015和2017年外,平均工业生产指数均为负增长,工业领域的物质力量不仅没有增强,反而还有一定减弱。对外贸易发展受阻,进出口贸易总额在波动中呈下降走势。第二,根据阿根廷统计局数据,失业率不断上升;国内发展的不确定性日益增多,降低了国外优秀科技与管理人才的流入意愿。第三,受科研经费不足、科技研发与市场"脱节"等影响,阿根廷自身的研发和创新能力较弱。第四,通货膨胀水平极高、债务负担日益增加、经济结构调整力度不足、贫富差距悬殊加剧等

问题使得经济难以实现健康稳定的增长。另外,2020 年,新冠肺炎疫情的暴发,使得各类生产要素的发展受到相当程度的制约。

(三) 前瞻

从短期看,由于阿根廷的疫情防控效果较差,给各类经济活动带来的负面冲击在短期内仍将继续存在,进而对各大生产要素的发展形成阻碍,致使阿根廷经济走出衰退泥潭较为困难,即使到 2025 年也难以恢复到 2018 年的经济总量水平。根据 IMF 预计,2021—2025 年阿根廷的实际 GDP 增速分别为 5.8%、2.5%、2.1%、1.7%、1.6%,远低于拉美地区的平均水平。虽仍将保持拉美第三大经济体的地位,但其经济总量占比继续下降,在世界经济中的份额也将显著减少。结合通货膨胀、债务负担、经济结构、贫富差距、国际因素等综合判断,阿根廷经济在短期内可能表现得比上述更差。

从中长期看,如果阿根廷能够充分利用其地理优势、自然禀赋,分享其他国家尤其是新兴市场与发展中经济体的发展红利,成功缓解通货膨胀和债务负担、调整经济结构、缩小贫富差距,增强抵御外部冲击的能力,改善各个生产要素状况,经济也会走出衰退泥潭,并有较快的增长速度;而如果不能做好上述工作,改进要素状况,则经济将一直处于低迷甚至衰退状态。

三、 秘鲁的经济发展

第二次世界大战以前,秘鲁没有明确的经济发展战略。战后,随着国内政治局势日益稳定,发展国民经济开始成为秘鲁政府的首要问题。在联合国拉美经委会的倡导下,秘鲁实施了进口替代工业化的发展战略,这一战略对发展秘鲁的国民经济、民族工业起到了较好的促进作用。

(一) 历史回顾

如图 9 - 4 所示,秘鲁 1951—1981 年的年均实际 GDP 增速为 4.88%,虽然不稳定,经济增长率最高达 10.04%(1962 年),最低为 -2.64%(1978 年),但平均增速还是比较快的。然而,1982 年债务危机的爆发打破了上一阶段的较高速增长,1982—1990 年的经济发展不仅变得更加不稳定,而且年均实际 GDP 增速为 - 1.39%,经济衰退之势明显。20 世纪 90 年代以来的经济改革使得秘鲁经济呈现强劲复苏及发展势头,其间波动虽然仍然比较大,但整体而言经济增速远高于拉美地区平均水平,1991—2013 年的年均实际 GDP 增速达到近 5%。

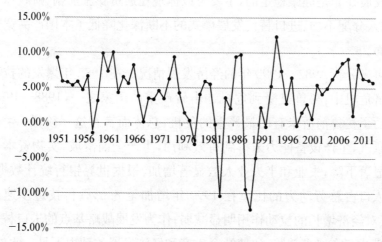

图 9 - 4　1951—2013 年秘鲁的实际 GDP 增速
注:数据来源于秘鲁统计局。

先来分析 1951—1981 年的经济发展情况。一则,秘鲁丰富的农业及矿业资源为工业的生产与发展提供了条件,叠加进口替代工业化战略的实施,促进了秘鲁资本主义工业化尤其是重工业的发展,从而有助于提升实物资本的积累能力。二则,秘鲁人口数量以每年超过 2% 的速度增加,15—64 岁人口占总人口的比重由 1963 年的 51.97% 增加至 1981 年的54.3%,出生时平均预期寿命也由 1961 年的 48.01 岁增长至 1981 年的60.8 岁,为人力资本扩张奠定了劳动力基础;全社会人口素质明显提升,15 岁及以上成人识字率由 1970 年的 62.21% 提升至 1981 年的81.92%[1]。三则,秘鲁重点发展公共部门和生产领域的技术力量,对经济发展有着一定的拉动作用。四则,秘鲁政府通过采取各项政策,如贝拉

---

① 数据来源:世界银行。

斯科军政府①的优先发展重工业和战略性工业、加强在对外贸易方面的干预等,拓展了进口替代工业化模式的广度与深度;贝拉斯科政府实行了拉美地区"最激进""最彻底"的土改之一,在很大程度上削弱了帝国主义和国内封建势力;莫拉莱斯军政府②鼓励私人投资,并放宽对外资的限制,对增加秘鲁投资、发展国民经济起到了较好的促进作用;等等。但经济的发展并非是健康稳定的,主要可以体现在通货膨胀加剧、财政赤字庞大、收入分配不均、进口替代发展模式的不断深化降低了本国产品竞争力等方面。

再来分析 1982—1990 年的经济发展情况。在 1982 年爆发的拉丁美洲经济危机中,秘鲁是受到危机冲击较严重的国家之一,1988—1989 年又经历了秘鲁前所未有的最严重的危机,总体而言在这一阶段:生产形势不景气,生产设备能力未得到有效利用,生产全面滑坡,实物资本扩张能力显著下降;失业和半失业人数显著增加,根据世界银行统计数据,总失业人口占总劳动力的比重在 1990 年增加至 8.6%;科技进步速度放缓,其对经济增长的拉动作用明显减弱;作为发展战略基点的进口替代工业化模式存在诸多缺陷,致使社会生产和经济发展的动力不足。此外,这一时期的通货膨胀水平极高,根据世界银行统计数据,1983—1985 年出现三位数的通货膨胀率,1989—1990 年甚至出现四位数的通货膨胀率,极大地扰乱了秘鲁的经济发展;外债总额较高,到 1990 年,中央政府债务总额占 GDP 的比重接近 200%,外债剧增、国际信誉下降和巨额财政赤字不可避免地造成秘鲁经济滑坡;劳动人民实际收入和生活状况显著下降,社会和政治动乱不断加剧,进一步导致经济的健康稳定发展无法实现。

进入 20 世纪 90 年代,为了摆脱经济危机泥潭,恢复国民经济,秘鲁开始了新的经济改革,主要包含以下几个方面的内容:一是调整价格政策,取消基本消费品的价格补贴,从价格政策入手稳定经济;二是削减公共开支,扩大纳税面,从开源节流两方面缓解政府财政压力;三是减少国

---

① 贝拉斯科在 1968 年秘鲁革命的军事政变中建立军政府,并出任秘鲁总统(1968—1975 在任)。
② 1975 年 8 月 28 日,莫拉莱斯发动政变推翻贝拉斯科,出任秘鲁总统(1975—1980 在任)。

家对经济的调控,同时拍卖国有企业,吸引外国投资,大规模实行私有化;四是放开汇率,取消由中央银行通过汇兑统一市场实行的汇率管制,改为政府委托中央银行通过公开市场业务对汇率进行调节;五是大幅度降低各类商品的关税,取消各类非关税壁垒,实现对外贸易自由化。这一系列的"市场化"性质的改革取得了不错的效果,秘鲁的实物资本、人力资本积累状况持续改善,科技水平也有了较大提高,通货膨胀和债务水平得到有效控制,经济增长在拉美地区处于较高水平,即使在全球金融危机时期也未出现负增长。虽然秘鲁经济有着巨大的发展潜力,但其经济增长依然存在着容易受到外部冲击、经济发展不均衡、政治和社会风险始终居高不下等相当大的问题。

(二)现状

自 2014 年开始,秘鲁实际 GDP 增速放缓,如表 9 - 3 所示,2014—2019 年的年均实际 GDP 增速为 3.07%,但也远高于拉美地区的平均水平,进而使其经济总量在拉美经济中的份额逐年攀升,与此同时,通货膨胀处于较低水平。2020 年,秘鲁经济出现相当大程度的衰退,终结了自20 世纪 90 年代起的经济持续正增长。

表 9 - 3　2014—2020 年秘鲁实际 GDP 增速、CPI 同比增速及经济总量份额

年份	实际 GDP 增速	CPI 同比增速	在拉丁美洲和加勒比海经济中的份额
2014	2.4%	3.2%	3.38%
2015	3.3%	3.5%	3.62%
2016	4.4%	3.6%	3.85%
2017	2.1%	2.8%	3.91%
2018	4%	1.3%	4.24%
2019	2.2%	2.1%	4.45%
2020	− 11.1%	1.8%	4.72%

注:数据来源于 IMF。

2014—2019 年,受拉美整体经济持续低迷甚至趋于停滞,以及国际

经济形势动荡的影响,秘鲁的资本扩张与科技进步受到一定程度的阻碍,加之潜在的国内政局不稳、经济不平等加剧等问题,经济增速放缓。尽管如此,秘鲁高水平的国际储备、低水平的公共债务、因地制宜的经济政策等,使其成为了拉美地区宏观经济基础最好的国家之一,也是拉美六大经济体中唯一一个近年来没有对其评级或风险前景进行过调整的国家。这为要素水平的不断改善提供了有利的条件与环境,其中,根据秘鲁统计局数据,2019 年的固定资本总额(现价)较 2014 年增加了 15%。但是,2020年,新冠肺炎疫情的暴发给秘鲁经济发展带来了巨大的负面冲击,且这一负面冲击远大于拉美地区平均水平,导致其生产能力出现比其他国家更严重的下降、失业率急剧攀升、贸易发展和科技进步严重受阻等,加之资本主义经济制度在应对疫情方面存在明显劣势,使得秘鲁实际 GDP 降速超过 10%,为近 30 年来的最大降幅。

(三)前瞻

在短期内,此次疫情给各类经济活动带来的负面冲击仍将继续存在,但由于秘鲁的宏观经济基础相对较好,各大生产要素的恢复性发展势头较猛,使得秘鲁经济走出疫情衰退泥潭的速度较快,大约在 2022 年便可恢复至疫情前的经济总量水平。根据 IMF 预计,2021—2025 年秘鲁的实际 GDP 增速将分别为 8.5%、5.2%、4.8%、3.4%、3.3%,远高于拉美地区的平均水平。然而,潜在的政治危机、发展不平等、外部冲击等仍使秘鲁未来 3—5 年内的经济发展充满着不确定性。

从中长期(未来 15—20 年甚至更长)来看,积极情况下,秘鲁能够在国内,充分发挥本国的资源优势、保持住较好的宏观经济态势;在国际上,做好政治经济平衡,分享其他国家尤其是新兴市场与发展中经济体的发展红利,有效防范和降低外部冲击对本国经济的不利影响,经济则会有更快、更稳定的增长速度;消极情况下,秘鲁如果不能利用其优势与机遇,控制不住现有问题的发展,经济增速将被拉低到拉美经济增速的平均水平之下。

四、智利的经济发展

作为拉美地区自然资源比较丰富的国家之一,智利特产的硝石以及丰富的铜矿给 19 世纪末和 20 世纪初的智利带来了良好的经济发展机遇,其工业进步与经济增长在同时期的拉美地区处于较高水平。但第一次世界大战结束沉重打击了智利制硝业,20 世纪 20 年代末制硝业已多少处于停滞,这种情况下,智利实施了封闭式进口替代战略。这一战略虽然刺激了智利制造业的发展,但在高关税和国家高度保护下发展起来的制造业哪能有多少国际竞争力,因此这一战略下的智利工业化进程非常缓慢。进入 20 世纪 60 年代,进口替代战略下形成的经济发展模式已经活力尽失,对经济发展基本上起不到推动作用了。下面我们对从那以来智利经济的发展做一个简单介绍。

(一)1961—2013 年的智利经济发展

如图 9-5 所示,1961—1973 年的年均实际 GDP 增速为 3.55%,经济增长速度较低且波动非常大,通货膨胀也处于相当高的水平;1973 年,智利军政府上台,对智利进行了自独立以来最为深刻的经济和政治变革,为智利经济引进了新的活力,才使得经济增速有所提高。1974—2013 年的年均实际 GDP 增速增长至 4.5%,其中,1984—2013 年的年均实际 GDP 增速为 5.38%,远高于拉美地区的平均水平,且较上一阶段而言更具稳定性,与此同时,CPI 同比增速明显下降并长期处于较低水平。

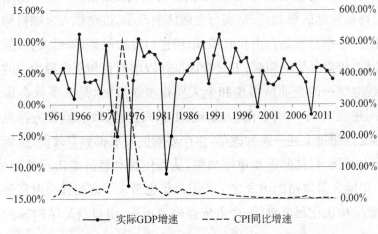

图 9-5 1961—2013 年智利的实际 GDP 增速和 CPI 同比增速
注:数据来源于世界银行。

就第一阶段（1961—1973 年）而言，经济呈现如此特征的原因可以从实物资本、人力资本、科学技术和经济制度四方面来解释。第一，实物资本的积累速度缓慢。农业生产相对落后，根据世界银行统计数据，1961—1973 年的粮食产量增长速度十分缓慢，年均增速仅为 1.7%，不仅不利于农业领域的实物资本积累，还无法令农业成为实现工业化的一个战略阵地；进口替代的发展模式对工业进步的推动作用显著减弱，制造业发展的动力不足。第二，这一阶段教育水平的改善及改革程度较缓，使之对经济增长的拉动作用较弱。第三，科技水平没有太大提升。在长期的高度保护下，科技创新的动力不足，国家整体的科技实力没有显著增强，导致本国企业的生产效率低下、商品的竞争力愈发下降。第四，经济制度不适于经济稳定增长。进口替代发展模式的种种弊端日益显现，在一定程度上阻碍了经济的持续发展；为解决该模式带来的困难，阿连德政府①实施了一系列过激的政策措施，导致正常的生产秩序被打乱，国内外私人投资锐减，工农业生产下降，并引发了严重的通货膨胀，经济的健康稳定增长受阻。

就第二阶段（1974—2013 年）而言，为了改善经济发展状况、提高经济发展活力，智利对国家经济进行了彻底改革，实行以市场化、私有化和自由化为目标的出口导向型经济发展战略。主要内容如下：一是减少国家干预，实行国有企业私有化；二是实行价格自由化改革，建立由市场供需确定商品价格的机制；三是实行金融体制改革，推动私人金融机构利率自由化；四是推行贸易自由化政策，取消进口保护政策，降低关税，鼓励出口，同时放松对外资的限制；五是全面推行以增值税和所得税为主的税制改革，建立统一的企业所得税和个人所得税制度；六是改革社会保障制度，力图建立以"个人资本化"为基础，由私人经营、政府监管为特点的养老金制度。通过上述一系列改革，生产要素的发展得到有效促进，资本的扩张能力变强、科技的进步速度加快，从而使智利经济走出发展困境，并成为拉美地区最富裕的国家之一。但改革也带来了诸如社会财富分配不公、产业结构优化程度较低、严重依赖外部市场、出口商品结构较为单一

---

① 1970 年，阿连德在议会选举中获得多数选票，当选为智利总统（1970—1973 在任）。

等问题。

（二）现状

自 2014 年起,智利经济增长率虽然明显下降,如表 9 - 4 所示,2014—2019 年的年均实际 GDP 增速不足 2％,但已经略优于拉美地区的平均水平,其经济总量在拉美经济中的份额呈上升之势,与此同时,通货膨胀水平较为稳定。2020 年,智利经济出现明显衰退,但衰退程度不如拉美地区平均水平,使得经济总量所占份额进一步增加。

表 9 - 4　2014—2020 年智利实际 GDP 增速、CPI 同比增速及经济总量份额

年份	实际 GDP 增速	CPI 同比增速	在拉丁美洲和加勒比海经济中的份额
2014	1.8％	4.7％	4.35％
2015	2.3％	4.3％	4.62％
2016	1.7％	3.8％	4.94％
2017	1.2％	2.2％	5.05％
2018	3.7％	2.3％	5.6％
2019	1％	2.3％	5.38％
2020	- 5.8％	3％	5.85％

注：数据来源于 IMF。

2014—2019 年,智利经济增速放缓的原因主要可以通过以下四个方面进行解释:第一,外国直接投资有所减少,导致国内用于生产活动的投资下降,生产能力的提升速度较为缓慢,还叠加国际大宗商品价格波动和全球经济低迷给对外贸易发展带来的不利冲击;第二,根据世界银行统计数据,总失业人口占总劳动力的比重由 2014 年的 6.67％ 上升至 2019 年的 7.29％,65 岁及以上人口占总人口的比重超过 10％ 并呈上升趋势;第三,由于外国直接投资的减少,以及不足 0.5％ 的研发支出占 GDP 比重,使得智利科技进步速度较为缓慢,对经济增长的拉动作用较弱;第四,资本主义经济制度的内在矛盾日益被激化,不得不向下调整经济增长速度

去缓和,这也对智利经济有明显的负面冲击。2020 年,在全球蔓延的新冠肺炎疫情进一步削弱了资本积累与科技进步的速度,智利经济出现了近 35 年来最为严重的衰退。

(三)前瞻

就短期而言,随着隔离政策的放宽以及经济活动的重新开启,各大生产要素的发展出现一定恢复,经济也以较快速度走出疫情带来的衰退泥潭,约在 2021 年便可恢复至疫情前的经济总量水平。根据 IMF 预计,2021—2025 年智利的实际 GDP 增速分别为 6.2%、3.8%、2.7%、2.5%、2.5%,略高于拉美地区的平均水平,且到 2025 年,其经济总量在拉丁美洲和加勒比海的份额将上升至 6.44%。然而,考虑到经济结构调整不足、社会危机和收入分配不均加剧以及潜在的外部冲击等,智利短期的经济增长还有着较高的不确定性。

就中长期而言,乐观来看,如果智利能够充分发挥其资源优势及政策优势,把握其他国家尤其是新兴市场与发展中经济体发展带来的红利,积极调整经济结构、化解社会危机和收入分配不均等问题,有效避免或应对潜在的外部冲击,经济增长也会比短期更快、更稳定,且人均收入水平进一步领先拉美其他国家;当然,要是智利抓不住机遇,发挥不了优势,没能改进缺陷与不足,经济增速则将趋于缓慢,均值保持在 2.5%左右。

五、 委内瑞拉的经济发展

作为世界上自然资源和自然条件最好的国家之一,委内瑞拉曾经仅凭借其丰富的石油资源,便从一个默默无名的小国成为了拉丁美洲最繁荣的国家之一。但是,坐拥如此巨大的财富之源,委内瑞拉的经济发展却是十分不稳定的。[①]

(一)历史回顾

由图 9-6 可以明显看出,自 60 年代开始,委内瑞拉的经济走势一直

---

① 尹伊文.幸福与 GDP:主流发展模式之外.北京:生活·读书·新知三联书店,2019.

处于不稳定的发展状态,实际 GDP 增速波动幅度非常之大,最高达18.29％(2004 年),最低为 -8.86％(2002 年);由于经济增长极不稳定,整体的经济增速也较低,1961—2013 年的年均实际 GDP 增速还不足3％;通货膨胀率一直处于较高水平,1961—2013 年的年均 CPI 同比增速超过 20％。此外,根据 IMF 统计数据,委内瑞拉经济总量在拉丁美洲和加勒比海的份额由 1980 年的 8.09％下降至 2013 年的 4.27％。

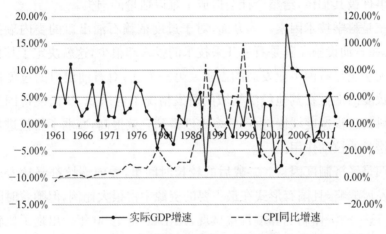

图 9-6　1961—2013 年委内瑞拉的实际 GDP 增速和 CPI 同比增速
注:数据来源于世界银行。

委内瑞拉经济由繁荣到落寞的原因主要可以通过以下四个维度进行阐释:

一是实物资本因素。首先,尽管委内瑞拉拥有着发展农业的先天优势,但石油出口带来的巨额利润让委内瑞拉忽视了本国的农业发展,农业生产薄弱,根据世界银行统计数据,1961—2013 年的年均粮食产量增长仅为 2.65％,粮食自给困难、依赖进口,从而不利于农业领域的物质力量增强。其次,高度依赖石油还导致委内瑞拉工业扭曲、失衡,轻工业产品严重不足,居民的基本生活必需品依赖进口,进一步削弱了实物资本的扩张能力。最后,委内瑞拉的经济过于单一且严重依赖石油出口,因而国际原油价格的波动使其生产能力与生产效率出现大幅波动,当国际油价下跌时,能够用于支持增长的实物资本就会显著减少,经济发展也会跟着发生困难,如 20 世纪 80 年代,由于全球石油需求减弱,国际油价下跌,委内瑞拉经济险些崩溃。

二是人力资本因素。一则,根据世界银行统计数据,总失业人口占总劳动力的比重虽有波动,但一直处于较高水平,1980—2013年的年均比重高达约10％;二则,委内瑞拉处于贫困状态的群体较为庞大,其政府对教育的重视程度较低,教育规模与教育质量没有出现明显扩大和增强,严重阻碍了全社会教育水平与居民素质的提升;三则,委内瑞拉的国内暴力犯罪事件极其猖獗,给整个社会造成了难以估量的损失。

三是科学技术因素。一方面,对于过度依赖石油出口的委内瑞拉而言,其在石油设施尤其是石油开采技术的投入却很少,这就决定了其技术发展无法满足石油工业发展的需求。另一方面,对石油出口的过度依赖也导致委内瑞拉在其他经济领域的研发情况不容乐观,从而使得国家整体的科技进步速度缓慢,生产效率难以得到有效提高,减弱了科技进步对经济增长的拉动作用。

四是经济制度因素。二战后的较长时间里,委内瑞拉都坚持着进口替代发展战略,且国有形式在最主要的资源中占很大比例,但随着时间的推移,这一经济体制的弊端日益显现,并在20世纪80年代出现了比较严重的经济衰退;由于委内瑞拉面临着债务负担,又受到政府的经济束缚,在内忧外患的夹击之下,佩雷斯政府推出的包括私有化、削减支出和降低关税在内的多项改革都未能得到充分实施,令委内瑞拉又经历了一系列经济和社会危机;自查韦斯1999年2月出任委内瑞拉总统后,便开始了以"玻利瓦尔革命"和"21世纪社会主义"为名的改革,其本质是政治权力的独占化、经济的去市场化以及社会政策的超福利化。虽然经济在一定程度上取得一定复苏,但以政府掌控的巨额石油收入为引擎的改革也使得委内瑞拉的产业结构过于单一,完全依赖石油,经济基础十分脆弱,难以实现经济的持续健康发展。

(二)现状

始于2014年的国际油价暴跌,委内瑞拉的经济出现全面的大崩溃,如表9-5所示,2014—2020年的实际GDP增速均为负值,且在2019和2020年均有30％及以上的经济衰退,其经济总量在拉美经济中的份额也降为极低的水平。与此同时,恶性通货膨胀愈演愈烈,甚至在 2018 和 2019 年出现五位数的 CPI 同比增速。

表 9‑5　2014—2020 年委内瑞拉实际 GDP 增速、CPI 同比增速及
经济总量份额

年份	实际 GDP 增速	CPI 同比增速	在拉丁美洲和加勒比海经济中的份额
2014	− 3.9%	62.2%	3.4%
2015	− 6.2%	121.7%	6.13%
2016	− 17%	254.9%	5.51%
2017	− 15.7%	438.1%	2.62%
2018	− 19.6%	65370%	1.85%
2019	− 35%	19910%	1.23%
2020	− 30%	2360%	1.09%

注:数据来源于 IMF。

　　委内瑞拉之所以成为当今世界上表现最糟糕的经济体,主要原因在于:一则,实物资本的积累能力显著下降。自 2014 年国际油价骤然大跌以来,委内瑞拉单一经济模式的风险彻底暴露,国内石油公司出现了资金断链甚至负债累累的情况,无力为再生产投入足够的资金;委内瑞拉的主权债务已经临近违约的边缘,巨量债务违约风险使得外国直接投资大幅减少;美国的制裁,严重削弱了委内瑞拉从对外贸易中获得资金。二则,人力资本扩张受阻。生产的停滞导致失业率大幅攀升,叠加饥饿和饥荒肆虐,民众的基本生活无法得到保证,相当大程度上削弱了人力资本积累的劳动力基础;极不乐观的财政状况使得在教育方面的投资显著下降,人力资本质量的提升变得十分困难。三则,石油部门对国家财政支持力度的显著下降,不可避免地造成用于研发的资金投入大幅减少,叠加外部制裁对技术输入的限制等,科技水平不进反退。四则,面对日益空虚的国库和难以支付的社会福利账单,委内瑞拉选择了印钞,导致其掉入恶性通货膨胀的巨大黑洞中;为了控制通胀,委内瑞拉政府又实行了严格的价格控制,使得生产者的利润受到严重挤压,进一步抑制了经济的发展。此外,

新冠肺炎疫情的暴发,对于本就处在崩溃状态的委内瑞拉经济而言无疑是雪上加霜。

(三)前瞻

就短期而言,委内瑞拉的经济灾难叠加疫情冲击在短期内无法解决,各大生产要素状况都不会转为支持发展,经济无法摆脱衰退泥潭。根据IMF预计,2021—2022年委内瑞拉的实际GDP增速分别为－10%和－5%,其经济总量在拉丁美洲和加勒比海地区经济中的份额也将不足1%。此外,通货膨胀仍将处于较高水平,物资奇缺、暴乱频发等依然存在。

就中长期而言,如果委内瑞拉能够摆脱资源诅咒、改革经济制度,积极加强与其他国家尤其是新兴市场与发展中经济体的合作,减少外部冲击的不利影响,生产要素状况转好,经济则会走出衰退泥潭,并呈现良好的运行态势;相反,如果无法从衰退泥潭中解脱,生产要素的发展情况进一步恶化,将会成为守着巨大财富的穷国。

综上,在实物资本、人力资本、科学技术、经济制度的共同作用下,现阶段,墨西哥、阿根廷、秘鲁、智利和委内瑞拉的经济增速均有所放缓,其中,秘鲁由于其较好的经济基础以及较低的风险,经济增速远高于拉美地区平均水平;智利经济增长略优于拉美地区平均水平;而墨西哥和阿根廷不如拉美地区平均水平;委内瑞拉则因其脆弱的经济基础而呈现大幅衰退。在可预见的将来亦会是如此。

第十章

东部亚洲的经济发展

一般把东部亚洲的中间部分,包括中国、日本、韩国、朝鲜、蒙古五个国家称为东亚;把南部的中南半岛和马来群岛,包括越南、老挝、柬埔寨、泰国、缅甸、马来西亚、新加坡、印度尼西亚、文莱、菲律宾、东帝汶 11 个国家称为东南亚。虽然我们在前面已经单独对中国、日本做了独立分析,但在此仍按照地域对这一地区分东亚、东南亚两大部分做个总体的分析,然后选取中国、日本之外的部分国家展开讨论。

第一节　东亚和东南亚的经济发展

第二次世界大战之后,东亚和东南亚国家的经济发展呈现出"雁阵经济"形态。作为战败国的日本,借由朝鲜战争的契机,经济迅速走出颓势,之后又率先实行出口导向型战略,率先实现高速发展,充当了"雁头"的角色。20 世纪 60 年代,韩国、中国台湾、中国香港和新加坡等经济体,借助发达国家向发展中国家转移劳动密集型产业的契机,紧随日本之后,经济开始腾飞,处于雁阵的中间,合称"亚洲四小龙"[1]。20 世纪 70 年代后期,"亚洲四小龙"实现了由劳动密集型到资本密集型的产业结构升级,中国东南沿海地区和东南亚部分国家紧随其后加入雁阵,成为发展劳动密集型产业的主力军,由此带动了整个东亚及东南亚的经济发展。

---

[1] 张伯里,韩保江,陈江生. 当代世界经济. 北京:中共中央党校出版社,2015.

一、 东亚和东南亚地区经济发展的历史回顾

进入 20 世纪 70 年代后,东部亚洲的经济增长速度一直处于较高水平,如图 10-1 所示,1971—1997 年东亚和东南亚地区的年均实际 GDP 增速分别为 5.32％和 6.46％。亚洲金融危机的爆发使得东亚和东南亚地区的经济发展明显受阻,东亚和东南亚两个地区 1998 年的经济增长率分别下降至 1.3％和-7.22％。危机后,东部亚洲经济的火车头逐渐由日本变成了中国,中国崛起的同时也带动了整个东亚地区的经济,其增速非但没有下降还较危机前有小幅增长,1999—2016 年的年均实际 GDP 增速为 5.35％;东南亚地区的情况也不错,其年均 GDP 增速为 5.13％,即使在全球金融危机时期也未出现经济负增长。

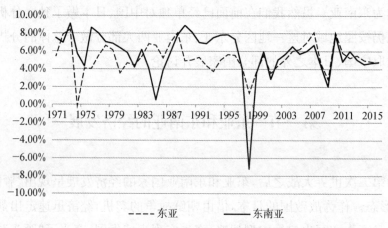

图 10-1 1971—2016 年东亚与东南亚地区的实际 GDP 增速
注:数据来源于联合国统计司。

亚洲金融危机发生前,劳动密集型产业不断由发达国家向这个区域的发展中国家转移。后者承接了发达国家的产业转移,并凭借其低廉的劳动力成本,在农耕产业上发展起了现代工业;已经完成工业化的国家则进一步调整战略,发展高新技术产业,由粗放型的生产模式转化为集约型;整个区域内部不同国家在产业分工中所处的不同位置和所起的不同作用相互配合、协调,发挥出 1+1＞2 的作用,从而实现了东亚和东南亚

地区整体物质财富较快的增加。此外,通过出口导向型的发展模式①,充分利用了国际贸易自由化倾向以及发达国家产业结构调整带来的机遇,东亚和东南亚地区在全球化进程中也较成功地大量积累发展的物质力量。

根据 IMF 统计数据,1997 年,东亚和东南亚的人口总量比 1980 年分别增长了 24.14%和 39.86%,为人力资本增加提供了丰富的劳动力基础;受儒家文化思想的影响,东亚和东南亚地区对教育尤其是基础教育的重视程度较高,通过采取各种措施筹集资金,不断加大对教育的投入,从而为工业化发展和经济长期持续增长培养了所需的大量高素质劳动力和人才。虽然战后东亚和东南亚地区整体的科技力量较为薄弱,但由于对科学技术的引进和对教育的重视,如日本通过引进美欧的先进技术叠加自身大量培养高素质劳动力和科研人员,自身研发能力得到显著提高;其他发展中国家也在承接发达国家产业转移的同时,充分重视引入了先进的科学技术和教育,实现了这一地区科学技术水平的快速提升。另外,东部亚洲国家还采取了政府主导型体制下的外向型发展的经济模式(也可称之为东亚模式),包括:坚持对外开放政策和出口导向战略,努力发展外向型经济;较强的政府干预,实现资源的合理配置;内部积累和引进外资相结合,在提高国内储蓄率的同时,依靠外部资源补充;等等,为发展配套了特殊的制度环境。

这个阶段虽然经济增速较快,但问题也是明显且不断累积的:一是透支性经济高增长,一些国家为保持发展增速以不合理的结构增加外债,造成不良资产膨胀,为经济危机埋下祸端;二是市场体制发育不成熟,东部亚洲国家普遍缺少发达的资本市场,加之一些国家的外汇政策是既保持固定汇率又扩大金融自由化,给国际炒家提供了可乘之机;三是对世界市场和外资过度依赖,难免会出现牵一发而动全身的状况,整体经济的稳定性较差。当这些问题累积到一定程度时,资本大鳄开始全面攻击东部亚洲,引发了该区严重的金融危机。泰国、印度尼西亚、韩国、新加坡、马来西

---

① [智]亚历克斯·E·费尔南德斯·希尔贝尔托,[比]安德烈·莫门.发展中国家的自由化:亚洲、拉丁美洲和非洲的制度和经济变迁.陈江生译.北京:经济科学出版社,2000.

亚等国遭受了巨大的负面冲击,东亚和东南亚地区整体的经济发展受阻。

为恢复经济,东亚和东南亚各国开始总结经验教训,并对本国的经济发展战略和政策作出调整与改革:第一,加快金融机构和企业债务重组步伐,全面系统地处理商业银行的大量不良贷款;第二,整顿金融秩序,将汇率的浮动保持在可控制的范围内,建立金融防范和预警系统,妥善化解金融风险;第三,在多层面和多方位开拓国外市场的同时,开拓因大力提倡外向型经济而相对忽视的国内市场,实施扩张的宏观经济政策,以刺激内需、鼓励投资;第四,注重国民经济各部门的平衡发展,实施"科技立国"和"科教兴国"等战略安排,优化工业内部的产业结构,向资本和技术密集型产业升级;第五,完善区域经济合作机制和组织,构建高效合作的良好平台,实现全方位、更紧密的有效合作。通过调整与改革,东亚和东南亚地区的资本扩张速度及科技实力有了较大提升,经济出现复苏并呈较高速发展态势,且相对而言具有一定的稳定性。

二、 东亚和东南亚地区经济发展的现状

受全球经济低迷和经贸关系日益复杂的影响,2017 年后,东亚和东南亚的经济增速开始放缓,如表 10 - 1 所示,2017—2019 年的实际 GDP 增速在 5%左右,呈现不断下降的趋势。2020 年受疫情影响出现了自亚洲金融危机以来最大的衰退,东亚和东南亚的经济增长率分别只有 0.8%和 - 3.3%。此外,东亚经济占世界经济的份额仍在不断提升,东南亚经济在世界经济中的份额除 2020 年外也在不断增加。

表 10 - 1 2017—2020 年东亚和东南亚的实际 GDP 增速及其在世界经济中的份额

年份	东亚		东南亚	
	实际 GDP 增速	在世界经济中份额	实际 GDP 增速	在世界经济中份额
2017	5.5%	24.45%	5.4%	3.52%
2018	5.2%	25.14%	5.3%	3.56%
2019	4.4%	25.33%	4.7%	3.71%
2020	0.8%	26.53%	- 3.3%	3.64%

注:数据来源于 IMF。

2017—2019 年,受内外两方面因素的影响,东亚和东南亚地区的经济增速不断放缓。就内部因素而言,东亚和东南亚地区的产业结构转型升级困难不断加大,叠加人口老龄化问题日益凸显、经济发展不平衡持续扩大等,在一定程度上对经济发展起到了阻碍作用;就外部因素而言,贸易保护主义及单边主义盛行、全球经济低迷等复杂不稳的外部环境,加剧了经济的下行压力。但其经济增长率在世界范围内仍保持着相对较高的水平,经济增长优于世界平均水平(根据 IMF,2017—2019 年的世界经济增长率分别是 3.8%、3.6%、2.8%),主要原因在于:东亚和东南亚地区内部的交流合作日益增强,如"一带一路"倡议和亚投行等的深入实施,为国家间的经贸合作与发展提供了平台。中国提供了一条不同于西方发达资本主义国家的发展道路,也给东亚和东南亚国家提供了借鉴和合作共赢的发展机会。

2020 年以来,新冠肺炎疫情的暴发极大地减缓了资本扩张和科技进步的速度,但相对于世界其他部分,疫情的防控力度与恢复能力较好。

三、 东亚和东南亚地区经济发展预判

从短期(未来 3—5 年)来看,区域全面经济伙伴关系(Regional Comprehensive Economic Partnership, RCEP)的签署使得东亚和东南亚的经贸呈现较快的恢复性发展,能够在一定程度上弥补新冠肺炎疫情带来的负面冲击,经济将呈现较快的复苏势头。根据 IMF 统计数据,2021—2025 年东亚地区的实际 GDP 增速将分别为 7.1%、4.8%、4.5%、4.3%、4.2%,2025 年在世界经济中的份额也将上升至 27.79%;2021—2025 年东南亚地区的实际 GDP 增速将分别为 4.5%、5.8%、5.4%、5.2%、5.2%,且在 2021 年便能恢复至疫情前的经济总量水平。但是,经济发展不平衡、人口老龄化加剧、政局动荡等使东亚和东南亚的经济发展还具有较大的不稳定性。

从中长期(未来 15—20 年甚至更长)来看,东亚和东南亚国家能够充分利用其现有的发展优势,加强区域内部及其他国家或地区间的交流合作,改善发展不均、老龄化等问题,提高抵御外部冲击的能力,有利于经济发展的要素积累将继续推进,东亚和东南亚地区也将继续成为世界经济

增长的主要引擎。

第二节　东亚和东南亚部分国家的经济发展

东亚和东南亚国家的经济发展有其共性,也有着各自的特殊性,由于我们已经在第四章和第五章深入分析了亚洲第一、二大经济体——中国和日本的经济发展,接下来,只对韩国、蒙古、新加坡、马来西亚、泰国、印度尼西亚、越南和菲律宾进行简要分析,以说明该地区不同国家的特殊性。

一、韩国的经济发展

（一）历史回顾

1910年,朝鲜半岛沦为日本的殖民地,二战后才取得独立。1948年8月和9月,依北纬38度线,朝鲜半岛南北先后成立了大韩民国和朝鲜民主主义人民共和国。20世纪50年代初,三年的朝鲜战争使韩国的经济陷入了极端困难的境地。战争结束后韩国经济才开始有所发展,并创造了被称之为"汉江奇迹"的经济高速增长期[①],一跃成为"亚洲四小龙"之一,如图10-2所示,1954—1997年的年均实际GDP增速高达8.73%,远高于东亚地区平均水平;但这一阶段的稳定性略差,尤为明显的是1980年的光州事件[②]发生时经济出现负增长。而亚洲金融危机的爆发使韩国经济陷入严重衰退,危机后的经济增长率明显降低,1999—2016年的年均实际GDP增速仅为4.76%,低于东亚地区平均水平。

"汉江奇迹"出现的原因主要可归纳为以下四个方面:首先是实物资本方面。推行以出口为导向的外向型发展战略,把经济活动重心由国内推向国际市场,通过出口扩张带动了其产业和经济发展;适时引导产业结构改善,推动经济结构升级;在激励国民增加储蓄的同时,加大力度引进

---

① 陈龙山,张玉山,贾贵春.韩国经济发展论.北京:社会科学文献出版社,1997.
② 1980年5月,在韩国光州发生了一次由市民自发的民主运动,当时掌握军权的全斗焕将军下令武力镇压这次运动,造成大量平民和学生死亡和受伤,光州事件加速了民主政治的到来。

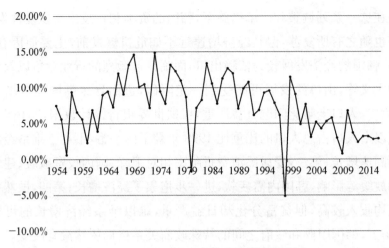

图 10-2　1954—2016 年韩国实际 GDP 增速

注：数据来源于韩国央行，其中，1954—1999 年的数据按 2010 年价格计算，2000 年起的数据按 2015 年价格计算。

外资,弥补了韩国国内资本的不足,保证了其经济高速发展。其次是人力资本方面。根据世界银行统计数据,15—64 岁人口占总人口的比重由 1960年的 53.39％上升至 1997 年的 71.34％;出生时平均预期寿命由 1960 年的55.42 岁增加至 1997 年的 74.6 岁;总失业人口占总劳动力的比重由 1980年的 5.2％下降至 1997 年的 2.61％,从而为人力资本扩张奠定了丰富的劳动力基础。再次是科学技术方面。外资的大量引进还带来了国外的先进技术,促进了本国的产品更新、产业升级及劳动生产率提升;根据韩国知识产权局统计数据,1997 年的专利申请总量是 1954 年的近 50 倍,整体的科技水平有了很大提高。最后是经济制度方面。韩国在 60 年代初开始将内向型发展战略变为出口导向型战略,并实施政府主导型经济计划,在一定时期内保证了资源的合理配置,推动形成了良好的经济基本态势。

亚洲金融危机的爆发导致经济增速骤降至 -5.1％。为消除危机并刺激经济,韩国采取了一系列行之有效的调整和改革措施:一是全面深化金融改革,成立了一个独立的金融监管体系;二是调整大企业集团的企业经营机制,废除各类阻碍中小企业发展的法律法规,增强了企业核心竞争力;三是改革劳动制度,增加了劳动力市场的弹性;四是推行政府改革,提高了政府行政效率;五是颁布科技计划、法案等,加快了科技创新;等等。在这一系列调整和改革措施下,韩国的资本和科技出现恢复性发展,经济也随之有所复苏,但其经济增速远不如危机爆发前,主要原因在于:第一,韩国的经济发展较为依赖出口,面临日益激烈的行业竞争以及贸易保护主义等,出口的发展可能受到一定阻碍,进而导致韩国经济增速放缓;第二,人口老龄化问题日益严重,根据世界银行统计数据,2016 年,65 岁及以上人口占总人口的比重比 1998 年翻了约一番,不利于维系经济的持续高速增长;第三,受居民消费贡献率相对下降、国内投资减缓、建筑业活动放缓等影响,韩国内需疲软,进一步拖累了经济增长;第四,虽然韩国的人均收入较高,但贫富分化却日益严重,难以维系经济增长的可持续性;第五,韩国财阀和政府之间的特殊政商关系格局依然没有改变。

(二)现状

表 10-2 给出了 2017—2020 年韩国的实际 GDP 增速、CPI 同比增速以及经济总量在世界经济中的份额,从中可知:2017—2019 年的实际 GDP 增速连年下滑,且不及东亚和世界平均水平;2020 年则出现自亚洲金融危机以来最大程度的衰退,经济增速为 -1%;通货膨胀一直处于较低水平,其经济总量在世界经济中的份额维持在 2%左右。

表 10-2 2017—2020 年韩国的实际 GDP 增速、
CPI 同比增速及其在世界经济中的份额

年份	实际 GDP 增速	CPI 同比增速	在世界经济中份额
2017	3.2%	1.9%	2%
2018	2.9%	1.5%	2.01%
2019	2%	0.4%	1.89%
2020	-1%	0.5%	1.93%

注:数据来源于 IMF。

2017—2019 年韩国经济增速不断下滑的原因主要体现在:一则,受日韩贸易战等国际经贸摩擦、世界经济疲软的影响,韩国对外贸易发展受挫,叠加投资放缓、内需不足等因素,实物资本积累明显受阻;二则,就业形势恶化导致失业率有所上升,人口老龄化问题也更为严重,导致人力资本增长速度放缓；三则，由于尚未形成新的经济增长点，科技进步对经济增长的拉动作用较弱。

2020年，新冠肺炎疫情的暴发更是极大地阻碍了发展，韩国经济呈现负增长。但由于韩国经济活动的复苏速度快于世界多数国家，因而其衰退程度也小于世界平均水平（世界经济增速为－3.3%）。

（三）前瞻

就短期（未来3—5年）而言，虽然RCEP的签署将缓解新冠肺炎疫情带来的负面冲击，但投资放缓、内需不足、难以形成新的经济增长点等问题无法迅速改善和解决，因而短期内的韩国经济增速仍处于较低水平。根据IMF统计数据，2021—2025年韩国实际GDP增速分别为3.6%、2.8%、2.6%、2.4%、2.3%，在世界经济中的份额可能继续低于2%。此外，人口老龄化严重、贫富差距悬殊、特殊政商关系格局等使韩国短期的经济发展面临更多未知。

就中长期（未来15—20年甚至更长）而言，积极来看，如果韩国能够充分发挥其教育、科技等优势，加强区域合作、分享发展红利，改善内在不足与缺陷，防范与化解外部威胁，那么其生产要素将以较快速度发展，韩国也将成为世界前十大经济体之一；悲观来看，如果韩国并未利用其优势与机遇，且没有解决不足与风险，那么韩国将被其他国家赶超，在世界经济中的位次不断下滑。

二、蒙古的经济发展

（一）历史回顾

1945年，蒙古国独立。独立后，为促进经济发展，蒙古照搬了苏联模式，实行以部门管理为主、高度集中且排斥市场机制的计划经济管理体制。蒙古的计划经济体制虽有一定成效，但其运行弊端也日益显现，20世纪80年代后，蒙古的经济增长率呈现下降之势，如图10-3所示，1982—1989年的年均实际GDP增速不足6%。为了摆脱经济发展困境，蒙古开始了大刀阔斧的经济体制改革，尽管在90年代初期出现大规模衰退，1990—1993年的经济连续四年出现负增长，但随后其经济开始向好

发展。1994—2002 年的经济复苏较为缓慢,年均实际 GDP 增速仅为
3.32%;而随着改革的深入,2003—2014 年(除 2009 年)的实际 GDP 增
速均超过 6%,且在 2011 年更是高达 17.29%,年均实际 GDP 增速接近
9%,远高于东亚地区的平均水平。

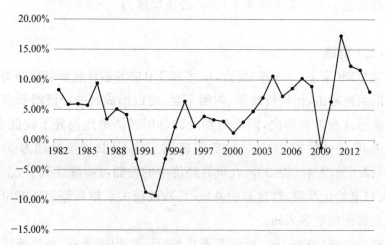

图 10-3 1982—2014 年蒙古实际 GDP 增速
注:数据来源于世界银行。

　　蒙古独立后取得的经济发展是建立在苏联援助的基础之上的,并未
建立起本国独立的工业体系。此外,蒙古计划经济体制的诸多弊端不断
凸显,叠加人力资本和科学技术对经济发展的贡献率较低,使得蒙古经济
在 20 世纪 80 年代后开始滑坡。于是,蒙古跟着苏联东欧国家选择了以
根本的社会制度变革为前提的激进改革模式,即把高度集中的计划经济
体制改造成以私有制为基础的自由市场经济体制,主要采取了以下措施:
财产私有化、建立市场经济运行机制、扩大对外开放、改善投资环境、实施
区域化城市化发展战略等。在经济转轨初期,由于苏联解体使得蒙古因
为激进的转轨和苏联援助的突然消失,经济发展遭遇重大挫折[1],但随着
中央政府宏观政策及措施的不断调整,蒙古经济开始有了恢复性发展。
　　进入 21 世纪后,蒙古经济表现出高速增长的态势,主要可以从以下

---

[1] 潘照东.蒙古经济.北京:现代出版社,1992.

几个方面体现：一则，蒙古依托其丰富的矿产资源，提出并践行"矿业兴国"的发展战略，同时还以矿业发展拉动相关产业和基础设施的建设与发展；二则，随着对外开放的不断扩大，蒙古加强了与其他国家或地区的交流合作，外商直接投资也呈现出递增的趋势，进而为蒙古经济的高速增长提供了助动力；三则，经过二十多年的转轨，蒙古的市场经济体制建设已经有了一定的成效，经济体制和运行机制也日趋完善，这对蒙古的经济发展有着较大的促进作用。但是，蒙古经济的这一高速增长是无法维系的，一方面，蒙古的经济稳定发展严重依赖矿产资源的开发与出口，经济结构十分单一，经济发展受到国际矿产资源价格的制约；另一方面，蒙古的工业基础薄弱且科学技术水平落后，尚处于工业化初级状态，无法生产高附加值的产品，长期以来处于产业链最低端，多数生活物资还要依靠进口，从而不利于经济的持续高速发展。

（二）现状

蒙古在 2015—2016 年的经济增长率大幅放缓，直到 2017 年才有所回温但并未达到之前的高速增长水平。如表 10 - 3 所示，就经济增速而言，2015—2016 年的经济增长率明显下滑，2017—2019 年则有所回升，而 2020 年出现显著衰退；就通货膨胀而言，CPI 同比增速的波动性较大，不具有稳定性；就经济份额而言，蒙古经济总量在东亚经济总量中的份额极低，还不足 0.1%，处于相当落后的地位。

表 10 - 3 2015—2020 年蒙古的实际 GDP 增速、
CPI 同比增速及其在东亚经济中的份额

年份	实际 GDP 增速	CPI 同比增速	在东亚经济中份额
2015	2.4%	5.7%	0.066%
2016	1.2%	0.7%	0.06%
2017	5.3%	4.3%	0.058%
2018	7.2%	6.8%	0.061%
2019	5.2%	7.3%	0.063%
2020	-5.3%	3.7%	0.059%

注：数据来源于 IMF。

由于蒙古的经济发展严重依赖矿产资源的开发与出口,因而国际矿产资源价格的变动会对蒙古经济产生相当大的影响。2015—2016 年,国际矿产资源价格下行,极大地削弱了蒙古的生产和出口能力,经济出现自全球金融危机以来的最低增速;而自 2017 年起,国际矿产资源价格的上涨推动了蒙古矿产品的生产与出口,经济开始回暖。可以明显看出,现阶段,蒙古的经济增长是不具有稳定性和可持续性的,主要原因在于其经济结构单一、工业生产落后、多数生活物资无法自给自足、人力资本和科学技术发展极为缓慢等。

2020 年新冠肺炎疫情的暴发让本就脆弱的蒙古经济"雪上加霜",各大生产要素的发展受到严重抑制,经济出现比全球金融危机更大幅度的衰退,增长速度远低于东亚地区平均水平。

(三) 前瞻

从短期(未来 3—5 年)来看,蒙古政府实施的经济扶持措施将对激活国内经济内生增长动力产生积极作用,叠加全球经济复苏带来的原材料价格上涨,蒙古经济将呈现较快的恢复性发展,在 2021 年其经济总量便能恢复至疫情前的水平。根据 IMF 统计数据,2021—2025 年蒙古实际 GDP 增速将分别为 5%、7.5%、6%、5%、5%,高于东亚地区平均水平。但是,短期内严重依赖矿产资源的开发与出口、工业生产和科技水平落后等问题无法得到改善,因而其经济增长还具有很大的不确定性。

从中长期(未来 15—20 年甚至更长)来看,积极情况下,蒙古能够将其资源优势转化为经济优势,加强与其他国家或地区尤其是中国等周边国家的全方位合作,优化经济结构,防范国际矿产资源价格波动的冲击,其经济将在中长期内实现高速发展,在东亚地区的经济份额也会有所提升;消极情况下,蒙古难以逃脱"资源诅咒",仍将处于产业链最低端,科技进步速度十分缓慢,经济则会更加落后。

三、 新加坡的经济发展

(一) 历史回顾

二战期间,新加坡曾被日本占据了三年半之久,二战结束后又回归英国管辖。1963 年 9 月，新加坡脱离了英国的统治正式加入马来西亚联邦，并最终于 1965 年脱离马来西亚成为了一个独立国家①。此后，新加坡经济一直以较快速度发展，如图 10‐4 所示。1965—2011 年的年均实际 GDP 增速接近 8%，远高于东南亚地区的平均水平，但经济增长的稳定性较差。

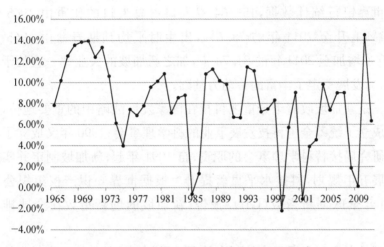

图 10‐4　1965—2011 年新加坡实际 GDP 增速
注：数据来源于新加坡统计局。

新加坡建国以来经济高速发展的原因主要可以通过以下四个方面进行说明：

一是通过不断调整工业政策和适时进行产业结构升级，用 40 多年的时间走完了其他发达国家 100 多年的工业化进程。主要可以分为以下四个阶段：1965 年—70 年代中期的外向型经济发展初级阶段，实施低价值劳动密集型产品的出口导向工业化战略；70 年代中期—80 年代中期的外向型经济发展的高级阶段，从劳动密集型向资本‐技术密集型过渡；80 年代中期到亚洲金融危机前的外向型经济发展成熟阶段，产业结构不断升级、经济多元化发展；亚洲金融危机以后的发展知识密集型产业阶段，着重发展新兴产业。

---

① 王勤. 新加坡经济发展研究. 厦门：厦门大学出版社，1995.

二是"人才立国"的导向推动了人力资本累积量的不断提升。一方面,新加坡在刚建国时便提出"人才立国"的国家战略,把人力资源作为一种稀缺资本进行投资和开发,大力培养为经济发展服务和适应全球化的本土人才;另一方面,新加坡还注重对人才的引进,以优厚的待遇(如推出国外人才居住计划、特殊移民计划、减少就业障碍计划等)从国外吸引战略思考型人才和创新创意科学尖端人才,以适应经济转型的需要。此外,根据世界银行统计数据,15—64 岁人口占总人口的比重由 1965 年的 53.72% 上升至 2011 年的 78.6%,出生时平均预期寿命由 1965 年的 67.09 岁增加至 2011 年的 81.74 岁,加之新加坡的失业率一直处于较低水平,为发展奠定了丰富的劳动力基础。

三是新加坡政府十分重视科技在国家发展战略中的重要地位,1968 年便成立了统筹全国科技发展事业的科学理事会;1990 年又成立了国家科技研究局接替科学理事会的职责;自 1991 年起,新加坡制定并实施科技发展五年规划,科技水平显著提升。根据世界知识产权组织公布的《2011 年全球创新指数(GII)》报告,新加坡的创新指数在全球排名第三位。

四是混合型市场经济体制有效促进了新加坡的经济发展。在特定的政治文化背景下,新加坡选择了一种在政府指导下的、开放性的、自由经济与政府调控相结合的混合型市场经济体制。一方面,政府推行了自由经济和自由竞争政策、贸易自由化政策、自由价格政策和自由金融货币政策等,充分调动了国内外各种要素参与新加坡的经济建设;另一方面,政府通过计划手段、法律手段、发展国有企业及其他宏观管理措施等进行积极的调控和引导,进一步促进新加坡的经济发展。

但是,新加坡经济的高速增长是不稳定且不可持续的,如图 10-4 所示,实际 GDP 增速最高达 14.53%(2010 年),最低为 -2.2%(1998 年),主要原因在于新加坡的经济发展高度依赖对外贸易,经济有着脆弱、敏感的一面,国际贸易形势的变化会给新加坡造成较大影响。

(二) 现状

在全球经济贸易持续低迷、劳动力市场疲弱和国际油价低迷的背景下，新加坡的对外贸易发展明显受阻，自 2012 年开始，新加坡的经济增长速度较之前开始变得缓慢。如表 10－4 所示，新加坡 2012—2019 年的年均实际 GDP 增速仅为 3.6％，低于东南亚地区的平均水平。

表 10－4　2012—2020 年新加坡的实际 GDP 增速、
CPI 同比增速及其在东南亚经济中的份额

年份	实际 GDP 增速	CPI 同比增速	在东南亚经济中份额
2012	4.5％	4.6％	11.85％
2013	4.8％	2.4％	11.92％
2014	3.9％	1％	12.11％
2015	3％	－0.5％	12.22％
2016	3.3％	－0.5％	12.03％
2017	4.5％	0.6％	12.05％
2018	3.5％	0.4％	12.29％
2019	1.3％	0.6％	11.56％
2020	－5.4％	－0.2％	11.04％

注：数据来源于 IMF。

2020 年新冠肺炎疫情暴发后，全球经济贸易出现相当大程度的衰退，这对高度开放的新加坡经济造成严重的负面冲击：国内外生产链、供应链遭到冲击和破坏；诸多行业的生产和经营活动受到抑制；大量外籍劳动力流出，失业率显著增加；内外需求疲弱，贸易、投资和消费无法形成拉动经济的合力。由此导致生产要素的发展严重受阻，经济则出现比东南亚平均水平更为严重的衰退。

（三）前瞻

从短期（未来 3—5 年）来看，尽管 RCEP 的签署在一定程度上缓解了疫情对新加坡经济的负面冲击，但由于新加坡的经济发展高度依赖对外贸易，内生增长动力不足，因而其经济复苏具有很大的不确定性，且较为缓慢。根据 IMF 统计数据，2021—2025 年新加坡实际 GDP 增速分别为 5.2％、3.2％、2.7％、2.6％、2.5％，远低于东南亚地区平均水平。

从中长期(未来 15—20 年甚至更长)来看,若新加坡能够充分利用其强大的创新能力,较好处理自身在国际政治经济变化中的站位,深化与其他国家或地区的交流合作,妥善应对国际贸易形势变动所带来的不利影响,其经济将随着 RCEP 的蓬勃发展而在中长期内恢复到中高速的发展势头。

四、 马来西亚的经济发展

(一)历史回顾

20 世纪 70 年代前,马来西亚是一个标准的农业国,制造业产值占 GDP 的比重较低,主要是依赖橡胶、锡、木材、椰子等农产品、工业原料出口,经济成就一直不温不火。而 70 年代后,通过调整经济发展模式和发展政策[①],马来西亚经济步入了高速发展期,如图 10‐5 所示,1971—1997 年的年均实际 GDP 增速高达 7.7%。而亚洲金融危机的爆发使得马来西亚经济陷入严重衰退,1998 年的经济增长率为‐7.36%。此后,经济便开始复苏,但经济增速较危机前略低,1999—2016 年的年均实际 GDP 增速为 5.14%,与东南亚地区的平均水平大致相仿。

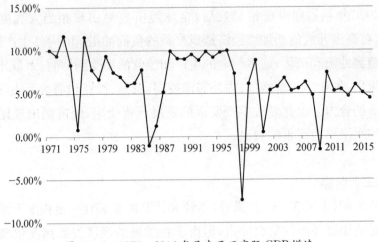

图 10‐5 1971—2016 年马来西亚实际 GDP 增速
注:数据来源于世界银行。

---

① 寿莉莉. 马来西亚经济发展战略及其区域经济格局. 上海:华东师范大学出版社,1993.

　　20 世纪 70 年代到亚洲金融危机爆发前,马来西亚经济之所以呈现高速增长主要可归结为以下四个方面:70 年代初通过侧重发展以出口为主的劳动密集型加工业,建立起了电子电器、车辆装配等产业;80 年代以后又通过侧重发展重化工业,提高了工业化水平;进入 90 年代,通过鼓励外商和本国企业投资,发展了资本和知识密集型的高科技产业。与此同时,该国的人力资本也在不断增长,根据世界银行统计数据,人口总数、15—64 岁人口占总人口的比重、出生时平均预期寿命均持续上升;马来西亚政府重视教育,把发展教育、提高人的素质作为优先发展的项目,公共教育支出占 GDP 的比重在 5% 左右;在发展普通教育的基础上,马来西亚政府还注重发展职业教育和高等教育,造就了大批熟练劳动者和各类专业人才。政府还通过科技行政体系,推行加强技术力量供给的技术发展战略,使自身研发能力得到一定提升;同时,外国直接投资的大量涌入不仅增加了用于研发项目的支出,还带来了多样化的产品与先进的技术,马来西亚整体的科技水平明显增强。就经济体制与经济政策而言,由国家干预与调节为主不断向市场经济体制转变,随着市场机制的作用逐渐增大,市场经济逐步走向成熟;1971—1990 年间,政府实施的“新经济政策”①在一定程度上促进了经济增长,1991 年,政府出台的“国家发展政策”②对推动经济发展也有着较大的积极作用。

　　亚洲金融危机爆发后,为应对亚洲金融危机的冲击,马来西亚政府采取了迅速而果断地切断危机通过金融系统向国内产业体系传导的途径、大规模地整顿金融体系、持续的扩张性财政货币政策以扩大内需来拉动供给等措施,很快走出了危机。但结束危机后的马来西亚经济再也回不到之前的高速发展了,主要原因在于:第一,马来西亚的国家治理在进入中等收入阶段后没能有新的突破,资本扩张和科技进步速度放缓,经济长期缺乏增长动力;第二,对外依赖程度不断增大,马来西亚的经济发展严

---

① “新经济政策”也可称为“原住民优先政策”,目标就是要进行有利于马来人的财富重新分配,以消除民族经济实力上的差别为主旨。

② “国家发展政策”提出马来西亚在 30 年内发展成为先进工业国的“2020 宏愿”(WAWASAN 2020),即在 1991—2020 年 30 年间,将马来西亚建设成为一个全面发达的工业化国家,在此期间 GDP 年均增长率为 7%,人均 GDP 达到 1 万美元。

重依赖外贸和外国直接投资,经济发展容易受到外部市场的牵制;第三,出现严重的贫富分化,根据世界银行统计数据,20%最低收入人口收入占总收入的份额仅为5%左右,阻碍了经济的健康稳定发展;第四,马来西亚潜在的社会问题和政治动荡也给经济发展带来消极影响。

(二)现状

自2017年起,马来西亚经济增长率呈日益下降之势,如表10-5所示。可以明显看出,2017—2019年的实际GDP增速和CPI同比增速逐年下降,2020年均为负值,即出现经济衰退和通货紧缩并存的局面;马来西亚经济总量在东南亚经济中的份额一直维持在11%左右,略少于新加坡经济总量在东南亚经济中的份额。

表10-5　2017—2020年马来西亚的实际GDP增速、CPI同比增速及在东南亚经济中的份额

年份	实际GDP增速	CPI同比增速	在东南亚经济中份额
2017	5.8%	3.8%	11.2%
2018	4.8%	1%	11.72%
2019	4.3%	0.7%	11.26%
2020	-5.6%	-1.1%	10.98%

注:数据来源于IMF。

马来西亚在2017—2019年的经济发展变缓,主要可以解释为:一方面,矿业和农业活动下滑使其主要出口产品棕榈油、原油和天然气等的产量出现不同程度的减少;另一方面,全球贸易冲突频发、经济低迷导致马来西亚的对外贸易疲软,进一步拖累了其经济增长。2020年暴发的新冠肺炎疫情更是极大地削弱了马来西亚生产要素的发展,经济陷入自亚洲金融危机以来最大程度的衰退。此外,政局的变动也对经济复苏及发展起着一定程度的阻碍作用。

(三)前瞻

短期(未来3—5年)内,马来西亚加入RCEP对缓解疫情的负面冲击

具有较大积极作用,IMF 预计其 2021—2025 年的实际 GDP 增速分别为 6.5%、6%、5.7%、5.3%、5%。但是,由于马来西亚的经济发展与外部市场的变动息息相关,叠加政府财政吃紧、贫富差距分化日益严重、政局动荡不安等在短期内将继续存在,我们认为其经济将以比 IMF 预计更低的速度增长。

中长期(未来 15—20 年甚至更长)内,乐观而言,马来西亚能够充分利用其资源优势,加强与其他国家或地区的交流合作,化解自身存在的不足与外部威胁,其经济将在中长期内呈现较高速增长,并跨越"中等收入陷阱";悲观而言,马来西亚将深陷"中等收入陷阱"之中。

五、 泰国的经济发展

(一)历史回顾

20 世纪 50 年代前,泰国一直是一个农业国。为了实现工业化,自 50 年代开始,泰国政府以建立国营经济为标志,开启了泰国工业化的进程。进入 60 年代,私人资本开始在泰国的经济生活中扮演越来越重要的角色,为泰国的经济起飞作出了重要贡献[①]。图 10 - 6 绘制了 1961—2014 年的泰国实际 GDP 增速走势。在亚洲金融危机爆发前,泰国经济一直呈现较快的增长速度,1961—1996 年的年均实际 GDP 增速高达 7.67%,高于东南亚地区的平均水平;而危机爆发后的经济增长速度放缓且稳定性颇差,1999—2014 年的年均实际 GDP 增速仅为 4.19%,低于东南亚地区的平均水平。

亚洲金融危机前泰国经济能持续高速发展有多方面的成因。首先是泰国抓住了发达国家转移产业到发展中国家的时机,在提高工业消费品自给程度的同时,加强面向出口工业的发展,不断对产业进行调整;并始终坚持对外开放的方针,着重发展外向型经济,不仅拓宽了国际市场,还吸引了大量外资,促进了其工业、农业、交通运输服务行业的发展。其次是实现了人力资本持续增长。根据世界银行统计数据,人口总量呈逐渐递增之势,15—64 岁人口占总人口的比重由 1960 年的 53.95%上升至

---

① 王文良,俞亚克.当代泰国经济.昆明:云南大学出版社,1997.

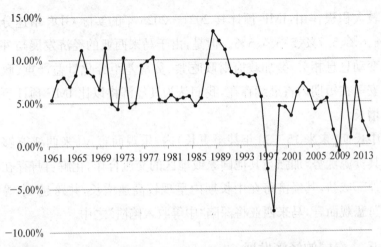

图 10-6 1961—2014 年泰国实际 GDP 增速

注：数据来源于世界银行。

1996 年的 67.9%；改善的卫生设施占总使用人口的比重提高至 90%，出生时平均预期寿命由 1960 年的 54.7 岁增加至 1996 年的 70.22 岁，减少了人力资本损耗；战后的泰国重视教育的发展，积极推进教育改革与转型，国民素质有了很大提升，15 岁及以上成人识字率由近 40% 增加至 80% 左右。再就科学技术而言，在引进外资的同时也引进了国外先进的科学技术与管理经验，有利于促进泰国整体的科技进步。就经济制度而言，泰国的经济体制由国家干预与调节为主向市场经济逐步过渡，市场经济的日益成熟对经济高速发展具有重要意义；泰国还根据国际经济形势的变化，适时对经济进行调整，使经济政策符合经济发展规律，进一步维系了经济的高速增长。

金融危机爆发后，泰国接受了国际货币基金组织的援助贷款，并进行了一系列的经济改革和调整：推行金融领域的改革，加快金融机构和企业债务重组步伐；在扩大出口的同时，强调内需与出口"双引擎"的作用；加强科技教育投入，创建知识型国家；积极参与和推进区域经济一体化进程；减让税收以刺激消费；等等。这些措施的推行使得泰国各生产要素出现恢复性发展，经济也呈现缓慢复苏，但其增长速度远不如危机前，主要体现在：第一，虽然泰国的产业结构逐步向合理化迈进，但其转型升级速度较慢且存在着明显的非均衡性，在一定程度上制约了泰国的经济发展；

第二,人口老龄化问题愈发严重,根据世界银行统计数据,2014 年,65 岁及以上人口占总人口的比重已经超过 10％,不利于经济的可持续发展;第三,贫富分化加剧,20％最低人口收入占总收入的份额约为 7％,从而引发潜在的经济及社会问题;第四,泰国经济发展受外部市场影响较大,对外贸易、外商直接投资、旅游状况等都与泰国经济发展息息相关,外部市场的波动加剧了经济风险。

(二)现状

自 2015 年起,泰国经济开始缓慢回升,且相对而言更具稳定性,表 10 - 6 绘制了 2015—2020 年泰国的实际 GDP 增速、CPI 同比增速及其在东南亚经济中的份额,可以明显看出:2015—2018 年的实际 GDP 增速稳中有升,2019 年有所回落,2020 年则出现较大衰退;CPI 同比增速一直处于较低水平,甚至在部分年份呈现通货紧缩的状态;其经济总量在东南亚经济中的份额在 16％左右,高于新加坡和马来西亚的这一数值。

表 10 - 6　2015—2020 年泰国实际 GDP 增速、
CPI 同比增速及其在东南亚经济中的份额

年份	实际 GDP 增速	CPI 同比增速	在东南亚经济中份额
2015	3.1％	− 0.9％	15.92％
2016	3.4％	0.2％	15.6％
2017	4.2％	0.7％	16.02％
2018	4.2％	1.1％	16.55％
2019	2.3％	0.7％	16.79％
2020	− 6.1％	− 0.8％	16.3％

注:数据来源于 IMF。

泰国经济之所以在 2015—2018 年稳中有升,主要是由于:一则,泰国出口导向的发展模式,使其经济对出口较为依赖,根据联合国贸易和发展会议统计数据,2015—2018 年的出口贸易额连年攀升,对生产要素的发展具有促进作用;二则,失业率处于较低水平,根据泰国统计局统计数据,失业率维持在 1％左右,有利于人力资本的扩张;三则,旅游业持续向好发展,入境人数及旅游业消费激增,进而对泰国经济具有提振效应;四则,政府持续出台各项投资刺激措施及其他刺激经济的政策,并取得一定成效。

而2019年,全球贸易保护主义此起彼伏给依赖出口的泰国经济带来了严重冲击,叠加泰铢币值坚挺以及政治风险升高的影响,经济增速显著下降。2020年,新冠肺炎疫情暴发后,泰国出口贸易大幅下降,旅游业遭到重创,经济重要支柱遭受严重打击,由此出现了亚洲金融危机以来最为严重的经济萎缩。

(三)前瞻

在短期(未来3—5年)中,尽管RCEP的签署对泰国经济复苏具有一定的促进作用,但泰国经济发展受外部市场的影响较大,产业结构、人口老龄化、贫富分化、政治动荡等在短期内可能不会得到根本性改善,因而泰国经济将在艰难中复苏,且不确定性较大。根据IMF预计,泰国2021—2025年的实际GDP增速分别为2.6%、5.6%、3.8%、3.5%、3.6%,低于东南亚地区平均水平。

在中长期(未来15—20年甚至更长)中,乐观情况下,泰国能够发挥其现有优势,加强区域合作,改善阻碍经济发展的内在缺陷,防范化解外部风险,其经济将以较快速度发展,并成为东南亚地区最具发展潜力的国家之一;而悲观情况下,泰国将继续以较低速度发展,在新兴市场和发展中经济体群体性崛起中处于落后地位。

六、 印度尼西亚的经济发展

(一)历史回顾

印度尼西亚从1945年宣布独立后便开始走上了发展民族经济的道路,但苏加诺执政二十余年间(1945—1967年)经济政策的实施效果并不理想,尤其是在20世纪60年代中期,生产下降、通货膨胀飙升、外汇储备枯竭,经济濒于崩溃①。而在苏哈托②执政后,通过采取新的政策与措施,

---

① [印度尼西亚]布迪约诺. 历史大变局中的印尼经济. 龚勋译. 北京: 北京大学出版社,2017.

② 苏哈托1965年发动军事政变推翻印尼开国总统苏加诺,并从1967年起担任印尼总统,直至因亚洲金融风暴引发国内政治危机而被迫于1998年下台,统治印尼长达32年。

印尼经济开始逐步向好发展,图10-7绘制了1968—2015年的实际GDP增速走势。在亚洲金融危机爆发前,印尼的经济增长速度较高,1968—1997年的年均实际GDP增速为6.77%;危机爆发后,印尼经济增长有所放缓,1999—2015年的年均实际GDP增速为5.04%,但其稳定性相较于危机发生前略优。

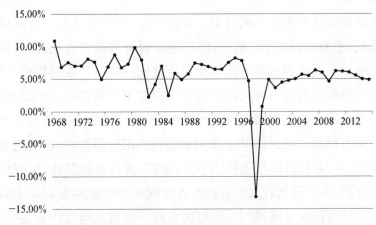

图10-7　1968—2015年印度尼西亚的实际GDP增速
注:数据来源于世界银行。

苏哈托接管政权后,从发展生产力入手,借助外资和本国力量发展经济。第一,根据经济发展条件大力发展工农业生产。农业领域,将重点放在粮食生产上,在实现粮食自给的同时开始向国外出口,根据世界银行统计数据,1997年的粮食产量比1968年翻了一番还多;工业领域,优先发展以本国资源为基础的出口导向型制造业,同时发展纺织品、日用消费品为中心的进口替代工业,使其满足国内需要并大量出口。第二,重视教育与科技的发展。根据世界银行统计数据,15岁及以上成人识字率由1972年的51.91%增加至1997年的95%,国民素质和教育水平得到较大提升;政府将科技发展列入五年计划内容之中,通过加强研发投入、引进技术等,推动了本国的科技进步。第三,实施新的政策和措施。一方面,调整外资政策,把利用外资作为发展经济的一项基本国策,放弃对外资实行国有化政策,从而通过加大对各类经济活动的投资,促进资本扩张和技术进步;另一方面,增加国内投资,依靠政府投资为主、国内私人资本为辅进一步促进生产要素的发展。

亚洲金融危机发生后，面对危机带来的不断恶化的经济形势，印尼政府采取了一系列对策：成立特别机构专门处理危机事务；在稳定汇率的同时积极向国际组织寻求帮助；整顿、加强金融秩序与监管；鼓励出口并放宽外资政策；加快企业改革；等等。在上述措施的刺激下，印尼的资本和科技出现恢复性发展，经济呈现稳定且速度较快的增长，即使在全球金融危机时期也没有出现大幅衰退。即便如此，印尼经济的可持续增长仍远未实现，主要原因在于：第一，印尼经济对外依赖程度较高，外向型经济发展容易受到世界市场的影响而发生波动；第二，产业结构单一化，支柱产业集中在以出口为导向的劳动密集型加工工业部门，尚未形成一个完整的工业体系来支撑国内的经济发展；第三，印尼整体的人力资本水平与科技实力较弱，在《2015 年全球创新指数（GII）》报告中，印尼的全球排名为第 97 位，对经济的拉动作用不强；第四，贫富差距悬殊，根据世界银行统计数据，20% 最低收入人口收入占总收入的份额约为 7%，不利于印尼经济的持续健康发展；第五，印尼的贪污腐败现象越发严重、法律体系不健全、国家安全问题层出不穷等，对经济发展也会产生一定阻碍。

（二）现状

自 2016 年起，印尼一改之前 5 年经济增速小幅下滑的状态，开始缓慢回升且维持在 5% 以上，如表 10 - 7，除 2020 年呈现负增长外，印尼经济在现阶段均以稳定且较快的速度增长；CPI 同比增速一直保持在较为合理的区间内；其经济总量在东南亚经济中的份额一直维持在三分之一以上，是东南亚地区第一大经济体。

表 10 - 7　2016—2020 年印尼实际 GDP 增速、
CPI 同比增速及其在东南亚经济中的份额

年份	实际 GDP 增速	CPI 同比增速	在东南亚经济中份额
2016	5%	3.5%	35.17%
2017	5.1%	3.8%	35.79%
2018	5.2%	3.3%	33.99%

（续表）

年份	实际 GDP 增速	CPI 同比增速	在东南亚经济中份额
2019	5％	2.8％	34.57％
2020	－2.1％	2％	34.42％

注：数据来源于 IMF。

（三）前瞻

短期（未来 3—5 年）来看，在政府的刺激措施下，印尼的消费、投资和出口将形成合力，拉动经济以较快速度复苏。根据 IMF 预计，印尼 2021—2025 年的实际 GDP 增速分别为 4.3％、5.8％、5.7％、5.4％、5.2％，与东南亚平均水平大致相仿。此外，印尼经济总量在东南亚经济中的份额将为 35％左右，仍保持东南亚第一大经济体的地位。但结合疫情的控制力度以及国内外环境的变动，印尼在短期内的经济发展还具有较大的不确定性。

中长期（未来 15—20 年甚至更长）来看，积极情况下，印尼经济仍将保持较快的增长速度，在东南亚乃至世界经济中的话语权进一步增强；而消极情况下，印尼的经济增长速度将变缓。

七、越南的经济发展

（一）历史回顾

1976 年越南南北统一后，由于在进行社会主义改造过程中急于求成，导致越南经济陷入停滞。面对严峻的经济形势，越共开始转变发展思想，逐步调整经济政策，但成效甚微。20 世纪 80 年代中期，越南受到苏联东欧改革和中国改革开放的启发，决定开展彻底的革新开放运动，此后越南经济开始向好发展[①]，出现了如图 10-8 所绘制的 1986—2017 年的实际 GDP 增速走势，1986—2017 年的年均实际 GDP 增速为 6.52％，即使在亚洲金融危机时期增速下滑，但也未出现负增长。

越南经济持续稳定发展的原因主要可以通过以下四个方面进行说明：

[①] 郭明，罗方明，李白茵，吴裕柏.越南经济.南宁：广西人民出版社，1986.

图 10-8 1986—2017 年越南实际 GDP 增速

注：数据来源于世界银行。

实物资本方面。就农业生产而言，越南政府不断深化农业体制改革，提高农民的生产积极性，加之拥有发展农业得天独厚的条件①，越南农业成为其经济支柱之一。根据世界银行统计数据，2017 年，越南的粮食产量比 1986 年翻了一番。就工业生产而言，随着以市场运行为基础的经济体制框架初具雏形，越南国内产品的生产已经基本可以满足人们的吃穿住行及其他生活需要；越南还实施出口导向战略，推动大量的农林水矿产品及劳动密集型产品走向国际市场，对外贸易开始成为经济发展的发动机。此外，通过加强对外资的引进力度，增加了用于农业、工业领域的投资；韩国、日本、中国等国家也纷纷在越南设立工厂或将劳动密集型产业转移至越南，进一步推动了物质力量的增强。

人力资本方面。一方面，越南拥有丰富的廉价劳动力。根据世界银行统计数据，越南人口总量逐年上升，15—64 岁人口占总人口的比重由 1986 年的 55.76％增加至 2017 年的近 70％；出生时平均预期寿命也由 1986 年的 69.29 岁上升至 2017 年的 75.24 岁，减少了人力资本损耗。另一方面，全社会劳动力素质有所提升。政府对教育颇为重视，公共教育支出占 GDP 的比重约为 4.5％；通过举办科技领域的国际培训班，提高国内人才水平；吸引海外科学家，不断发展高层次人才对接网络。

---

① 古小松，罗文青.越南经济.北京：世界图书出版公司，2016.

科学技术方面。越南通过创新创业、吸引外资、加强科技合作等形式积极融入国际创新网络,在知识和创新产出、市场多样性方面有着较好发展,根据《2017年全球创新指数(GII)》报告,越南在全球排名第47位,比2016年提升了12位,科技进步对经济增长的拉动作用也随之增强。

经济制度方面。在1986年越共六大上,明确了越南目前所处的社会发展阶段是社会主义过渡时期的初级阶段,要以经济建设为中心,打破原有计划经济体制,在农业、工业、价格、金融、财政、外贸、外资等诸多领域进行市场导向的改革,通过贯彻实施改革措施,越南取得了瞩目的经济成果。2001年,越共九大上明确了社会主义定向市场经济体制是越南的新的经济发展模式,此后,越南政府一直持续地推行革新开放。

(二) 现状

现阶段,越南经济仍呈现稳定较高速的增长势头。根据IMF统计数据,2018—2019年的实际GDP增速均高于7%,远高于东南亚地区平均水平,并成为在全球经济低迷的背景下,经济增长最快的、最稳定的新兴国家之一;通货膨胀也维持在较为合理的区间;其经济总量在东南亚经济中的份额也在10%左右。

尽管2020年新冠肺炎疫情的暴发阻碍了越南各大生产要素的发展,但得益于社会主义国家能够集中力量办大事,越南的疫情防控力度较好,经济活动的恢复速度较快,进而使得其经济增速虽有放缓,但依然保持2.9%的正增长,其经济总量在东南亚经济中的份额小幅上升至11.07%。

(三) 前瞻

就短期(未来3—5年)而言,越南的经济基本面将保持强劲,各大生产要素的恢复性发展较为迅速,经济将以较快且较稳定的速度增长。根据IMF预计,越南2021—2025年的实际GDP增速分别为6.5%、7.2%、6.9%、6.8%、6.6%,远高于东南亚地区的平均水平。

就中长期(未来15—20年甚至更长)而言,只要越南充分利用内部优势及外部机遇,克服自身缺陷与不足,就能够继续呈现高速增长态势,在东南亚地区的影响力显著增强;但如果其在国内国际所持的政策出现问题,实物资本与人力资本积累不足、经济技术对外依赖严重等问题凸显之下将导致经济发展变缓,甚至可能会引发一轮崩溃和动荡。

八、 菲律宾的经济发展

(一)历史回顾

二战期间,菲律宾曾沦为日本殖民地;二战结束后,美国重新占领菲律宾;1946 年,菲律宾以和平的方式从美国获得独立;独立后,菲律宾的经济取得了迅速发展,甚至曾在 20 世纪五六十年代处于发展中国家现代化的领先地位。如图 10 - 9:1947—1983 年的年均实际 GDP 增速为6.82%,增长速度较快;而 20 世纪 80 年代初世界经济衰退所引发的初级产品需求和价格下跌全面恶化了菲律宾的财政和国际收支情况,1984—1985 年的实际 GDP 增速为 - 7.3%左右;之后菲律宾的发展日益被昔日落后于自己的邻国远远甩在身后,1986—2016 年的年均实际 GDP 增速为 4.39%,低于东南亚地区的平均水平。

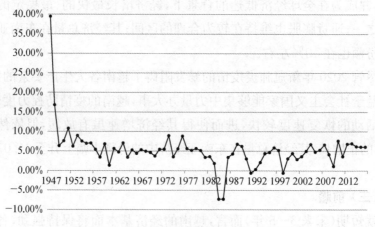

图 10 - 9　1947—2016 年菲律宾实际 GDP 增速
注:数据来源于世界银行。

在 20 世纪 80 年代经济崩溃前,菲律宾经济增长较快的原因在于:积极推动"绿色革命",实现粮食自给;构建起包括初级产品进口替代部门、重工业和化学工业部门、生产椰子和砂糖的农业综合企业部门在内的工业体系;鼓励外国投资和出口替代的发展。人口总量、15—64 岁人口占比、出生时平均预期寿命均不断上升；政府对教育的重视程度较高,15岁及以上成人识字率在 1983 年超过 90%。通过重视科技发展、引进优秀科研成果等,实现了科技的较大进步。通过整顿政府机构,惩治腐败,实行土地改革;逐步将工业发展战略由进口替代战略转变为出口导向战略;扩大政府支出,大举外债;调整对美国完全依附的政策等。

1992 年拉莫斯政府①上台后,实行改革开放,大力实施出口导向战略,经济发展有所加快,但由于:第一,菲律宾对外部市场的依赖性较大,容易受到如金融危机等带来的冲击,导致经济增速放缓;第二,制造业发展长期滞后,存在大规模基础设施瓶颈,导致其出口缺乏竞争力②;第三,贫富差距悬殊,根据世界银行统计数据,20% 最低收入人口收入占总收入的份额仅为 6% 左右;第四,对科技进步的支持力度极其有限,研发支出占 GDP 的比重仅为 0.1% 左右;第五,菲律宾的政局不稳以及社会动荡等。这一发展并不具有稳定性和可持续性。

(二)现状

如表 10-8,菲律宾 2017—2019 年的经济增速虽有小幅下滑,但整体处于较高水平,但 2020 年出现接近 10% 的下降幅度;CPI 同比增速在2018 年有所上升,其他年份均处于合理区间内;其经济总量在东南亚经济中的份额一直维持在 11%—12% 之间。

表 10-8 2017—2020 年菲律宾实际 GDP 增速、
CPI 同比增速及其在东南亚经济中的份额

年份	实际 GDP 增速	CPI 同比增速	在东南亚经济中份额
2017	6.9%	2.9%	11.53%
2018	6.3%	5.2%	11.33%
2019	6%	2.5%	11.63%
2020	-9.5%	2.6%	11.76%

注:数据来源于 IMF。

---

① 1992 年 1 月,拉莫斯参加总统竞选获胜,同年 6 月出任菲律宾总统,1998 年 6 月去职。
② 申韬,缪慧星.菲律宾经济社会地理.北京:世界图书出版公司,2014.

（三）前瞻

从短期(未来 3—5 年)来看,随着疫情渐缓、社会经济活动逐渐恢复正常、基础建设不断取得成果,菲律宾经济将以较快速度复苏。根据IMF 预计,菲律宾 2021—2025 年的实际 GDP 增速将分别为 6. 9%、6. 5%、6. 5%、6. 5%、6. 5%,远高于东南亚的平均水平,其经济总量在东南亚经济中的份额也将上升至 12. 3%。但由于国内外还存在较多不确定因素,因而其经济增长是否会如 IMF 所期,仍有待观察。

从中长期(未来 15—20 年甚至更长)来看,如果菲律宾能够加强区域间的经贸、科技合作,推动产业结构转型升级,妥善化解外部风险等,经济是可能以较高的速度增长,并成为东南亚地区经济增长的主要动力之一的;但如果不能处理好内部各要素之间的关系,外部卷入各种国际争端的话,则经济只能以较低速度增长,落后于其他新兴市场和发展中经济体的发展。

第十一章

中西部亚洲的经济发展

一般把亚洲中部的内陆地区,包括土库曼斯坦、吉尔吉斯斯坦、乌兹别克斯坦、塔吉克斯坦、哈萨克斯坦五个国家,面积为 400.3 万平方公里,约占亚洲总面积的 9.0% 的地区称为中亚。而把位于阿拉伯海、红海、地中海、黑海、里海之间,包括伊朗、伊拉克、阿塞拜疆、格鲁吉亚、亚美尼亚、土耳其、叙利亚、约旦、以色列、巴勒斯坦、沙特阿拉伯、巴林、卡塔尔、也门、阿曼、阿拉伯联合酋长国、科威特、黎巴嫩、塞浦路斯、阿富汗 20 个国家,面积 723.8 万平方公里的地区称为西亚。接下来,我们将按照这一地域划分对中亚地区和西亚地区的经济发展分别展开讨论。

第一节 中亚地区的经济发展

苏联时期,中亚五国先后建立苏维埃社会主义共和国,并加入苏维埃共和国联盟。而后在苏联民族分立主义达到高潮时,这五个国家又先后宣布独立。1991 年 8 月 31 日,乌兹别克斯坦、吉尔吉斯斯坦宣布独立;1991 年 9 月 9 日,塔吉克斯坦宣布独立;1991 年 10 月 27 日,土库曼斯坦宣布独立;1991 年 12 月 16 日,哈萨克斯坦宣布独立,中亚五国最终成为独立的主权国家。

一、中亚地区整体的经济发展

(一)历史回顾

在独立之初,中亚五国均出现十分严重的经济衰退,如图 11-1 所示,1991—1995 年的五国年均实际 GDP 增速为－8.54％,甚至在 1994 年出现－11.92％的经济增速。自 20 世纪 90 年代中后期开始,中亚地区经济开始出现恢复性发展,实际 GDP 增速呈不断上升之势,1996—2014 年的年均实际 GDP 增速为 6.31％,其中,2000—2014 年的年均实际 GDP 增速高达 7.48％,即使在全球经济危机时期,GDP 也并未表现出负增长,经济整体而言较为稳定。

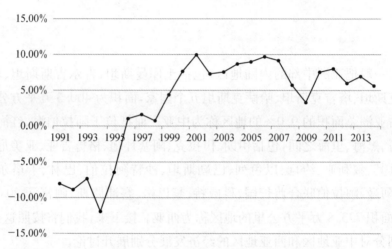

图 11－1　1991—2014 年中亚地区的实际 GDP 增速
注：数据来源于联合国统计司。

　　中亚五国在独立之初之所以均陷入了严重的经济危机之中,可以从以下几个方面解释：在苏联解体之前,中亚五国经济是以"劳动分工"政策①为原则运行的,中亚地区形成了有色金属、化学、机械、电力等工业相对发达,其他产业发展滞后的情形;分别独立后,每一个国家都没有一个完整、独立的工业体系,而原有的协作却又受到了国境线的阻碍,使得这些国家独立后无法迅速振兴经济。就人力资本而言,就业人口的变化与

---

① "劳动分工"政策规定,哈萨克苏维埃社会主义共和国重点发展粮食和有色金属初级生产;乌兹别克苏维埃社会主义共和国重点发展有色金属和石油、天然气开采、部分机器制造业和棉花种植业;土库曼苏维埃社会主义共和国重点发展石油、天然气开采、棉花种植和养羊业;塔吉克苏维埃社会主义工业国重点发展植棉、机床生产和水电工业;吉尔吉斯苏维埃社会主义共和国重点发展有色金属冶炼、电机工业、制糖业、甜菜和棉花种植业。

人口总量的变化不成正比，劳动力供求矛盾激化，劳动力过剩现象的加剧使得人力资本扩张明显受阻；随着苏联解体，俄罗斯人离开中亚迁回俄罗斯，导致高质量的劳动力大量减少，中亚地区失去了前苏联时期所拥有的人才优势，进而加剧了经济危机的爆发并滞缓了其经济的恢复速度。就科学技术而言，中亚五国独立后的科技体制基本沿袭了苏联时期的模式，但由于苏联解体后各国逐渐失去了依靠和联系，能够获得的科学技术明显减少，且自身研发能力不足，使其对经济增长的拉动作用大幅减弱。

独立后，中亚五国打破旧制度，从计划经济向市场经济转变，在新的经济制度下推进了要素的新一轮积累和经济发展的再出发：第一，依托丰富的自然资源①，中亚各国相继制定了本国的经济或工业发展战略，农业、工业等领域的生产能力均得到显著提升，推动经济发展进入稳定增长阶段；中亚国家开始积极参与国际经济合作，与国际接轨的程度越来越高，如2001年成立的上海经合组织，成为物质力量增强的重要驱动力。第二，人力资本扩张速度加快。中亚地区拥有丰富的廉价劳动力，劳动力数量庞大且较为廉价，在政府一系列帮助劳动人口就业政策的推动下，就业情况得到显著改善；通过推进人才培养改革、加大教育投资力度、加强和完善教育体系建设、推进教育资源和教育信息化建设等，中亚地区的教育水平和全社会居民素质有所上升，劳动力质量得到提高。第三，科学技术水平有一定上升。中亚五国通过不断改革科技体制、增加科技经费投入等，自身科技领域的发展不断得到促进，不仅在冶金、石油化工和农业等领域形成了一定优势，还在原有优势的基础上发展起了核物理、天文、航天等新领域的优势；中亚五国在保持与俄罗斯等部分独联体国家紧密联系的同时，还日益加强与美、欧、日等国家和地区的科技合作，进一步提升了其科技水平。第四，中亚五国根据本国情况先后制定了经济发展战略和经济体制改革的方式与目标，大力推行经济体制改革，即从计划经济体制走入了市场经济体制，如吉尔吉斯斯坦通过了《稳定国民经济与向市场经济转变的方案》等。

---

① 杨德刚,杜宏茹.中亚经济地理概论.北京：气象出版社,2013.

（二）现状

如表 11-1 所示，2015—2019 年中亚地区整体的年均实际 GDP 增速为 4.17％，较上一阶段出现明显下滑；根据中亚五国的增长率测算，2020 年，中亚地区整体的经济也出现了一定衰退。

表 11-1 2015—2020 年中亚地区整体及中亚五国的实际 GDP 增速

年份	中亚整体	土库曼斯坦	吉尔吉斯斯坦	乌兹别克斯坦	塔吉克斯坦	哈萨克斯坦
2015	3.51％	6.5％	3.9％	7.4％	6％	1.2％
2016	3.18％	6.2％	4.3％	6.1％	6.9％	1.1％
2017	4.71％	6.4％	4.7％	4.5％	7.1％	4.1％
2018	4.78％	6.2％	3.5％	5.4％	7.3％	4.1％
2019	4.69％	6.3％	4.5％	5.8％	7.5％	4.5％
2020	—	0.8％	-8％	1.6％	4.5％	-2.6％

注：中亚地区整体实际 GDP 增速数据来源于联合国统计司；中亚五国的实际 GDP 增速数据来源于 IMF。

2015—2019 年中亚地区经济增速放缓的原因主要包括：首先，实物资本积累能力受国际经济形势影响而降低。中亚地区整体的工业化水平较低且进程缓慢，基础设施等的投资不足；国际大宗商品价格波动，影响了这些商品的生产与出口，导致中亚地区的实物资本扩张速度变慢；由于俄罗斯与中亚国家的经贸联系十分紧密，俄罗斯的经济增长速度变缓产生了联动效应；全球需求疲软和贸易关系持续紧张影响了中亚地区的对外贸易。其次，尽管中亚地区有着丰富的劳动力，但总体质量不高，且整体的教育处于较低水平，劳动力质量提升速度缓慢。再次，科技投入、科技产出不足，在全球创新指数排名中的位次也靠后，难以通过科技进步形成新的经济增长点。最后，中亚五国经济还存在过于依赖资源行业、产业结构单一、易受外部因素的冲击、高通货膨胀水平等问题。

2020 年，新冠肺炎疫情的暴发使得中亚地区的实物资本、人力资本和科技资本扩张进一步放慢，整个地区的经济出现 21 世纪以来的首次负增长。

（三）前瞻

我们认为，未来 3—5 年，中亚地区的实际 GDP 增速将回升至 4％左右,很难达到 2000—2015 年的高速增长状态其经济总量在亚洲经济中的占比仍然会很低。从中长期(未来 15—20 年甚至更长)来看,乐观情况下,中亚国家能够充分利用其丰富的资源优势,加强与其他国家或地区尤其是中国与俄罗斯的全方位合作,抓住"一带一路"倡议带来的机遇,调整产业结构、加速工业化进程、改革经济体制等,经济是能够恢复到中高速增长,并成为世界具有投资吸引力的重要地区之一的;但如果不能把各种国际国内优势用足,甚至出现选择失误,经济增长速度甚至会从年均 4% 左右跌落下来,出现发展停滞。

二、 中亚地区部分国家的经济发展

(一)哈萨克斯坦

1. 历史回顾

哈萨克斯坦是世界上最大的内陆国,一度是俄罗斯帝国的殖民地,1936 年成为苏联的加盟共和国,1991 年宣布独立。独立后,哈萨克斯坦的经济出现严重下滑,1991—1999 年间,经济有 6 年呈现负增长,且有 2 年的实际 GDP 增速低于 -10%;但进入 21 世纪后哈萨克斯坦经济转为高速增长,2000—2014 年的年均实际 GDP 增速高达 7.7%(如图 11-2)。

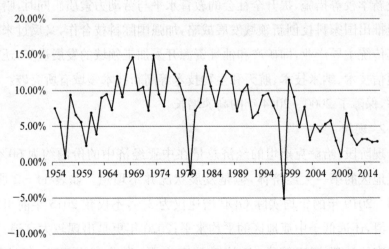

图 11-2　1991—2014 年哈萨克斯坦实际 GDP 增速
注:数据来源于世界银行。

哈萨克斯坦独立初期,经济之所以会出现严重衰退且复苏极为缓慢,主要是因为:第一,受"劳动分工"政策和优先发展重工业的影响,独立前的哈萨克斯坦是以燃料动力、有色冶金、黑色冶金等为支柱产业,未能形成作为主权国家应该具备的完整国民经济体系和工业体系,导致独立后的生产陷入停滞,经济出现明显衰退。第二,哈萨克斯坦独立后,大批量的俄罗斯人迁出,整个国家的劳动力素养降低,高层次人才严重流失;根据世界银行统计数据,1992—1999 年的人口均为负增长,出生时平均预期寿命小幅下滑,总失业人口占总劳动力的比重则由 1991 年的不足 1% 上升至 1999 年的 13.46%,劳动力数量也明显减少。第三,研发支出占 GDP 的比重仅为 0.2% 左右,科技投入极低,加之苏联解体后的国际科技合作明显减少,使其对经济增长的拉动作用显著下降。第四,传统高度集中的指令性计划和部门管理体制不能适应哈萨克斯坦的经济发展需要,造成独立后其经济的全面崩塌。

为此,哈萨克斯坦进行了较全面的改革,并凭借其丰富的能源资源,日益成为中亚地区主要的能源出口国,有效促进了相关产业的生产与对外贸易的发展。在此基础上实现了:进入 21 世纪后人口总量和预期寿命不断上升,失业率显著下降的重大成就;也使得政府能通过增加拨款、建设新学校等措施,提升全社会的教育水平与劳动力素质。同时,哈萨克斯坦推出国家科技创新领域发展战略,加强国际科技合作,又反过来推动了其传统主导产业,即矿产和油气资源开采加工领域的发展进步,还在信息通信技术、纳米技术、航天和生物技术等高新技术领域有所突破。多力并举,保障了 2000—2014 年的高速增长。

2. 现状

现阶段,哈萨克斯坦的经济总量在中亚经济中的份额约为 60%,是中亚地区的第一大经济体,但是发展状况并不理想。如表 11 - 2 所示,2015—2019 年的年均实际 GDP 增速仅为 3%,不仅较 2015 年前出现显著下滑,还远低于中亚地区的平均水平;2020 年更是出现较大衰退;通货膨胀率的波动幅度较大,且处于较高水平;失业率在 2020 年达到了 5.5%。

表 11－2　2015—2020 年哈萨克斯坦的实际 GDP 增速、CPI 同比增速及失业率

年份	实际 GDP 增速	CPI 同比增速	失业率
2015	1.2%	6.7%	5.1%
2016	1.1%	14.6%	5%
2017	4.1%	7.4%	4.9%
2018	4.1%	6%	4.9%
2019	4.5%	5.2%	4.8%
2020	−2.6%	6.8%	5.5%

注：数据来源于 IMF。

2015—2019 年哈萨克斯坦经济增速下滑的主要原因有：一则，国际能源价格大幅波动，使得依赖能源生产和出口的哈萨克斯坦面临的不确定性显著增多；全球经济低迷以及贸易摩擦加剧，导致其对外贸易发展受到抑制，上述因素压制了实物资本的扩张速度。二则，根据世界银行统计数据，哈萨克斯坦 15—64 岁人口占总人口的比重由 2015 年的 66.54% 下降至 2019 年的 63.47%，而 65 岁及以上人口占总人口的比重却由 2015 年的 6.76% 上升至 2019 年的 7.65%，老龄化减弱了人力资本的扩张速度；三则，2020 年暴发的新冠肺炎疫情严重阻碍了哈萨克斯坦的发展，经济出现自独立之初的经济危机以来最为严重的衰退。

3. 前瞻

就短期（未来 3—5 年）而言，哈萨克斯坦经济出现较高速增长的可能性不大。根据 IMF 预计，哈萨克斯坦 2021—2025 年的实际 GDP 增速分别为 3.2%、4%、4.8%、3.5%、3.5%，其经济总量在中亚经济中的份额将略有下降，但仍能保持中亚地区第一大经济体的地位。

就中长期（未来 15—20 年甚至更长）而言，哈萨克斯坦如果能够充分利用其丰富的能源优势，加强在各领域的国际交流合作，妥善解决内部缺陷并化解外部威胁，资本扩张、科技进步及经济体制改革速度将加快，其经济发展也将重回快车道，引领中亚地区的经济发展；反之，哈萨克斯坦很可能跌入所谓的"中等收入陷阱"，经济发展延续 2021—2025 期间的低速增长，甚至出现低于这个时期的经济增长，使其在中亚经济中的份额进

一步降低。

（二）乌兹别克斯坦

1. 历史回顾

作为世界上两个仅有的双重内陆国之一,乌兹别克斯坦于 1917 年建立了苏维埃政权,1924 年成为苏联加盟共和国,并于 1991 年宣布独立。独立之后,乌兹别克斯坦的经济发展也很不理想,如图 11－3 所示,1991—1995 年期间的实际 GDP 增速为负,且 1992 年为－11.2％;1996—2003 年开始缓慢复苏,年均实际 GDP 增速为 3.96％;2004 年起,乌兹别克斯坦的经济出现高速增长,2004—2016 年的年均实际 GDP 增速达到了 7.65％,略优于中亚地区的平均水平。

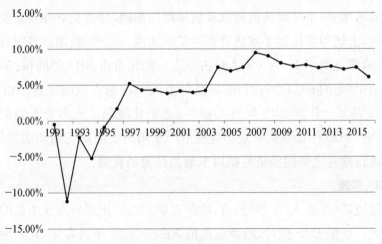

图 11－3　1991—2016 年乌兹别克斯坦实际 GDP 增速
注:数据来源于世界银行。

独立初期出现五年负增长的原因可归纳为:第一,独立前乌兹别克斯坦的工业是以有色金属开采、冶炼和部分机器制造业为代表的,仅是联盟中央整体经济发展中的一个环节,独立后整体性被国界所破坏,工业及经济发展停摆甚至出现严重倒退。第二,根据世界银行统计数据,就业人口占 15 岁及以上总人口的比重不断下滑;移民浪潮的侵袭使得高质量劳动力大规模减少,社会劳动力素质和技能有所下降。第三,由于科技投入较低且独立后的国际科技合作明显减少,导致乌兹别克斯坦的科技进步速度极为缓慢。第四,所采取的高度计划化、国有化的方式无法适应乌兹别克斯坦的经济发展。为摆脱严重的经济危机,乌兹别克斯坦对经济结构调整和市场经济改革展开了全面但渐进的改革之路,经济开始呈现恢复性发展。根据乌兹别克斯坦统计局数据,2016 年的农业、工业生产总值(以苏姆计价)分别是 1995 年的 500 多倍和近 1500 倍。根据世界银行统计数据,2016 年,乌兹别克斯坦的公共教育支出占 GDP 的比重在 6% 左右,加之外资流入与资本投资增多,科技人员总数在中亚地区处于较高水平;全社会人员素质不断提升。

2. 现状

自 2017 年起,受全球经济低迷、贸易摩擦频发的影响,乌兹别克斯坦的经济增长速度放缓。如表 11 - 3 所示,2017—2019 年的年均实际 GDP 增速为 5.23%,较 2004—2016 年的平均增长率略低,但总体而言高于中亚地区的平均水平,2020 年,经济增速明显放缓但并未出现负增长;2017—2020 年的 CPI 同比增速均超过 10%;即使在新冠肺炎疫情暴发的背景下,得益于该国农业和建筑业等行业的恢复性生产较为迅速,弥补了一些行业下滑所造成的损失,2020 年,乌兹别克斯坦的经济仍呈现正增长,进而使其经济虽出现自 1996 年以来的最低增速,但依然高于中亚地区以及世界平均水平。

表 11 - 3　2017—2020 年乌兹别克斯坦的实际 GDP 增速和 CPI 同比增速

年份	实际 GDP 增速	CPI 同比增速
2017	4.5%	13.9%
2018	5.4%	17.5%
2019	5.8%	14.5%
2020	1.6%	12.9%

注:数据来源于 IMF。

3. 前瞻

短期(未来 3—5 年)内,由于新冠肺炎疫情对乌兹别克斯坦生产要素的发展并未造成巨大的负面冲击,且恢复速度较快,进而使其经济在未来

3—5 年将呈现高于中亚地区平均水平的经济增速。根据 IMF 预计,乌兹比克斯坦 2021—2025 年的实际 GDP 增速分别为 5％、5.3％、5.5％、5.5％,其作为中亚地区第二大经济体的地位将得到进一步巩固和加强。

中长期(未来 15—20 年甚至更长)内,若乌兹别克斯坦能够把握住其优势与机遇,妥善化解内部缺陷与外部威胁,经济也会保持中高速增长,赶上甚至超过哈萨克斯坦;若处理不当,则难以继续保持当前及下一个阶段的发展势头,经济增长趋于缓慢,在中亚地区的经济地位被反超。

(三)土库曼斯坦

1. 历史回顾

土库曼斯坦是中亚地区的一个内陆国家,1925 年成为苏联的加盟共和国,1991 年宣布独立。独立初期,土库曼斯坦出现了十分严重的经济衰退,如图 11-4 所示,1991—1997 年期间 7 年就有 5 年的经济增长率为负。自 1998 年起,经济开始复苏。虽然在 1999 年增速达到高点后就迅速回落,2002 年的实际 GDP 增速仅为 0.26％;但从那以后增长变得持续,2005—2014 年的经济称得上是相对稳定且高速发展的,年均实际GDP 增速高达 11.14％,远高于中亚地区的平均水平,即使在全球金融危机期间也维持着超过 5％的经济增长率。

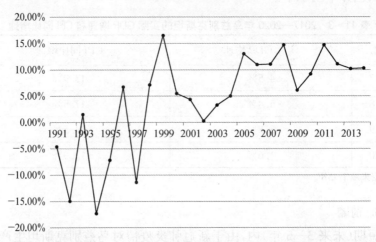

图 11-4 1991—2014 年土库曼斯坦实际 GDP 增速
注:数据来源于世界银行。

独立之初的土库曼斯坦所呈现的经济严重衰退以及复苏不稳定主要可以归因为以下几个方面:一则,土库曼斯坦作为苏联的原料供应地,发展的重点是依托于当地丰富的油气资源的油气和化学工业。作为大国的一个分工格局中的一个部分能够体现效率,但作为一个独立的国家就显得比例严重失衡了。二则,土库曼斯坦长期以种植业和畜牧业为主,因而其农业就业人口占总就业人口的比重较高,工业就业人口的比重处于较低水平,不利于人力资本的积累;独立后的移民浪潮带走了大量优质的俄罗斯族劳动力,降低了土库曼斯坦整体的劳动力质量。三则,独立初期,土库曼斯坦在科技研发方面的投入极低,加之国际科技合作的显著减少,使其拉动经济复苏及发展的能力较弱。

随后,土库曼斯坦采取了如乌兹别克斯坦一般的循序渐进的经济改革。随着改革的深入以及市场经济体制的巩固,各实物资本和人力资本的积累与经济一同呈现高速增长。就实物资本而言,土库曼斯坦通过实行有效的农业改革,粮食自给能力明显提高;凭借其丰富的油气资源,带动了相关产业和对外贸易的发展;根据世界银行统计数据,2014年的外商直接投资净流入是1998年的60多倍,固定资产投资则是2007年的约12倍,使其物质力量进一步增强。就人力资本而言,土库曼斯坦的人口总数不断增加,2014年,15—64岁人口占总人口的比重比1991年增加了约10%;政府对教育和健康相当重视,公共教育支出和医疗卫生支出占GDP的比重均较高。

2. 现状

2015年,国际油价暴跌,根据美国能源信息署,布伦特原油价格较2014年下跌近50%,给依赖石油的土库曼斯坦经济带来了巨大冲击。从表11-4我们可以看到,2015—2019年的年均实际GDP增速为6.22%,较上一阶段有所放缓,但远高于中亚地区的平均水平;在2020年,其经济出现自2003年以来最为缓慢的增长速度。各年CPI同比增速的波动幅度较大,总体而言通货膨胀率较高。现阶段,土库曼斯坦的经济总量在中亚经济中的份额约为15%,是中亚地区仅次于哈萨克斯坦和乌兹别克斯坦的第三大经济体。

表 11-4 2015—2020 年土库曼斯坦的实际 GDP 增速和 CPI 同比增速

年份	实际 GDP 增速	CPI 同比增速
2015	6.5%	7.4%
2016	6.2%	3.6%
2017	6.4%	8%
2018	6.2%	13.3%
2019	6.3%	5.1%
2020	0.8%	7.6%

注：数据来源于 IMF。

3. 前瞻

短期（未来 3—5 年）来看，后疫情时代的全球经贸发展、国际能源价格还具有较大的不确定性，根据 IMF 预计，土库曼斯坦 2021—2025 年的实际 GDP 增速分别为 4.6%、3.9%、3.9%、3.9%、3.8%，经济恢复速度较为缓慢，但仍将是中亚地区第三大经济体。由于土库曼斯坦本土没有出现疫情，我们认为，其经济将以比预期更快的速度增长，经济增长率可能会回升至 6% 左右。

中长期（未来 15—20 年甚至更长）来看，土库曼斯坦如果能够充分利用其油气资源优势，加强国际经济、科技合作，克服内在缺陷与外部威胁，经济将维持高速增长的状态，跃升为中亚地区第二大经济体；反之，则是经济增长速度越来越慢，与中亚地区前两大经济体的经济实力差距逐渐拉大。

第二节 西亚地区的经济发展

二战后，凭借丰富的石油储量，石油工业的迅速成长，整个西亚地区，除了少数在发展进程中遭到战争破坏、域外势力强力遏制的几个国家外，经济得以迅速发展。其中的产油国因油气生产而日益富裕，非产油国则得以充分利用其地理位置优势，从石油运输、加工和提供劳务中获取可观利润,也积累了不少财富。

一、 西亚地区整体的经济发展

(一)历史回顾

1960 年 9 月,亚、非、拉石油生产国为协调成员国石油政策、反对西方石油垄断资本的剥削和控制,成立了石油输出国组织,以确保石油生产国获得稳定收入。在此背景下,西亚地区迎来了经济的快速增长。从图 11 - 5 可以看出:20 世纪 70 年代初期,西亚地区的经济增长非常迅速,1971—1974 年的年均实际 GDP 增速超过 10%;但两次石油危机爆发后,国际原油价格暴跌,导致严重依赖石油出口的西亚经济大幅下滑,甚至在 1982 年出现了近 10% 的负增长;此后,西亚经济在大幅波动中发展,实际 GDP 增速最高达 13.74%(1990 年),最低为 - 1.27%(2009 年),经济增长率极不具有稳定性;1971—2013 年的年均实际 GDP 增速为 4.39%。

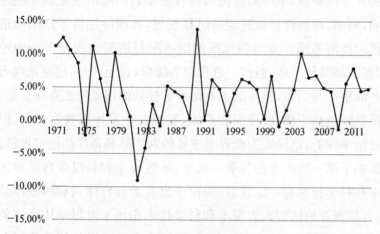

图 11 - 5　1971—2013 年西亚地区的实际 GDP 增速
注:数据来源于联合国统计司。

这段时间西亚地区经济能够以较快速度发展的原因可以归纳为:实物资本的顺利积累。就产油国[①]而言,通过大力发展石油工业,石油及相

[①] 西亚地区的产油国主要包括沙特阿拉伯、伊朗、伊拉克、阿拉伯联合酋长国、科威特、卡塔尔等;非产油国则是除产油国以外的西亚地区其他国家。

关产品的生产和出口在国民生产总值、国民收入和出口贸易中占据绝对优势,加之与其他地区石油生产国所成立的 OPEC 为确保获得稳定收入发挥了积极作用,积累了巨大的物质财富;以石油生产为基础,通过建筑业、运输业、加工业、商业等的发展把这些财富的一部分沉淀在了这些国家。就非产油国而言,凭借地理位置的优势,充当了石油运输、加工等角色,也从中获得扩张本国实物资本的助动力。人力资本的成功扩张。随着石油工业的崛起,本就人烟稀少的西亚地区出现了劳动力匮乏的情况,因而国家鼓励外企投资开发并积极接受外来移民,大批来自北非和欧美的一些企业和工人的涌入,推动了西亚地区人力资本的迅速扩张。科学技术一定程度的提升。国外企业的涌入在带来人力资源的同时,还带来了较为先进的石油开采、生产技术等,一定程度上提升了西亚地区整体的科技水平。

西亚地区经济增长极不稳定的主要原因在于:第一,石油是西亚地区经济发展的命脉,单一的经济结构容易受到国际市场尤其是能源市场的影响,例如,高油价会促进经济迅猛发展,而国际油价下跌则会造成西亚地区的经济萎缩。虽然西亚产油国不断付诸努力改变单一的经济结构,积极发展其他工业,但这一进程较为缓慢,直至今日,过度依赖石油及相关产品生产与出口,整体的工业化水平较低的现象依然存在。第二,西亚地区气候炎热干燥、沙漠面积广大,灌溉农业发挥着重要作用,但其农产品自给率较低,已经成为世界上主要的农产品和畜产品进口地区之一,严重影响了第一次产业的发展。第三,虽然外企和移民令西亚地区的人力资本和科学技术有一定发展,但由于自身的教育体系和科技体系发展缓慢,导致西亚地区的人力资本和科学技术相比于世界整体而言仍处于非常落后的水平。第四,由于西亚地区拥有十分重要的战略位置和丰富的石油资源,使其成为世界大国力量和政治势力长期博弈与争夺之地,导致军事战争或制裁频发,如以英美军队为主的联合部队在 2003 年对伊拉克发动军事行动等,叠加内部民族矛盾、地区冲突、宗教纷争等不断,不可避免地阻碍了西亚地区的经济发展。第五,西亚地区虽是世界上石油储量最丰富、产量最大和出口量最多的地区,但却长期饱受"资源诅咒"之困,经济改革难以触及根本,这在一定程度上限制了该地区经济的发展潜力,影响了其宏观经济运行的稳定性。

(二)现状

自 2014 年起,西亚地区整体的经济增长速度出现明显放缓,实际 GDP 增速低于 4%且呈不断降低的趋势,因而我们选用 2014—2019 年西亚地区整体的实际 GDP 增速和布伦特原油价格来分析其发展现状,如表 11 - 5 所示。随着布伦特原油价格的下跌,2014—2019 年西亚地区整体的年均实际 GDP 增速仅为 2.7%,且整体呈现不断下滑之势;根据联合国统计司数据,现阶段西亚地区的经济增长情况劣于亚洲其他地区,如东亚地区 2014—2019 年的年均增速为 4.84%、东南亚地区为 4.77%、中亚地区为 4.42%。

表 11 - 5 2014—2019 年西亚地区的实际 GDP 增速和布伦特原油价格

年份	实际 GDP 增速	布伦特原油价格(单位:美元/桶)
2014	3.27%	98.97
2015	3.78%	52.32
2016	3.21%	43.64
2017	2.45%	54.13
2018	2.23%	71.34
2019	1.28%	64.3

注:实际 GDP 增速数据来源于联合国统计司;布伦特原油价格数据来源于美国能源信息署。

到了 2020 年,布伦特原油价格较 2019 年的跌幅达近 35%,国际油价的暴跌给本就不景气的西亚经济带来了巨大的下行压力,叠加新冠肺炎疫情的扩散和蔓延,极大地阻碍了西亚的发展,经济随之陷入严重衰退之中。

(三)前瞻

从短期(未来 3—5 年)来看,后疫情时代,受全球经济不确定性增多、美国页岩油生产形成的对国际油价的压制、国际油价本身的波动、工业化进程缓慢等因素影响,西亚地区,尤其是产油国的"需求安全"得不到保障,进而导致实物资本积累颇为缓慢;人力资本和科学技术在短期内不会出现迅速发展;各国经济体制在短期内也不会实现根本性改革。据此,我们可以认为,在未来的 3—5 年中,西亚地区的实际 GDP 增速将回升到 2%—3%之间,经济增长速度十分缓慢,且受国际油价波动的影响还将具有较大的不稳定性,其经济总量在亚洲经济中的地位则会继续下降。

从中长期(未来 15—20 年甚至更长)来看,乐观情况下,西亚国家能够充分利用其地理位置及能源优势,与其他国家或地区加强经贸、科技合作,把握"一带一路"倡议带来的机遇,加速经济的彻底改革、推动经济多样化发展、改革和完善教育体系与科技体系,抵御潜在的国际能源市场波动和地缘政治风险,西亚地区整体的生产要素将得到较大发展,但即使是这样,其在世界经济体系中的地位依然难以有效提高;而悲观情况下,西亚地区经济将以更低的速度发展,甚至出现增长停滞的状况,难以摆脱"资源诅咒"陷阱。

二、 西亚地区部分国家的经济发展

在讨论西亚国家经济发展的共同特征后,我们分别选取西亚重要产油国沙特阿拉伯和伊朗,以及非产油国以色列来分析,尝试揭示西亚国家在经济发展过程中所表现出的特殊性。

(一)沙特阿拉伯
1. 历史回顾

沙特阿拉伯位于亚洲西南部的阿拉伯半岛,东临波斯湾,西临红海,石油储量和产量均居世界前列,是名副其实的"石油王国"。1938 年,沙特阿拉伯地底下发现了大量的石油,这个国家的经济发展便开始与石油紧密联系起来。由于西方石油公司的垄断,沙特阿拉伯政府最初只是参与石油生产的利润分成,20 世纪 70 年代以后,沙特阿拉伯政府在石油生产中才获得主动权。① 此后,沙特经济开始了突飞猛进的增长,如图 11-6 所示。海湾战争的爆发是一个分界点,1970—1991 年的年均实际 GDP

---

① [美]拉蒙·克瑞尔黑斯.沙特阿拉伯经济.北京:北京大学亚非研究所,1981.

增速达到近 6%；海湾战争后，沙特经济增长速度大幅放缓，1992—2015 年的年均实际 GDP 增速仅为 3% 左右，且波动幅度仍较大。

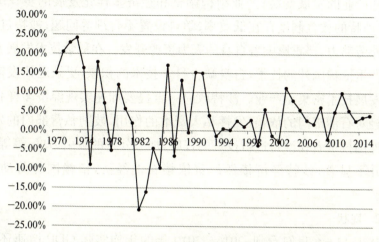

图 11-6 1970—2015 年沙特阿拉伯的实际 GDP 增速
注：数据来源于沙特经济计划部。

海湾战争爆发前，沙特年均增速高达 6% 的原因有四个方面。首先，农业生产有了较快发展，根据世界银行统计数据，1991 年的粮食产量是 1971 年的近 6 倍，不仅提高了沙特的粮食自给能力，还打入了国际市场；凭借丰富的石油资源，沙特通过制定和实施五年发展计划，促进石油产业以及相关配套产业迅猛发展。其次，沙特政府对教育和培训的重视程度较高，根据世界银行统计数据，公共教育支出约占 GDP 的 6%，15 岁及以上成人识字率由 1979 年的不到 40% 增加至 20 世纪 90 年代初的 70% 左右，劳动力质量得到显著提升；外籍劳工尤其是外国工程技术人员的流入也进一步促进了人力资本的扩张。再次，通过引进国外技术，加强国际科技交流合作，沙特的科技水平也有了一定提升。最后，沙特全面实行了以石油生产和石油出口带动国民经济发展的战略，公营企业在整个经济中的优势日益增加，对经济增长有着较大的促进作用。

为改革资源驱动型的增长模式，沙特调整了其经济发展战略，但这一调整与改革进程颇为缓慢且并未取得较好的成效。沙特经济在海湾战争爆发后的增长速度开始放缓。粮食产量增速较之前有所放缓，根据世界银行统计数据,2015 年的粮食产量仅比 1991 年增长了 31.95%;国际油价波动给石油的生产和出口带来了较大的不确定性,使得石油产业及相关配套产业的发展变缓;产业结构调整和经济多样化发展的步伐缓慢。而且,沙特的教育制度存在低效率、学科设置不合理等问题;沙特过于依赖国外劳动力,严重影响着自身的人力资源开发。在科学技术发展方面,沙特严重依赖国外的技术,自身缺少科学技术的积累,更缺乏研发能力,难以发展技术密集型产业。沙特政府一直提要加速实现经济多样化,逐步减轻对石油部门的依赖;发挥私人资本的作用,鼓励私营部门的发展;简化外国投资者在沙特进行投资的程序,加大外资的吸引力度;等等。但成效并不显著,沙特经济依然严重依赖石油经济,依赖国外劳动力与技术。

2. 现状

从表 11-6 我们看到,2016—2019 年的年均实际 GDP 增速还不足 1%,较上一阶段进一步减缓,且低于西亚地区的平均水平,2020 年则呈现明显的负增长;CPI 同比增速的波动幅度较大,在 2017 年和 2019 年甚至出现通货紧缩状态;失业率一直维持在 6% 左右。此外,现阶段,沙特的经济总量在西亚经济中的份额为 20% 左右。

表 11-6 2016—2020 年沙特阿拉伯的实际 GDP 增速、CPI 同比增速和失业率

年份	实际 GDP 增速	CPI 同比增速	失业率
2016	1.7%	2%	5.6%
2017	-0.7%	-0.8%	6%
2018	2.4%	2.5%	6%
2019	0.3%	-2.1%	5.6%
2020	-4.1%	3.4%	—

注:数据来源于 IMF。

这一阶段沙特经济之所以不景气,其原因主要在于:第一,沙特所追求的经济多样化面临结构性障碍,未能较好地调整经济结构。其经济受国际能源市场的影响仍然很大,国际油价的大幅波动导致石油部门萎缩,且非石油部门的发展还不足以弥补这一萎缩。第二,石油部门的萎缩导

致政府财政收入呈减少之势,使其对教育、科技等的投资力度下降,加之沙特对国外劳动力和科学技术的严重依赖并未改变。2020年,则由于国际油价暴跌叠加新冠肺炎疫情冲击,致使沙特经济出现自20世纪90年代以来最大程度的衰退。

3. 前瞻

短期(未来3—5年)内,沙特的经济结构不会出现大的调整,对外国要素仍会过度依赖,经济改革进程依然缓慢,叠加后疫情时代全球经济及国际能源市场还存在较大的不确定性,经济将继续以缓慢的速度发展。根据IMF预计,2021—2025年沙特阿拉伯的实际GDP增速分别为2.9%、4%、2.8%、2.8%、2.8%,其经济总量在西亚经济中的份额可能会有所下降。

中长期(未来15—20年甚至更长)内,若沙特能够充分把握其优势与机遇,经过渐进式的改革,积累起一定的科技能力,培养出自己的科技人才,使经济摆脱"资源诅咒",保持自身在世界经济中的比重还是有很大可能性的。如果不是这样,甚至于在改革中出现政治和经济的重大波折,则经济持续低迷甚至面临破产的结果也是有可能出现的。

(二)伊朗

1. 历史回顾

伊朗东邻巴基斯坦和阿富汗,与土库曼斯坦接壤,西北与阿塞拜疆和亚美尼亚为邻,西接土耳其和伊拉克,中北部紧靠里海、南靠波斯湾和阿拉伯海。19世纪,伊朗沦为英国和俄国的半殖民地。二战后,随着美国介入中东事务的加深,伊朗成为英美争夺中东石油产地的重要对象。进入20世纪70年代,伴随着石油美元的大量积累以及政府制定的工业发展计划有所成效,现代工业生产规模明显扩大。图11-7绘制了1970—2017年伊朗的实际GDP增速走势,可以明显看出,在伊斯兰革命前,伊朗经济增速较快,1970—1976年的年均实际GDP增速约为10%;而伊斯兰革命(1978—1979年)的爆发使伊朗的经济体制和经济结构发生了翻天覆地的变化,由于经济结构封闭、两伊战争爆发和国际制裁等使得经济增长相当缓慢,1977—2017年的年均实际GDP增速仅为1.57%。

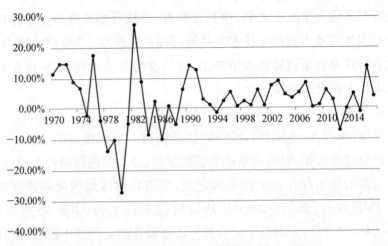

图 11-7　1970—2017 年伊朗的实际 GDP 增速

注：数据来源于世界银行。

　　20 世纪 70 年代伊朗经济高速发展的原因主要可以归结为：一则，所实施的初级产品出口型和进口替代型的经济发展战略比较成功。伊朗的工业生产规模明显扩大，其中，石油及相关配套工业的发展最为显著，轻纺工业品已经发展到了基本能够满足国内市场的需要的程度；二则，伊朗不仅依靠巨额石油收入高薪聘请外国专家和雇佣外国熟练的技术工人，还大力投资发展教育，社会整体的劳动力质量得到明显提升；三则，伊朗还凭借其石油收入来引进西方的先进技术及现代化装备，较大幅度地提高了劳动生产效率。

　　伊斯兰革命爆发后，伊朗奉行经济体制伊斯兰化和国有化的经济发展理念，并实施以农业为经济发展基础、工业自给自足的政策[1]。由于违背经济发展规律，这一计划经济模式的弊端不断显露，叠加两伊战争（1980—1988 年）冲击，极大地恶化了伊朗的经济发展环境[2]。两伊战争结束后，伊朗政府开始了有限的自由化经济改革并向出口导向战略转变，经济逐步走出衰退泥潭，但其增长速度一直比较低，其主要原因在于：第一，虽然伊朗大力发展非石油经济，促进非石油产品出口，但经济结构仍

---

① 姜英梅. 伊朗经济发展道路：探索与转型. 阿拉伯世界研究，2017(05)：3—15＋118.

② ［伊朗］霍马·卡图简；［英］侯赛因·沙希迪. 21 世纪的伊朗：政治经济与冲突. 李凤等译. 南京：江苏人民出版社，2014.

过于单一、工业基础相对薄弱,石油仍是伊朗经济的命脉。国际油价的波动以及西方制裁严重影响伊朗物质财富的积累。第二,根据世界银行统计数据,总失业人口占总劳动力的比重超过10％,减缓了人力资本的扩张速度。西方的封锁和制裁使这一速度进一步放缓。第三,伊朗研发支出占GDP的比重还不足1％,导致其自身的科技水平提升缓慢。西方的制裁与封锁带来了与其他国家或地区进行科技交流合作机会大幅减少,又进一步影响了伊朗科技水平的提升。第四,伊朗政府的经济改革未能解决贫富差距拉大、高通货膨胀率和失业率、银行系统缺陷、营商环境恶劣等问题,对经济发展也有较大的负面影响。

2. 现状

自2018年起,特朗普政府宣布退出伊核协议并重启对伊朗的制裁,导致伊朗经济承压、通胀高企,为反映伊朗现阶段的发展情况,我们选取了2018—2020年伊朗的实际GDP增速、CPI同比增速与失业率进行分析。如表11-7所示,2018年和2019年的实际GDP增速均为负,经济衰退非常严重,对西亚地区整体的经济发展也有着较大的消极作用,反而在2020年呈现1.5％的正增长;CPI同比增速均高于30％,意味着伊朗现阶段的通货膨胀处于极高的水平;失业率仍在10％以上,也处于较高水平。即便如此,现阶段,伊朗仍是西亚地区的第三大经济体。

表11-7　2018—2020年伊朗的实际GDP增速、CPI同比增速和失业率

年份	实际GDP增速	CPI同比增速	失业率
2018	−6％	30.2％	12％
2019	−6.8％	34.6％	10.7％
2020	1.5％	36.5％	10.8％

注:数据来源于IMF。

2020年,新冠肺炎疫情的暴发使得伊朗成为中东的疫情"重灾区",而伊朗却在疫情与制裁的夹缝中取得了1.5％的正增长,主要原因在于:尽管全球经济低迷、国际油价暴跌,但伊朗的石油产量及出口量较之前两年已经有了较大恢复,加之非石油商品贸易也较之前两年获得了较大发展,其经济才得以在重重压力下取得较大进展。

3. 前瞻

就短期(未来 3—5 年)而言,伊朗经济结构单一、高通货膨胀率和高失业率、贫富差距悬殊等问题不会得到显著改善,且短期内也不会出现新的经济增长点和重大的经济改革,叠加可能出现的地缘政治风险、国际能源市场波动等外部冲击,其发展速度仍然会较为缓慢。根据 IMF 预计,2021—2025 年伊朗的实际 GDP 增速依次为 2.5%、2.1%、2.1%、2.1%、2.1%,经济增速虽然处于较低水平,但仍将是西亚地区的第三大经济体。

就中长期(未来 15—20 年甚至更长)而言,如果伊朗能够抓住其能源优势与合作机遇,妥善解决高通胀、高失业率、单一经济结构等问题,成功消除或减弱外部世界对其经济发展的抑制,经济就会走出低迷,实现较快的增长。如果依然处于过去的国际环境,内部情况也没有大的改善,则将持续现阶段的状况,保持以慢速为特征的经济发展。

(三) 以色列

1. 历史回顾

以色列位于亚洲西部,处于地中海的东南方向,北靠黎巴嫩、东濒叙利亚和约旦、西南边则是埃及。以色列于 1948 年宣布独立,是世界上唯一以犹太人为主体民族的国家。自建国以来,以色列为了应对周边的军事冲突,一直致力于发展国民经济以提高国家的综合实力。从图 11-8 可以看出:以色列经济增长的波动幅度较大,但几乎没有出现负增长的情况(除 2002 年的 -0.01% 外),1971—2013 年的年均实际 GDP 增速为 4.5%。此外,根据世界银行统计数据,2013 年,以色列的人均 GDP 已由 1971 年的 2195 美元上升到 36309 美元,位列发达国家行列,是西亚地区唯一的发达国家。

不同于西亚地区的产油国,以色列是一个自然资源极其匮乏的国家。但这样的一个国家却能够发展成为亚洲为数不多的发达国家,主要有以下四个方面的原因:

实物资本方面。就农业生产而言,立国之初,以色列一直把实现粮食自给作为目标,同时根据国内国际需求不断调整农业政策并积极采取措

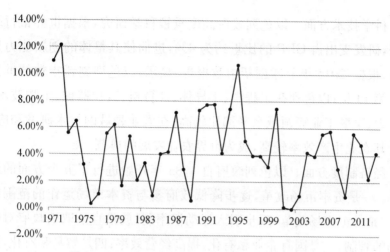

图 11-8　1970—2013 年以色列的实际 GDP 增速
注：数据来源于世界银行。

施克服恶劣的自然环境，农业实现迅猛发展①，根据世界银行统计数据，2013 年的粮食产量比 1971 年翻了一番还多，不仅能够提高自给能力，还将瓜果、蔬菜、花卉等农作物产品用于出口创汇。就工业生产而言，以色列工业发达，门类繁多，高科技产业发展尤为迅速，国家整体的工业化程度较高。就外贸与外资而言，以色列对外贸易在其经济中居于重要位置，根据联合国贸易和发展会议统计数据，2013 年的进出口贸易总额比 1995 年增加了近 200％；吸引外资的能力也显著增强，根据世界银行统计数据，2013 年的外商直接投资净流入是 1971 年的 200 多倍，有力地推动了以色列物质财富的增加。

人力资本方面。一方面，以色列政府坚持教育立国和人才强国，教育经费投入较大，根据世界银行统计数据，公共教育支出占 GDP 的比重为 6％左右；通过实行强制性的义务教育、加强职业教育、大力发展高等教育，以色列构建起了完备的国民教育体系，为经济发展提供了强大的智力支持。另一方面，20 世纪 90 年代，以色列吸引了大批来自苏联的高层次人才，并采取多种措施大量吸收犹太移民，进一步提高了以色列劳动力的整体素质。

———————

① 张倩红. 以色列经济振兴之路. 郑州：河南大学出版社，2000.

科学技术方面。以色列政府高度重视科学研究,根据世界银行统计数据,研发支出占 GDP 的比重约为 4%,进而使其整体的创新能力显著增强,根据《2013 年全球创新指数报告》显示,以色列创新指数的世界排名为第 14 位;以色列在工程学、半导体、计算机、医疗器械、生物技术、航空航天、军事工业等领域水平都比较高;在农业领域的技术研发和应用,也使其农业生产效率较高,成为世界农业发展的典范。

经济制度方面。以色列政府自 1985 年开始进行了五个方面的经济改革:一是资本市场改革,逐步降低政府参与资本市场运作的范围和程度;二是外汇市场改革,逐步引入浮动汇率制,放松直至取消政府对外汇市场的管制;三是国有企业私有化,提高经营效率;四是贸易私有化,促进对外贸易发展;五是废除垄断等其他一些限制市场竞争的政府行为。通过系统的市场化改革,以色列建立并完善了以市场为主要导向的经济体制。

2. 现状

如表 11-8 所示,自 2014 年起,以色列的实际 GDP 增速均小于 4%,2014—2019 年的年均经济增长率为 3.4%,2020 年则出现 70 年代以来最为严重的经济衰退;CPI 同比增速处于极低水平,且有三年出现通货紧缩状态;除 2020 年外,以色列的失业率逐年下降。

表 11-8　2014—2020 年以色列的实际 GDP 增速、
CPI 同比增速和失业率

年份	实际 GDP 增速	CPI 同比增速	失业率
2014	3.9%	0.5%	5.9%
2015	2.2%	−0.6%	5.3%
2016	3.8%	−0.5%	4.8%
2017	3.6%	0.2%	4.2%
2018	3.5%	0.8%	4%
2019	3.4%	0.8%	3.8%
2020	−2.4%	−0.6%	4.3%

注:数据来源于 IMF。

2014 年后，以色列经济增速小幅下滑的原因在于：一则，全球经贸环境恶化导致以色列的对外贸易发展变缓甚至在部分年份有一定衰退；二则，人口老龄化问题日益严重，根据世界银行统计数据，2019 年，65 岁及以上人口占总人口的比重已经超过 12%，使得人力资本的扩张速度放缓；三则，贫富差距悬殊问题日益凸显，20% 最低收入人口收入占总收入的份额在 5% 左右，不利于经济的持续稳定发展；四则，以色列政治和安全方面正遭受着巨大挑战。

在新冠肺炎疫情肆虐全球的 2020 年，以色列的进出口贸易和外资流入显著减少，国内生产面临困境，实物资本扩张严重受阻；失业率上升 0.5 个百分点，叠加人口老龄化加剧，人力资本扩张变得更为困难；此次疫情也对以色列的科技发展和经济改革存在阻碍作用。因此，2020 年，以色列经济出现显著下滑。

3. 前瞻

从短期（未来 3—5 年）来看，以色列经济将凭借其农业和高新技术产业优势、高质量劳动力以及较强的科技创新能力，经济会以较快速度恢复。根据 IMF 预计，2021—2025 年以色列的实际 GDP 增速依次为 5%、4.3%、3.8%、3.5%、3.2%，其经济总量在西亚经济中的份额将进一步提升。但因新冠肺炎疫情而增加的政府支出，需要通过增加税收来弥补，不可避免地增加了居民尤其是年轻人的债务负担，人们的生活水平可能会在短期内有一定下降。

从中长期（未来 15—20 年甚至更长）来看，如果以色列能够充分发挥其现有优势，加强与其他国家或地区的交流合作，妥善化解内部缺陷与外部冲击带来的威胁，那么其经济将以较高且稳定的速度发展，在西亚地区中的经济实力地位还会进一步上升；而如果以色列不能在复杂的国际和周边环境中有效应对各种内、外部冲击，则随时都有被冲击击伤的可能。

第十二章

非洲的经济发展

自 15 世纪早期,欧洲殖民主义者窜入非洲大陆,殖民奴役的梦魇就一直环绕着非洲大陆。第二次世界大战后,随着亚非拉民族解放运动的发展,非洲国家渐次摆脱西方国家的殖民统治。至 1990 年,纳米比亚建立共和国,实现独立,标志着殖民时代在非洲的结束。本章将在对独立后的非洲经济发展做出回顾分析的基础上,对他们的未来作一些预判。

第一节　非洲地区整体的经济发展

应该说,大多数非洲国家独立经济发展还是比较快的,但 20 世纪 70 年代中后期起,除少数国家经济仍保持良好发展势头外,其他多数国家陷入了长期不稳定、停滞、衰退的状态,这一状态一直持续到 90 年代初期。[①] 此后,虽有所好转,但问题依然很多,发展也说不上顺利。

一、　非洲地区经济发展的历史回顾

20 世纪 70 年代的头七年,国际国内有利的环境和条件使非洲经济以较快速度增长,如图 12 - 1 所示,1971—1977 年的年均实际 GDP 增速超过 5％;但 1978—1993 年的年均实际 GDP 增速还不足 2％,在 1981年、1983 年和 1993 年甚至出现负增长;自 1994 年起,非洲地区经济呈现

---

① 孟庆裁,殷勤.非洲国家经济发展与改革.北京:时事出版社,1992.

复苏势头,1994—2012 年的年均实际 GDP 增速回升至 4.41%。

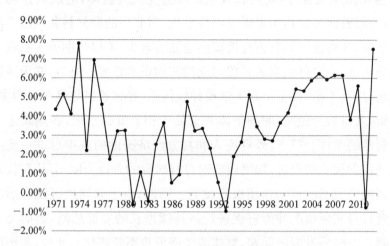

图 12-1　1971—2012 年非洲地区的实际 GDP 增速

注:数据来源于联合国统计司。

　　我们认为,20 世纪 70 年代头七年非洲经济快速发展的原因主要是:第一,非洲国家独立初期,各国对殖民地经济进行了初步的改造和调整,极大地激发了生产积极性;二战后的发达国家迎来了经济发展的"黄金时期",世界市场对非洲出口的农矿原料和初级产品的需求较大,加之包含非洲地区在内的发展中国家为加强经济合作陆续成立了一些原料生产国、出口国组织(如石油输出国组织等),对外贸易得到显著发展;外资和官方经济援助的流入进一步推动了物质财富的增加。第二,随着非洲国家从西方发达国家的殖民统治中解脱出来,非洲人民参与国家建设和发展的数量和积极性均有所提高,进而丰富了人力资本扩张的劳动力基础。第三,随着外资和官方经济援助的流入,其他国家或地区的科学技术也纷纷流入非洲,从而在一定程度上提高了非洲地区的劳动生产效率与科技水平。第四,二战后一系列非洲国家在取得政治独立后,普遍地开始推进原殖民经济的国有化、集体化、民族化和本地化,政府主导的经济调整对非洲各民族经济的发展起到了明显的促进作用;大部分非洲国家选择的进口替代发展战略对经济增长和工业化水平提高具有积极影响。

　　之后的 1978—1993 年非洲地区的经济发展相当缓慢,其原因是多方面的,主要有:第一,自然灾害频发,如 1982—1984 年的旱灾、1986—1988 年的蝗虫灾害等,使其农牧业发展遭受巨大破坏,造成农作物大规模减产;随着西方发达国家爆发经济危机,对非洲的原材料和初级产品的进口下降,外资流入和官方经济援助也显著减少,不仅当期的实物资本积累无法实现,还会影响未来一段时期的实物资本扩张。第二,非洲地区政局动荡、战乱不断,甚至出现大规模种族仇杀,导致难民数量明显增多、伤亡惨重,人口数量锐减;非洲整体教育处于相当低的水平,各国缺乏培养人力资本的条件。第三,外资流入和官方经济援助的减少也进一步减少了先进科学技术的引进,加之政府对自身研发的重视力度不足,科技对非洲地区经济发展的拉动作用极其微弱。第四,由于非洲地区没有形成一个适合自身实际情况并能够促进经济持续增长的发展战略,因而无法解决阻碍非洲经济发展的问题,整体的经济形势不断恶化。此外,非洲国家为获得经济发展所需要的资金而大规模举债,导致外债负担越发沉重,1990 年,非洲外债高达 2719 亿美元,相当于国内生产总值的 90.9%[①],严重拖累了非洲经济的稳定发展。

自 1994 年起,非洲地区经济开始复苏并连续保持着增长势头,主要原因在于:一则,产业结构的优化调动了农民生产积极性,农业形势向好发展;通过实行私有化,强化了竞争机制,活跃了非洲地区的各类经济活动;国际经济环境的不断改善极大地促进了非洲地区的对外贸易发展与外资流入,为物质财富的增加提供了机遇;地区经济合作意识增强,通过促进区域内贸易发展以及通信和交通运输基础设施建设等,进一步拉动了其经济发展。二则,随着多数非洲国家政局逐步走向稳定,非洲国家的内耗也有所减少。三则,外资流入与地区经济合作的增强也带来了有助于提高劳动生产效率的科学技术。四则,非洲的经济发展模式从计划经济转向市场经济,不仅引入了有效的市场经济运行机制,为合理配置资源提供了必要条件,提高了经济运行效率与市场竞争力。

然而,与世界其他地区相比,非洲地区的工业发展十分缓慢,工业化

---

① 李延长,赵兴刚,尤升.二战后非洲经济发展的历程及问题浅析.陕西青年管理干部学院学报,2003(01):38—40.

一直处于较低水平,基础设施建设十分落后;饥荒问题无法解决,全球因饥饿而死亡的人中非洲人占绝大多数,加之政局动荡等因素,无法为教育发展提供基础性条件,整体的劳动力素质极低;科学技术十分不发达,科技水平一直处于世界末端;经济改革和结构调整的进程极为缓慢,现有经济体制难以促进非洲经济健康持续发展。

二、 非洲地区的经济发展现状

从 2013 年开始,非洲经济增速开始出现明显放缓,如表 12-1 所示:2013—2019 年的年均实际 GDP 增速降为 3.36%,且在 2020 年呈现 −1.9% 的经济增速;CPI 同比增速呈现上升之势且处于较高水平;非洲地区经济总量在世界经济中的份额日益缩小。

表 12-1 2013—2020 年非洲的实际 GDP 增速、
CPI 同比增速及其在世界经济中的份额

年份	实际 GDP 增速	CPI 同比增速	在世界经济中份额
2013	3.6%	6.6%	3.19%
2014	3.9%	7.1%	3.21%
2015	3.3%	7.4%	3.10%
2016	2.1%	9.8%	2.89%
2017	3.8%	12.6%	2.75%
2018	3.4%	11.1%	2.76%
2019	3.4%	9.5%	2.78%
2020	−1.9%	11.2%	2.78%

注:数据来源于 IMF。

2013—2019 年非洲经济增速减缓的原因主要可以归纳为:首先,干旱等自然灾害导致非洲地区的粮食供给无法得到保障;非洲大部分国家的工业基础薄弱、基础设施落后、产业结构不合理;国际大宗商品价格的波动以及经贸环境低迷进一步冲击了非洲国家的经济发展。其次,非洲地区战乱、动荡等多发,疾病负担较为沉重,加剧了人力资本的损耗;温饱问题、政局动乱等导致社会整体的教育水平十分落后,劳动力质量偏低;

根据世界银行的人力资本指数排名,后十位的国家分别为:中非、乍得、南苏丹、尼日尔、马里、利比亚、尼日利亚、莫桑比克、安哥拉、塞拉利昂,均为非洲地区国家。再次,非洲整体的科技水平极为落后,根据 2019 年全球创新指数排名,后十位的国家分别为:也门、布隆迪、尼日尔、多哥、几内亚、赞比亚、贝宁、津巴布韦、马达加斯加、尼加拉瓜,非洲国家占据 8 席。

2020 年,新冠肺炎疫情的暴发导致非洲地区的生产要素发展几乎停滞不前,使得本就发展困难的非洲经济变得更加困难,不仅出现 70 年代以来最为严重的经济衰退,还引发了通货膨胀水平上升、财政赤字扩大、债务风险提高、失业和贫困加剧等一系列经济问题,非洲整体经济的脆弱性完全显现出来。

三、 非洲地区的经济发展前瞻

在新冠肺炎疫情持续蔓延且难以很快恢复的短期内,非洲国家经济社会发展的深层次问题不断显露,受疫情冲击而加剧的通胀、贫困、债务等问题还将延续,尽管 IMF 预计非洲整体的经济在未来 3—5 年内将达到 4% 左右的增长速度,但考虑到非洲地区各要素的积累状况,其经济很可能以比预期更低的速度发展,经济总量在世界经济中的比例也会进一步萎缩。

在未来 15—20 年甚至更长时间内,我们即使最乐观地展望,也只能认为非洲地区如果不出现诸如颜色革命之类的动荡,利用自身的资源优势,积极推进经济改革,加大与其他地区的全方位合作,能够较好地解决通胀、贫穷、债务等问题,推动工业化水平、社会教育水平一定程度的提高。如果出现新的动荡和难以聚焦经济发展的情况的话,非洲经济的发展将会止步不前,其结果是 15 年之后,仍然无法依靠自己的力量解决人民的温饱。

第二节 北部非洲的经济发展

习惯上把撒哈拉沙漠以北的广大区域称为北部非洲,包括埃及、阿尔及利亚、苏丹、利比亚、突尼斯、摩洛哥六个国家,以及葡属马德拉群岛、亚

速尔群岛两个群岛;面积 837 万平方千米,约占非洲大陆总面积的 27%;
主要人种是白人,大部分是阿拉伯人,还有北非土著柏柏尔人。下面我们
分为北非整体和部分国家简要介绍并前瞻其经济发展情况。

一、 北非整体的经济发展

(一)北非经济发展的历史回顾

作为非洲大陆紧邻欧洲和亚洲的地区,北非不仅有着较好的经济基
础,还是二战后非洲大陆上最早实现民族独立的地区。北非国家在独立
之初有过一段经济快速增长期,如图 12-2 所示,1971—1979 年的年均实
际 GDP 增速达到近 7%。进入 20 世纪 80 年代后,北非经济增速放缓,在
1981 年、1986 年、1987 年和 1993 年还出现了负增长,1980—1993 年的年
均实际 GDP 增速仅为 2.46%。之后,整体经济略有好转,1994—2010 年
的年均实际 GDP 增速恢复至 4.37%。

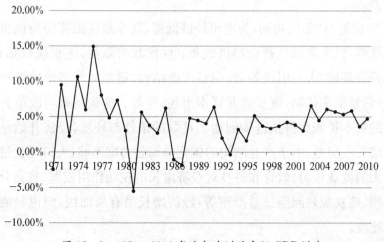

图 12-2 1971—2010 年北部非洲的实际 GDP 增速
注:数据来源于联合国统计司。

20 世纪 70 年代,北非经济迅速增长的原因在于:北非地区丰富的石
油和矿产资源给该地区各国赚取了不菲的收入[1],独特的地缘战略位置

---

① 中国社会科学院西亚非洲研究所.北非五国经济.北京:时事出版社,1987.

不仅为相关产业的发展奠定了基础,还为相关产品出口贸易的发展提供了条件;殖民统治的结束充分调动了人们参与工作的积极性,外资的流入也提供了相当多的就业机会;先进技术的引进带来了劳动生产效率的提高。

但进入 20 世纪 80 年代后,不断严重的发展缺陷,最终把经济增长速度拉了下来。一则,北非国家的农业生产相对落后,粮食自给能力较弱,人口一增加,工业一发展,农业、粮食问题就突出出来了;加之产业结构过于单一,易受外部冲击的影响,外部环境一变化,立即带来国内增长不稳定。二则,北非民众的生活水平长期停滞不前,出现了数以千计的贫民窟,而且教育体系混乱不堪、教育质量低下,教育无法满足发展的需要。三则,北非的科学技术一直在世界范围内处于较低水平,难以形成促进经济繁荣发展的新增长点。四则,这些国家的国民经济计划水平不高,盲目性较大,导致投资效率低、资金回收期长、生产不配套、竞争力差。

20 世纪 90 年代初期,为走出经济低迷,北非地区国家纷纷调整经济发展战略,扩大和深化社会经济改革:放松政府限制,逐步推行私有化;改善投资环境,大力引进外资;调整产业结构,增强对外部油价波动的抵抗力;调整汇率体制,逐步放开资本市场;等等。这些调整与改革为北非地区的资本扩张和科技进步创造了良好的条件与环境,经济开始呈现恢复性增长。但是,由于产业结构的优化与调整力度不够、人口增长过快带来巨大的就业压力、教育和科技对经济增长的拉动作用较弱、贫富分化不断加剧、粮食短缺问题日益严重等,经济增长虽有所加快,但也只能回到中等速度。

(二) 北非经济发展的现状

2011 年始,示威抗议浪潮席卷北非地区,造成社会动荡不定。此次动荡导致国民经济蒙受重大损失,如表 12-2 所示,2011 年的实际 GDP 增速暴跌至 -10.43%,2011—2019 年的年均实际 GDP 增速仅为 1.44%。

表 12-2 2011—2019 年北非的实际 GDP 增速及其在非洲经济中的份额

年份	实际 GDP 增速	在非洲经济中份额
2011	-10.43%	33.13%
2012	13.25%	31.12%
2013	-6.45%	30.66%
2014	-1.08%	31.52%
2015	1.81%	31.45%
2016	3.16%	29.47%
2017	4.85%	28.12%
2018	4.15%	29.04%
2019	3.68%	33.13%

注：数据来源于联合国统计司。

  北非地区的乱局对经济的破坏包括：受政局动荡的影响,经济秩序遭到破坏,旅游业收入大幅下滑、工厂停工停产、投资环境恶化、外资与援助大量撤离、对外贸易发展动力不足;动荡给北非地区带来了高失业、加剧了贫富分化;由于动荡,各国本来就不强烈的提升自身研发能力的意愿和能力进一步削弱。

  直到 2015 年之后,内部动荡趋缓,北非经济才有了一定的复苏,但影响经济持续发展的问题并没有得到根本性解决,复苏也就说不上强有力。到了 2020 年的新冠肺炎疫情带来的全球冲击,又给了本就脆弱的北非经济一个重击,资本积累和科技进步受到强烈抑制,经济不可避免地出现了衰退,根据 IMF 统计数据,北非[①]实际 GDP 增速骤降为 -1.7%。

（三）未来的北非经济发展

  在可预见的短期内,北非国家的高失业、贫富分化、产业结构单一、教育和科技水平偏低、债务负担沉重等问题将愈加凸显,随着新冠疫情的冲击得到缓解,经济会呈现恢复性发展,但与世界各主要经济体相比,这种

---

① IMF 统计的北非仅包括埃及、阿尔及利亚、利比亚、突尼斯、摩洛哥五个国家。

恢复性发展会疲弱得多。

即使在中长期北非地区也很难依靠资源优势,妥善处理深层次的经济问题,通过加强国际合作,走出"资源诅咒"陷阱在内的各种"陷阱",增长缓慢将是这个地区很长一个时期内的特色。

二、北非部分国家的经济发展

(一)埃及的经济发展

1. 埃及 1961—2010 年的经济发展

位于非洲东北部的埃及虽然早在 1922 年就宣布独立,但实际上直至 1953 年才彻底摆脱了英国的殖民统治,成立了埃及共和国。在共和国成立初期,其国民经济得到了较快速度的发展,如图 12 - 3 所示,1961—1966 年的年均实际 GDP 增速高达近 7%。但第三次中东战争爆发后,埃及经济增长速度出现大幅放缓,甚至在 1968 年呈现 - 1.61% 的经济增速。1970—1990 年的年均实际 GDP 增速提升为 6.41%。海湾战争的爆发使埃及 1991 年的经济增长率骤降为 1.13%。之后,政府通过进一步实施改革与调整战略,经济有所恢复但未达到上一阶段的增长水平,1992—2010 年的年均实际 GDP 增速接近 5%。

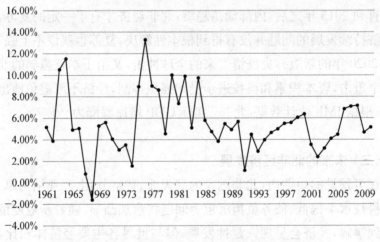

图 12 - 3　1961—2010 年埃及的实际 GDP 增速
注:数据来源于世界银行。

埃及成立初期经济呈现较高速增长的原因主要在于:当时,埃及政府通过土地改革,缓和了土地分配,在一定程度上调动了农民的积极性、促进了农业生产;通过推行进口替代的工业化发展战略,推动了埃及工业领域的生产与发展。摆脱殖民统治带来了埃及人参与生产的意愿显著提升,加之人口数量以 2.6%—2.8%的速度增长,为人力资本的扩张奠定了基础。埃及自身有着一定的科技基础,外国的援助又带来了一定的科技进步推动力,使得这一时期,埃及的技术水平逐步提高。政府全面推行国有化政策、实行计划经济体制,对埃及经济稳定高速发展有着较大的促进作用。

20 世纪 70 年代后,埃及经济再一次出现较高增长速度的原因则主要为:一则,沙漠改造为农田不断取得成功,农业有了新的发展;外国资本和本国私人资本向实体经济投资不断扩大;侨汇、石油出口、苏伊士运河过境税以及旅游四大创汇行业发展迅猛。二则,埃及人预期寿命不断提高,人力资本损耗不断降低;公共教育支出占 GDP 的比重维持在 5%左右,高劳动者素质稳步提升。三则,全方位、多层次的对外经济技术合作,积极引进阿拉伯国家及其他国家的先进技术,促进了埃及整体的科技进步。四则,由计划经济体制向混合型经济模式的过渡,使私人资本在国民经济中持续活跃。

海湾战争终结了这一波快速增长,但在很短的时间内,埃及接受了IMF 的建议,进行全面的市场化、私有化、自由化改革,经济迅速恢复,并进入了新一波的增长。根据世界银行统计数据,2010 年的外商直接投资净流入是 1991 年的约 25 倍,为资本扩张和科技进步提供了必要的资金支持;采取出口导向的发展战略,通过削减关税、减少非关税限制、增加贸易透明度,埃及的对外贸易发展迅猛。但是,这一恢复性增长较之前更为缓慢且不稳定。究其原因,主要有:埃及的基础设施建设相对滞后,其制造业在全球竞争中明显处于不利地位;总失业人口占总劳动力的比重在10%左右,高失业率严重削弱了人力资本的积累;高科技产品出口额占制成品出口额的比重还不足 1%,整体的科技水平较低;经济改革与结构调整的进程十分缓慢。此外,还存在贫富分化日益加剧、债务负担沉重、地缘政治事件频发等问题。

2. 埃及 2011—2020 年的经济发展

2011 年的"一·二五革命"①后,酿成埃及社会普遍不满的矛盾和冲突并没有消失,反而导致埃及经济持续恶化,如表 12−3 所示,2011—2014 年的年均实际 GDP 增速仅为 2.55%,通货膨胀率与失业率均处于较高水平。显然,政治持续震荡不仅没能解决埃及经济的问题,反而导致:一,生产与对外贸易发展受到抑制,境内资本纷纷外逃;二,失业率攀升、社会动荡加剧;三,对研发的投入减少,科技水平越发落后于世界。

表 12−3　2011—2020 年埃及的实际 GDP 增速、CPI 同比增速及失业率

年份	实际 GDP 增速	CPI 同比增速	失业率
2011	1.8%	11.1%	10.4%
2012	2.2%	8.7%	12.4%
2013	3.3%	6.9%	13%
2014	2.9%	10.1%	13.4%
2015	4.4%	11%	12.9%
2016	4.3%	10.2%	12.7%
2017	4.1%	23.5%	12.2%
2018	5.3%	20.9%	10.9%
2019	5.6%	13.9%	8.6%
2020	3.6%	5.7%	8.3%

注:数据来源于 IMF。

塞西政府②成功稳定了局势后,为解决沉积多年的经济问题,开始致力于经济改革,主要集中在金融、财政、基础设施建设、优化产业结构与加强实体经济等领域。塞西政府的经济改革促进了生产要素的恢复性发展,不仅遏制住了埃及的经济衰退,还使埃及经济走上了良性发展的轨道。2015—2019 年的年均实际 GDP 增速恢复至 4.74%。即使面临新冠

---

① 2011 年 1 月 25 日,埃及开罗、亚历山大等地上百万人走上街头游行示威。18 天后,执政 30 年的穆巴拉克被迫下台。

② 2014 年 6 月 3 日,埃及最高选举委员会宣布,塞西以 96.91% 的得票率战胜对手左翼政治家哈姆丁·萨巴希,赢得总统选举。2018 年 4 月 2 日,塞西在大选中获得 97.08% 的选票,成功连任。

肺炎疫情的负面冲击,埃及经济也能够以灵活的方式应对,从而保持了继续实现正增长的能力,2020 年的经济增速依然达到了 3.6%。

3. 埃及经济发展的前瞻

根据 IMF 预计,2021—2025 年的年均实际 GDP 增速分别为 2.5%、5.7%、5.6%、5.6%、5.8%,埃及仍将是北非地区的第一大经济体。从中长期(未来 15—20 年甚至更长时间)来看,由于埃及政治经济在北非各国中还是比较稳定的,保持现有北非第一大经济体的地位应该没有问题,但放到世界上去比较,由于水等资源的硬约束,受制于宗教文化等因素制约的改革调整困难,以及人口、教育和科技基础等问题的影响,埃及很难成为未来世界经济发展中的新秀。

(二)阿尔及利亚

1. 阿尔及利亚 1962—2016 年的经济发展

阿尔及利亚是 1962 年摆脱法国的殖民统治获得独立的。如图 12-4 所示,在度过了 1962 年负增长接近 20% 的艰难之后,阿尔及利亚经济得到了迅速发展。1963—1979 年的年均实际 GDP 增速高达 8.35%。但是,进入 20 世纪 80 年代后,阿尔及利亚经济陷入低迷,1980—1994 年的

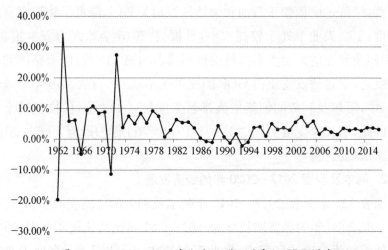

图 12-4　1962—2016 年阿尔及利亚的实际 GDP 增速
注:数据来源于世界银行。

年均经济增长率还不足 2％；1995—2016 年的年均实际 GDP 增速为 3.62％，不仅远低于 20 世纪 60、70 年代的经济增长速度，也低于北非地区的平均经济增速。

阿尔及利亚经济在 20 世纪六七十年代的高速增长主要源于：一则，阿尔及利亚大力推行工业化，以石油、天然气为主的工业生产发展迅猛，原有的纺织、食品、建筑材料工业也有了较大发展；二则，摆脱殖民统治后，阿尔及利亚人参与生产劳动的意愿上升；三则，外国资本流入和援助也带来了许多新的科学技术，劳动生产率得到了较大提高；四则，阿尔及利亚通过导入社会主义的中央计划，并对大量耕地、制造、采矿、石油和天然气部门，以及所有的外贸和银行实行了国有化，并在此基础上建立了国家资本主义经济。

然而，在这一阶段的经济高速发展中各经济部门比例严重失调、外债负担十分沉重、国营企业效率低、社会经济困难日益严重等问题也在不断累积。随着这些问题日益暴露并加剧，阿尔及利亚经济走入了低迷阶段。为摆脱经济低迷，阿尔及利亚政府加大了改革力度，全面实行市场经济体制，如放开物价、推动土地私有化、出售国营企业、实行贸易自由化、鼓励外商投资、实现外汇自由兑换等。这一改革促进了阿尔及利亚的经济趋于好转，但问题依然很大，主要体现在：一是单一的经济结构没有得到显著改善，经济过度依赖于石油和天然气等相关部门，降低了物质财富的增加速度；二是失业率处于较高水平，且根据《2016 全球人力资本报告》显示，阿尔及利亚的人力资本指数的世界排名为第 117 位，国家整体的人力资源匮乏；三是研发支出占 GDP 的比重还不足 1％，在《2016 年全球创新指数》中，阿尔及利亚的创新指数排名为世界第 113 位，科技发展十分落后。因此，增长速度虽然比之 1980—1994 年有所提升，但 1995—2016 年的增速依然缓慢。

2. 阿尔及利亚 2017—2020 年的经济发展

如表 12‐4 所示，2017—2019 年阿尔及利亚的年均实际 GDP 增速仅为 1.1％，2020 年的经济增长率为 −6％；CPI 同比增速逐年下滑，通货膨胀率处于较为合理的区间内；失业率保持在 11％以上，一直处于非常高的水平。

表 12 - 4　2017—2020 年阿尔及利亚的实际 GDP 增速、CPI 同比增速及失业率

年份	实际 GDP 增速	CPI 同比增速	失业率
2017	1.3%	5.6%	11.7%
2018	1.2%	4.3%	11.7%
2019	0.8%	2%	11.4%
2020	−6%	2.4%	14.2%

注：数据来源于 IMF。

2017—2019 年阿尔及利亚的经济之所以有如此低迷的表现，主要原因在于：国际能源价格的波动削弱了阿尔及利亚支柱产业的生产与出口能力，又叠加了全球经贸环境恶化；这期间，阿尔及利亚失业率一直处于较高水平，人力资本指数处于相当落后的地位；研发投入较少，创新指数在世界排名中进一步下降，科技水平极低。新冠肺炎疫情的暴发令本就低迷的阿尔及利亚经济陷入了自 20 世纪 80 年代以来最大程度的衰退，经济回落程度远大于非洲地区平均水平。

3. 阿尔及利亚的经济发展前瞻

未来 3—5 年，阿尔及利亚的实际 GDP 增速大概也就只能维持在 1% 左右，虽将维持北非第二大经济体的地位，但其经济总量在北非经济中的份额会显著下降。中长期来看，阿尔及利亚应能够较好地发挥其能源资源优势，努力克服自身不足与外部不利冲击，加强与其他国家或地区的经济、科技合作，并以比现阶段更快的速度发展。但从阿尔及利亚的各种生产要素累积前景和政治经济文化制度看，这个更快的速度也不会是 20 世纪六七十年代那个高速度。

第三节　撒哈拉以南非洲的经济发展

撒哈拉以南非洲指非洲撒哈拉沙漠中部以南的区域，包含喀麦隆、刚果、埃塞俄比亚、加纳、加蓬、肯尼亚、利比里亚、马拉维、尼日尔、尼日利亚、南非、津巴布韦等国家，居民以黑色人种占绝大部分。本节着重介绍

分析撒哈拉以南非洲整体和部分国家经济发展历程、现状及未来。

一、 撒哈拉以南非洲整体的经济发展

（一）撒哈拉以南非洲经济发展的历史回顾

如图 12-5 所示,1961—1974 年撒哈拉以南非洲国家的年均实际 GDP 增速约为 5%;而 20 世纪 70 年代中期以后,撒哈拉以南非洲国家的经济发展普遍出现了停滞、衰退甚至恶化的局面,1975—1994 年的年均实际 GDP 增速仅为 1.5%;1995—2014 年的年均实际 GDP 增速复苏至 4.65%。

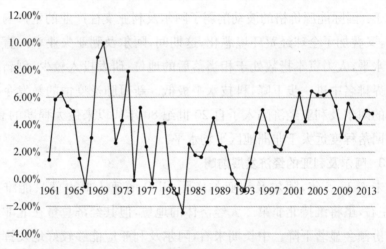

图 12-5　1961—2014 年撒哈拉以南非洲的实际 GDP 增速
注：数据来源于世界银行。

独立之初的撒哈拉以南非洲地区主要依靠美国和欧洲的援助来发展经济的。西方的援助不仅推进了基础设施建设和工业化以增加物质财富,还促进了人力资本扩张与科学技术进步;再加上独立初期撒哈拉以南非洲国家大多实行计划经济体制,政府参与经济发展活动,制定各种经济发展计划,努力发展国营经济,造就了该地区独立后较快的经济发展。

20 世纪 70 年代中期起,持续不断的干旱导致农业生产出现危机,加之人口急剧增加,粮食短缺成为这一期间的一大经济问题;对外贸易状况恶化,外国资金和援助减少,制造业增长率有所下滑,物质财富增加变得十分困难。人口增长过快使得撒哈拉以南非洲的人民生活水平降低、人

口受教育情况较差,导致劳动力质量难以提升。由于撒哈拉以南非洲国家的自身研发能力较差,科技进步主要靠外部供给,随着这一时期外资和援助的减少,外部的科技也随之减少。又由于政府过多干预经济活动,一旦动员、管理和开发资源方面出现了严重的决策失误,则不仅政府管理的国营企业面临困境,而且整个社会经济的发展也都会陷入困境。再加上石油危机、世界经济危机等外部冲击,几个方面问题叠加在一起,撒哈拉以南非洲的社会经济问题不断暴露出来,导致经济增长停滞甚至出现衰退。[①]

为了改变这种状况,撒哈拉以南非洲国家努力制定和推行了一系列符合自身发展的经济政策和进行私有化改革方案,推动整体经济开始呈现恢复性增长势头。但,第一,撒哈拉以南非洲国家的产业结构不合理,工业化水平极低,出口商品结构单一且易受外部冲击的影响;第二,人口增长速度过快,不仅造成失业率处于较高水平,还导致居民基本的生活需求难以满足;第三,尽管拥有丰富的自然资源,但科学技术水平落后,资源的勘探、开发和利用能力都很弱,难以形成促进国家繁荣发展的新经济增长点;第四,政局不稳定;等阻碍经济发展的根本性问题无法得到解决。所以,1995—2014 年这一个阶段,虽然比之上一个阶段的经济发展顺利得多,但依然无法达到较理想的发展状态。

(二)撒哈拉以南非洲经济发展的现状

2015 年起,受内外双重冲击,撒哈拉以南非洲的经济增长速度进一步放缓,如表 12 - 5 所示,2015—2019 年的年均实际 GDP 增速还不足 3%,且在 2020 年出现 -1.9% 的经济增速;CPI 同比增速一直维持在较高水平,意味着撒哈拉以南非洲有着高通胀的风险。

表 12 - 5　2015—2020 年撒哈拉以南非洲的实际 GDP 增速及 CPI 同比增速

年份	实际 GDP 增速	CPI 同比增速
2015	3.2%	6.8%
2016	1.5%	10.4%

① 陈宗德,吴兆契. 撒哈拉以南非洲经济发展战略研究. 北京:北京大学出版社,1987.

（续表）

年份	实际 GDP 增速	CPI 同比增速
2017	3.1%	10.7%
2018	3.2%	8.4%
2019	3.2%	8.5%
2020	−1.9%	10.8%

注：数据来源于 IMF。

（三）撒哈拉以南非洲经济发展的预判

在未来 3—5 年里，根据 IMF 预计，撒哈拉以南非洲经济将以 4%左右的速度增长。但考虑到该地区的医疗条件极为落后，新冠肺炎疫情对经济的不利冲击将持续较长时间，同时结合内、外部因素的不利影响在短期内仍将继续存在，我们认为撒哈拉以南非洲经济将以比 IMF 的预期更低的速度发展，与世界其他地区的经济水平差距将进一步扩大。即使在15—20 年这样的长时期，撒哈拉以南非洲由于无论是实物资本还是人力资本的积累规模都较小，科技水平和科技创新能力弱，也很难有较成功的崛起。当然，如果能够把握好世界大变局，其中的个别国家还是有可能发展得比较好，但这并不能代表整个撒哈拉以南非洲。

二、撒哈拉以南非洲部分国家的经济发展

这里，我们选取了具有一定代表性的四个国家，分别是南非、尼日利亚、埃塞俄比亚和津巴布韦做简要分析。

（一）南非

1. 历史进程

南非位于非洲大陆最南端，于 1961 年正式退出英联邦，成立南非共和国。如图 12 - 6 所示，1961—1974 年的年均实际 GDP 增速超过 5%；1975—1993 年的年均实际 GDP 增速仅为 1.62%；1994—2014 年的年均实际 GDP 增速为 3.09%。

南非独立初期的经济较高速增长的原因包括：一则，南非的矿产资

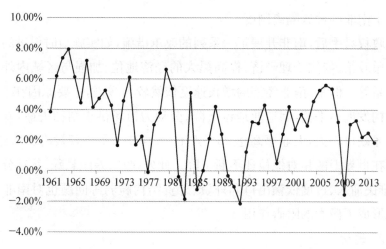

图 12 - 6　1961—2014 年南非的实际 GDP 增速
注：数据来源于世界银行。

源非常丰富,很多矿产的储量位居世界前列,如铂族金属、黄金、氟石、铬、钒、锰、锆等[1];南非制造业发展迅猛,到 20 世纪 70 年代中期,南非机器制造业已经有了长足进步,能够提供国内工业设备需求量的 80%[2],并成为非洲工业化程度最高的国家。二则,摆脱殖民统治和加速推进工业化进程带动了大批南非人参与生产和经济活动,实现了人力资本的较快积累。三则,外资的大量流入还带来了发达国家先进的开采、生产等技术,使得劳动生产效率明显提高。四则,南非种族隔离制度极大地压低了简单劳动、土地等要素成本。

　　但种族隔离制度在压低生产成本的同时,也导致了尖锐的社会矛盾,南非的黑人掀起了轰轰烈烈的反种族隔离运动。运动带来了两个方面的经济影响:一方面,社会动荡造成南非的工业生产变缓、失业率攀升;另一方面,使南非遭到了外部世界的经济制裁,外来资金、技术等的流入显著减少甚至中断。这两方面的影响不断发酵,终于迫使南非白人政府和18 个政党于 1991 年就解决南非种族隔离问题展开了谈判,并在 1993 年达成政治和解;最后是 1994 年曼德拉成为了南非历史上首位黑人总统,

① 吴丹红. 南非经济与市场. 北京:中国商务出版社,2005.
② 沐涛. 南非的工业化道路及其经验教训. 社会科学,1997(08):19—23 + 27.

结束了南非的种族隔离制度。

政权易手后,南非开展了一系列的改革措施,如实施与时俱进的财政和货币政策、依法治理经济、提高黑人的经济地位、加强与区域内外的经济联系等。但是,南非经济的增长速度依然较为缓慢,主要原因在于:产业结构发展不平衡,制造业地位下降;劳动力市场供求结构失衡,专业技术人才缺口较大,失业率高达 25%左右[①];科技水平不仅没有太大进步,反而在世界上的相对地位还不断下降。此外,收入差距悬殊、贫富分化严重、难民涌入、过度依赖出口和外资、外资结构脆弱等问题也对南非经济发展形成了极大的阻碍作用。

2. 现状

如表 12 - 6 所示,2015 年以后,南非的经济增长速度进一步放缓,2015—2019 年的年均实际 GDP 增速仅为 0.8%,2020 年则出现独立以来最为严重的衰退;CPI 同比增速呈下降趋势,潜在的高通胀风险逐步减小;失业率不断走高,高达近 30%。

表 12 - 6   2015—2020 年南非的实际 GDP 增速、CPI 同比增速及失业率

年份	实际 GDP 增速	CPI 同比增速	失业率
2015	1.2%	4.6%	25.4%
2016	0.4%	6.3%	26.7%
2017	1.4%	5.3%	27.5%
2018	0.8%	4.6%	27.1%
2019	0.2%	4.1%	28.7%
2020	−7%	3.3%	29.2%

注:数据来源于 IMF。

南非经济陷入停滞的原因主要在于:一是受政府贪污丑闻及评级机构下调评级的影响,外资流入意愿下降,叠加产业结构不合理和全球经贸环境恶化带来的不利冲击,南非的生产和贸易疲弱;二是极高的失业率浪

---

① 数据来源:世界银行。

费了大量的人力资本,社会整体的教育水平下降和高科技人才流失导致劳动力平均素质不断走低;三是研发支出占 GDP 比重还不足 1%[①],导致南非整体的科技创新水平较低,形不成对经济的较强推动力。

2020 年,在国内,由于南非受新冠肺炎疫情的冲击远大于非洲地区的平均水平,为抑制疫情扩散,南非一度喊停其几乎全部的经济活动;在国际上,疫情严重影响了生产要素的国际流动,对南非这种对外部市场依赖很大的新兴经济体冲击非常之大。两相合力,南非经济出现了 -7% 的经济增速。

3. 前瞻

短期内,新冠肺炎疫情对南非生产要素发展的不利冲击还将继续存在,叠加外部市场疲软、产业结构不合理、高失业率、人力资源和科技水平落后、经济改革止步不前等难以迅速克服,南非经济将以十分缓慢的速度恢复。根据 IMF 预计,南非 2021—2025 年的实际 GDP 增速分别为 3.1%、2%、1.4%、1.3%、1.3%,其经济总量在非洲经济中的份额将进一步下降。我们认为,在可预见的未来,由于南非无论在制度还是在各种生产要素累积方面改善存在困难,很难想象其经济发展能改变颓势。

(二)尼日利亚

1. 1961—2014 年的经济发展

尼日利亚位于非洲大陆西部,于 1960 年摆脱英国殖民统治宣布独立。如图 12-7 所示,1961—1980 年尼日利亚的年均实际 GDP 增速达到 5% 左右;1981—1999 年的年均实际 GDP 增速仅为 0.51%;2000—2014 年的年均实际 GDP 增速已经超过 7%,远高于撒哈拉以南非洲及非洲整体的平均水平。

摆脱殖民统治后的尼日利亚成为非洲最繁荣经济体之一的原因可以归纳为:首先,得益于尼日利亚丰富的石油资源,石油及相关产业的生产和出口获得快速增长,并在 70 年代成为非洲最大的产油国;通过实施进

---

① 数据来源:世界银行。

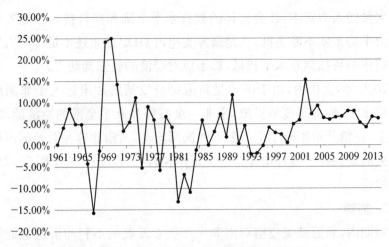

图 12-7　1961—2014 年尼日利亚的实际 GDP 增速
注：数据来源于世界银行。

口替代工业化战略，国家整体的制造业以每年 10.5％的速度飞速增长①，带来了实物资本累积量的不断扩大。其次，作为人口大国的尼日利亚并不缺人力，需要的是让人们能够就业，让人力转化为人力资本，制造业的迅猛发展为尼日利亚人创造了大量的就业机会。第三，独立后，通过引进与学习借鉴，尼日利亚的开采、生产等技术获得一定进步，整体的劳动生产效率有所提升。第四，一系列经济制度改进，保证了经济发展的成果能被更多地用于国内发展，保证国内各种生产要素的积累能够为下一期的经济发展服务。

　　然而，20 世纪 80 年代后的石油市场萧条使尼日利亚经济过于依赖石油的弊端完全显露出来：国际油价低迷减缓了石油及相关产业的生产和出口能力，整体制造业发展停滞；尼日利亚政府用于教育的投资所占比例本来就极小，石油市场一萧条，对教育的投资就更加捉襟见肘，劳动力的素质长期得不到有效提高；石油市场萧条还带来了外资流入减少，外部流入尼日利亚的科技也相应减少，生产效率的提高变得更加的困难。

　　进入 21 世纪，国际油价开始大幅回升，尼日利亚的经济也随之大幅

① 王春蕾. 1960—1979 年尼日利亚工业化历程初探. 上海师范大学学报（哲学社会科学版），2003（06）：12—17.

回升。首先,随着国际油价的升温且整体处于高位,石油及相关产业的发展迅猛,由此带动了对外贸易的发展,根据 WTO 统计数据,2014 年的进出口贸易总额是 2000 年的 5 倍还多;电力、通讯、道路等基础设施建设得到加强,非油产业有所发展,经济多元化有一定推进;吸引国际援助与投资的能力显著提升,根据世界银行统计数据,2014 年的外商直接投资净流入是 2000 年的 4 倍。其次,政府也有了财力以加大教育的投入,推进教育改革,鼓励教学科研等。再次,区域内、外的科技合作也活跃了起来,尼日利亚整体的科技水平因之出现了一定的进步。

但尼日利亚国内政局动荡、以石油为主的单一经济体制未发生根本性变化、社会矛盾突出、科学技术处于落后水平、易受国际形势影响等问题仍然存在。

2. 2015—2020 年的经济发展

如表 12‑7 所示,2015 年,尼日利亚经历了大选,在国际原油价格低迷的背景下,经济增速放缓;2016 年,尼日利亚石油产区遭到武装分子袭击,支柱产业受到严重破坏,经济出现 21 世纪以来的首次负增长;在这之后,尼日利亚经济虽有恢复,但 2017—2019 年的年均实际 GDP 增速还不足 2%;2020 年则出现比 2016 年更为严重的衰退。此外,CPI 同比增速一直处于较高水平;就业形势亦不乐观,失业率一度超过 20%。

表 12‑7　2015—2020 年尼日利亚的实际 GDP 增速、CPI 同比增速及失业率

年份	实际 GDP 增速	CPI 同比增速	失业率
2015	2.7%	9%	9%
2016	−1.6%	15.7%	13.4%
2017	0.8%	16.5%	17.5%
2018	1.9%	12.1%	22.6%
2019	2.2%	11.4%	—
2020	−1.8%	13.2%	—

注:数据来源于 IMF;"—"代表数值缺失。

尼日利亚从高速增长阶段一落千丈的原因主要体现在:一是国际油价波动以及武装组织多次发起针对石油设施的破坏活动,使得尼日利亚

石油产业萎缩,而非石油产业还不能撑起整个国家的经济发展;二是尼日利亚的医疗和教育水平极为落后,根据世界银行公布的 157 个国家的人力资本指数(HCI)排名,尼日利亚位列第 152 位,现阶段尼日利亚人力资本增长对经济发展的支持几乎可以忽略不计;三是尼日利亚的科技水平也十分落后,根据《2019 年全球创新指数排名》,尼日利亚在 129 个国家和经济体中的创新表现排名第 114 位,一旦缺乏外部技术的流入,其生产率的提高就会非常之慢甚至停滞。2020 年经济增长进一步下降则是由于受到新冠肺炎疫情的影响。

3. 经济发展预判

尼日利亚现阶段存在的经济问题在短期内不会得到妥善解决,所以经济增长速度也不会从缓慢变为快速。根据 IMF 预计,尼日利亚 2021—2025 年的实际 GDP 增速分别为 2.5%、2.3%、2.3%、2.3%、2.2%。虽然尼日利亚的经济总量在非洲经济中的份额将减少,但其作为非洲第一大经济体的地位不会改变。从中长期看,若尼日利亚能够在各生产要素的积累方面有大的改善,在制度改革方面有长足的进步,是有可能转为快速发展的。但是如果改善不大的话,则随着低增长的长期化,各种经济问题的累积,甚至有可能引爆国家认同的问题。

(三)埃塞俄比亚

1. 历史进程

埃塞俄比亚位于非洲东北部,1896 年就宣布独立,但在这之后的较长时间里,埃塞俄比亚经济发展的速度十分缓慢,一直是最为贫穷落后的国家之一。1974 年,封建王朝倒台,军人政权宣布埃塞俄比亚为社会主义国家,并进行了大规模的经济改革,但经济发展情况依然不乐观。图 12-8 描绘了 1982—2017 年埃塞尔比亚的实际 GDP 增速走势,其中 1982—1991 年处于军政府统治时期,年均实际 GDP 增速还不足 1.5%;军政府垮台初期,埃塞俄比亚的经济在波动中呈现恢复性发展,2004 年起开始表现出稳定高速的增长势头,1992—2017 年的年均实际 GDP 增速为 7.49%,其中,在 2004—2017 年这一数值则超过了 10%。

军政府时期埃塞俄比亚的经济发展缓慢的原因包括:一则,受旱灾

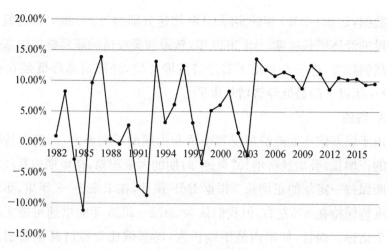

图 12-8　1982—2017 年埃塞俄比亚的实际 GDP 增速

注：数据来源于世界银行。

大规模爆发的影响,农产品生产下降,粮食供应严重不足;埃塞俄比亚的工业基础薄弱、工业化水平落后,日用工业品供应紧张。二则,由于工业发展速度缓慢,就业问题一直得不到解决;巨大的军事开支挤压了用于教育的投资,抑制了人力资本的扩张,持续的战争又不断地消耗了人力资本。三则,政权不稳,局势动荡,导致国家无心也无力投资科技发展。四则,该国当时实行的经济制度严重脱离了经济基础的要求。

在推翻了军政府后,埃塞俄比亚的经济逐步走入正轨,开始高速发展,其原因主要在于:首先,埃塞俄比亚通过模仿亚洲式工业化道路,吸引了大量的外国投资与援助,实现了实物资本的快速积累;其次,埃塞俄比亚的人口已经超过 1 亿人,拥有丰富的劳动力基础,随着实物资本积累的加快,就业率提高,大量人口被卷入现代经济循环中,其人力资本量也自然快速增长;再次,外部资本的流入为埃塞俄比亚带来的技术有效提升了该国整体的科技水平。

2. 现状

2018 年,艾哈迈德成为埃塞俄比亚的新总理,由于深受西方理念影响,执政之后极力向西方靠拢,推出了一系列新政策,如进行私有化改革、对中资企业征收重税、加大中国技术专家延长工作许可证的难度等。这一系列政策的推向开启了埃塞俄比亚经济增速的下降通道。根据 IMF

统计数据,2018—2019 年的实际 GDP 增速分别为 7.7% 和 9%,远低于上一阶段的经济增长速度。而 2020 年,新冠肺炎疫情的蔓延叠加埃塞俄比亚内战的爆发,进一步恶化了其经济发展环境,经济增速降低至 6.6%,是 2004 年以来的最低经济增长水平。

3. 前瞻

由于埃塞俄比亚经济虽受到疫情和内战的不利冲击,但仍保持较高水平的正增长,叠加经济增长"奇迹"时期的大量积累,在短期内其经济应该还能保持一定量的正增长。根据 IMF 预计,在未来 3—5 年里,年均增长速度将保持在 8% 左右,但我们认为 2022—2025 年的增速可能无法达到这个指标。而且,如果内战继续扩大,埃塞俄比亚经济甚至有崩溃的危险。

在中长期,埃塞俄比亚如果能够成功回到中国式道路上来,重拾高增长是可期的,如果完全或者基本回不来,埃塞俄比亚很可能回到军政府时期的增长速度,甚至出现国家崩溃的局面。

(四)津巴布韦

1. 1980—2018 年的经济发展

津巴布韦位于非洲大陆南部,于 1980 年正式独立建国,是非洲倒数第二个独立的国家。20 世纪 80 年代末至 90 年代初,津巴布韦经济以较高的速度发展,如图 12-9 所示,1980—1992 年的年均实际 GDP 增速为 5.39%。然而,在这之后却彻底反转,尤其在 2000 年推行激进的土地改革后出现严重的经济衰退,1993—2008 年的年均实际 GDP 增速骤降为 −2.78%,其中,2000—2008 年的增长低至年均 −7.09%。自 2009 年起,津巴布韦政府宣布不再流通本国货币,津巴布韦的经济开始以高速复苏,2009—2018 年的年均实际 GDP 增速高达近 8%。

津巴布韦独立之初的经济之所以能发展得比较好,主要源于:第一,津巴布韦的农业发展较好,正常年景粮食自给有余,甚至有能力向邻国出口,被称为南部非洲的"面包篮子";矿业和制造业也有了一定的发展。第二,津巴布韦总失业人口占总劳动力的比重由 1982 年的 10.8% 下降至 1992 年的 4.85%;通过大力发展教育,公共教育支出占 GDP 的比重由

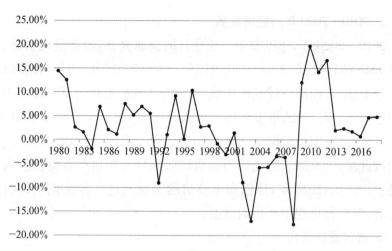

图 12 - 9　1980—2018 年津巴布韦的实际 GDP 增速
注：数据来源于世界银行。

1980 年的 2.54％上升至 1992 年的 22.32％,津巴布韦 15 岁及以上成人
识字率由 1982 年的 77.79％增加至 1992 年的 83.51％,全社会的劳动力
素质显著提升。第三,津巴布韦的科技水平也有所提升,对提高劳动生产
效率有着一定的促进作用。第四,政府在所有制问题上采取了比较宽松
的政策,允许各种经济成分并存,有利于调动生产积极性。

　　然而,随着土地问题逐步民族主义化,政府开始以暴力的方式推行快
速土地改革,将大量白人农场主强制驱离。这种做法使得获得土地的人
此前没有耕作经验,而政府又没有能力开展技术培训的情况,导致因缺乏
技术及有效经营而引起的大批土地荒芜,造成了对本国农业的严重打击,
农业生产急剧下滑,粮食产量由 1993 年的 1502 千克/公顷下降至 2008
年的 309.7 千克/公顷,以至于需要大量的进口粮食来维持人们的基本生
计。同时,旅游业、采矿业等经济部门一落千丈,津巴布韦人的预期寿命
由 1993 年的 53.65 岁下降至 46.5 岁,西方世界的经济封锁……最终是
经济的大幅衰退。政府在经济衰退之际一味选择印钞来解决财政赤字问
题,造成了超级通货膨胀,经济也濒临崩溃。

　　面对超级通货膨胀,津巴布韦政府于 2009 年废除津元,实行以美元
和南非兰特为主的多元货币体系。在货币美元化和新农场主的努力下,
津巴布韦经济呈现高速复苏。这一复苏一直维持到了 2018 年。

2. 2019—2020 年的经济发展

2019—2020 年,津巴布韦一改往日的高速复苏,经济呈现明显衰退,根据 IMF 统计数据,实际 GDP 增速分别为 -7.4％和 -8％,且受燃油价格大幅上涨、货币汇率浮动的影响,津巴布韦深陷恶性通货膨胀之中。其原因包括:一则,津巴布韦经历了毁灭性干旱,农业生产严重受阻,居民面临严重饥荒;电力短缺极大地影响了津巴布韦的生产,农场、工厂和矿山均因此减产。二则,劳动者因通货膨胀和货币贬值严重侵蚀收入而开始罢工。三则,2020 年,津巴布韦疫情的大暴发进一步恶化了该国的经济形势,导致其出现更严重的衰退。

3. 经济发展预判

根据 IMF 预计,津巴布韦 2021—2025 年的实际 GDP 增速分别为 3.1％、4％、2.5％、2.5％、2.5％。我们认为这一预期是比较符合实际的。在未来一个比较长的时期内,如果国内国际形势比较有利,尤其是津巴布韦能够解决好本国现在存在的那些深层次问题,其发展是有可能回归比较快的速度的;但如果国家形势太过不利,而且津巴布韦的应对也不能恰到好处,则存在于该国的各种深层次的经济问题会因外因而被激发,愈演愈烈,使发展归于停滞。

参考文献

［1］马克思,恩格斯.马克思恩格斯全集(第一版)：第19卷[M].北京：人民出版社,1963.

［2］马克思,恩格斯.马克思恩格斯全集(第一版)：第23卷[M].北京：人民出版社,1972.

［3］马克思,恩格斯.马克思恩格斯全集(第一版)：第25卷[M].北京：人民出版社,1974.

［4］马克思,恩格斯.马克思恩格斯全集(第一版)：第4卷[M].北京：人民出版社,1958.

［5］马克思,恩格斯.马克思恩格斯全集(第一版)：第8卷[M].北京：人民出版社,1961.

［6］马克思,恩格斯.马克思恩格斯选集：第三卷[M].北京：人民出版社,2012.

［7］马克思.资本论：第1卷[M].北京：人民出版社,2004.

［8］《中华人民共和国国民经济和社会发展第十四个五年规划和2035年远景目标纲要》[M].北京：人民出版社,2021.

［9］ Hubert Kiesewetter. *Industrielle Revolution in Deutschland*：*Regionenals Wachstumsmotoren*. Stuttgart：Franz Steiner Verlag，2004.

［10］[英]安格斯·麦迪森.世界经济千年史[M].伍晓鹰等译.北京：北京大学出版社,2003.

［11］白英瑞,康增奎.欧洲经济一体化理论与实践[M].北京：经济管理出版社,2002.

［12］[印度尼西亚]布迪约诺.历史大变局中的印尼经济[M].龚勋译.北京：北京大学出版社,2017.

［13］曾璧钧,林木西.新中国经济史1949—1989[M].北京：经济日报出版社,1990.

［14］陈宝森,王荣军,罗振兴.当代美国经济[M].北京：社会科学文献出版社,2011.

［15］陈江生,郭四军.拉美化陷阱：巴西的经济改革及其启示[J].中共石家庄市委党校学报,2005(07)：40－43.

[16] 陈江生,沐婧瑶. 老欧洲的困境:"英国病"的治疗和启示[J]. 中共石家庄市委党校学报,2008(08):41-44.

[17] 陈江生. 对外开放与中国经济发展[M]. 北京:社会科学文献出版社,2019.

[18] 陈江生. 老欧洲的困境:法国经济的回顾与前瞻[J]. 中共石家庄市委党校学报,2008(09):40-43.

[19] 陈江生. 老欧洲的困境:战后意大利经济发展分析和前瞻[J]. 中共石家庄市委党校学报,2009,11(03):45-48.

[20] 陈江生. 世界经济格局变化趋势及其全球影响[J]. 现代国际关系,2007(09):1-6.

[21] 陈龙山,张玉山,贾贵春. 韩国经济发展论[M]. 北京:社会科学文献出版社,1997.

[22] 陈宗德,吴兆契. 撒哈拉以南非洲经济发展战略研究[M]. 北京:北京大学出版社,1987.

[23] [美]丹尼尔·贝尔. 后工业社会的来临——对社会预测的一项探索[M]. 北京:新华出版社,1997.

[24] [苏]德·伊·瓦连捷伊. 马克思列宁主义人口理论[M]. 北京:商务印书馆,1978.

[25] 杜娟. 人力资源管理[M]. 北京:中国原子能出版社,2012.

[26] 高德步,王珏. 世界经济史[M]. 北京:中国人民大学出版社,2011.

[27] 古小松,罗文青. 越南经济[M]. 北京:世界图书出版公司,2016.

[28] 郭明,罗方明,李白茵,吴裕柏. 越南经济[M]. 南宁:广西人民出版社,1986.

[29] 郭双林. 章士钊卷(中国近代思想家文库)[M]. 北京:中国人民大学出版社,2015.

[30] [伊朗]霍马·卡图简;[英]侯赛因·沙希迪. 21世纪的伊朗:政治经济与冲突[M]. 李凤等译. 南京:江苏人民出版社,2014.

[31] 姜涵. 制度选择与钟摆式发展:新经济史视角下的阿根廷发展悖论[M]. 北京:中国社会科学出版社,2018.

[32] [联邦德国]卡尔·哈达赫. 二十世纪德国经济史[M]. 北京:商务印书馆,1984.

[33] [英]卡洛·M·奇波拉. 欧洲经济史[M]. 北京:商务出版社,1988.

[34] [英]科林·麦克伊夫迪,[英]理查德·琼斯. 世界人口历史图集[M]. 北京:东方出版社,1992.

[35] [美]拉蒙·克瑙尔黑斯. 沙特阿拉伯经济[M]. 北京:北京大学亚非研究所,1981.

[36] 梁漱溟. 乡村建设理论[M]. 上海:上海人民出版社,2011.

[37] 刘忠远,张志新. 大国崛起之路:技术引进——二战后日本经济增长路径带来的启示[J]. 科学管理研究,2010,28(06):99-103.

[38] 刘宗绪. 世界近代史[M]. 北京:北京师范大学出版社,2004.

[39] [意]路易吉·德罗萨. 战后意大利经济[M]. 罗红波译. 北京:中国经济出版社,

1999.

[40] [美]斯·罗博克. 巴西经济发展研究[M]. 上海：上海译文出版社,1980.

[41] 马蔚云. 俄罗斯经济转轨十年研究[M]. 哈尔滨：黑龙江人民出版社,2002.

[42] 孟庆栽,殷勤. 非洲国家经济发展与改革[M]. 北京：时事出版社,1992.

[43] 潘纪一,张显高. 战后英国经济增长速度缓慢的主要原因[J]. 世界经济,1980
(01)：43-50.

[44] 潘照东. 蒙古经济[M]. 北京：现代出版社,1992.

[45] 萨伊. 政治经济学概论[M]. 北京：商务印书馆,1964.

[46] 申韬,缪慧星. 菲律宾经济社会地理[M]. 北京：世界图书出版公司,2014.

[47] 史仲文,胡晓林. 世界全史百卷本：第62卷[M]. 北京：中国国际广播出版
社,1994.

[48] 寿莉莉. 马来西亚经济发展战略及其区域经济格局[M]. 上海：华东师范大学出
版社,1993.

[49] 宋则行,樊亢. 世界经济史(上卷)[M]. 北京：经济科学出版社,1994.

[50] 苏振兴. 拉丁美洲的经济发展[M]. 北京：经济管理出版社,2000.

[51] 苏振兴. 拉美国家现代化进程研究[M]. 北京：社会科学文献出版社,2006.

[52] 田雪原. 马寅初全集：第十五卷[M]. 杭州：浙江人民出版社,1999.

[53] 王勤. 新加坡经济发展研究[M]. 厦门：厦门大学出版社,1995.

[54] 王文良,俞亚克. 当代泰国经济[M]. 昆明：云南大学出版社,1997.

[55] 文富德. 印度经济发展前景研究[M]. 北京：时事出版社,2014.

[56] 吴丹红. 南非经济与市场[M]. 北京：中国商务出版社,2005.

[57] 吴慧. 中国历代粮食亩产研究[M]. 北京：农业出版社,1985,35-36.

[58] [智]亚历克斯·E·费尔南德斯·希尔贝尔托,[比]安德烈·莫门. 发展中国家
的自由化：亚洲、拉丁美洲和非洲的制度和经济变迁[M]. 陈江生译. 北京：经
济科学出版社,2000.

[59] 晏智杰. 西方经济学说史教程[M]. 北京：北京大学出版社,2010.

[60] 杨德刚,杜宏茹. 中亚经济地理概论[M]. 北京：气象出版社,2013.

[61] 杨剑. 战后日本经济迅速发展的客观原因[J]. 经济问题,2004(06)：71-73.

[62] 杨文武. 印度经济发展模式研究[M]. 北京：时事出版社,2014.

[63] [日]野口悠纪雄. 战后日本经济史[M]. 北京：民主与建设出版社,2018.

[64] 尹伊文. 幸福与GDP：主流发展模式之外[M]. 北京：生活·读书·新知三联书
店,2019.

[65] 张伯里,韩保江,陈江生. 当代世界经济[M]. 北京：中共中央党校出版社,2015.

[66] 张芳,王思明. 中国农业科技史[M]. 北京：中国农业科技出版社,2001.

[67] 张荐华. 欧洲一体化与欧盟的经济社会政策[M]. 北京：商务印书馆,2001.

[68] 张倩红. 以色列经济振兴之路[M]. 郑州：河南大学出版社,2000.

[69] 张占斌,陈江生,黄锟,王海燕. 新阶段　新理念　新格局——中央党校知名专
家解读"十四五"[M]. 北京：中共中央党校出版社,2020.

[70] 赵月华,李志英.模式 I 美国、日本、韩国经济发展模式.济南:山东人民出版社有限公司,2006.

[71] 中国社会科学院西亚非洲研究所.北非五国经济[M].北京:时事出版社,1987.

[72] 周建平.欧洲共同体近期经济发展趋势[J].世界经济文汇,1987(05):40-43.

后 记

    1999 年,我参加郑必坚同志主编的《当代世界经济》的编撰,负责"当代世界经济格局大变动中的各类国家经济发展轨迹和现状"一章的撰稿。在该书反复修改四年,并于 2003 年最终定稿出版的过程中,我也深深地认识到了研究世界经济格局及其变动,研究各(大)经济体自身变动的重要性,动了研究国别经济之心。

    2005 年起便自告奋勇承担了中央党校世界经济专业研究生国别经济学课程的教学工作。十讲,涵盖了各大经济体和各大区域的经济发展研究。在之后的几年中,我还把一些心得和材料写成文章,陆陆续续发表,一共有 20 来篇。

    2012 年想到应该做成著作,便请邱丁同志把我的课堂讲授和已发文章,按照我的思路编在一起。至 2016 年,邱丁同志完成了这项任务,形成了这本《国别经济研究》的第一稿。但显然这还不是一本可供出版的著作。2019 年秦梦考上了我的博士生后,我开始不断地给她讲我在国别经济和发展方面的思考,并于 2020 年开始请她帮忙一起更新《国别经济研究》的第一稿。往往是她更新完一章,请田苗副教授(她是我 2015 届毕业的博士生)审读一章,她做一遍修改,然后把修改稿发给我再修改。至今已历 20 个月,终于算是把这个第二稿完成了。

    这里需要特别说明的是,之所以要对第一稿做如此大的修改是因为:2014 年我到中央党校马克思主义理论教研部工作后,加强了对马克思主义理论的学习和研究,到 2019 年,对如何用历史唯物主义看待世界经济运行,看待各(大)经济体经济发展的规律性有了一些新的认识。就想把这些认识和资料更新一起融入新的一稿中。也因此，书名中加了个副标题，成为《国别经济研究——发展的一个解释及其验证》。

成书之际，首先感念的是我的导师仇启华教授，老师虽然以 79 年的党龄于去年辞世，但他的教诲依然常留，成为我不管在什么样的境况下，坚持读书写作不辍的动力源。其次要感谢张伯里教授，师兄兼老师兼老领导对我的关心和引导，一直是我克服困难最重要的助力。没有他们，我不可能写成这样一本著作。

还要感谢中央党校经济学部，虽然人事关系不在那里已经 21 年了，但对我研究的支持却一直没有间断过；感谢中央党校马克思主义学院，7 年中每天给我的那种时不我待的感觉；感谢中央党校研究生院，虽然今年 1 月我被调过来之后，已经不在教学研究岗位上了，却依然允许我可以利用事务工作之外的时间（节假日和晚上）在办公室做相关的思考和研究。感谢中央党校世界经济研究室的同事们，没有他们的信任，11 年世界经济专业国别经济学课程的教学，和 11 届世界经济专业研究生的讨论，就没有本书的第一稿。感谢为本书的完成做出了重要贡献的邱丁、秦梦、田苗、曹良继等同志。感谢为本书的出版做了许多工作的张严教授和上海三联书店的编辑同志。

最后，还想说，虽然我已经尽了很大的努力，但问题（比如我原来设想的是依据第一章的模型对主要国家做量化分析的。但在成稿时，为避免工作量太大而采用了定性分析。难度是下来了，但说服力也跟着下来了。）和错误仍在所难免，恳请读者能给以批评指正。

陈江生

2021 年 9 月 19 日星期日

图书在版编目(CIP)数据

国别经济研究:发展的一个解释及其验证/陈江生著. —上海:上海三联书店,2022.6
ISBN 978 - 7 - 5426 - 7715 - 0

Ⅰ.①国… Ⅱ.①陈… Ⅲ.①国别经济学－研究 Ⅳ.①F11 - 0

中国版本图书馆 CIP 数据核字(2022)第 092039 号

国别经济研究——发展的一个解释及其验证

著　者 / 陈江生

责任编辑 / 郑秀艳
装帧设计 / 一本好书
监　制 / 姚　军
责任校对 / 张大伟　王凌霄

出版发行 / 上海三联书店

　　　(200030)中国上海市漕溪北路 331 号 A 座 6 楼
邮　箱 / sdxsanlian@sina.com
邮购电话 / 021 - 22895540
印　刷 / 上海惠敦印务科技有限公司

版　次 / 2022 年 6 月第 1 版
印　次 / 2022 年 6 月第 1 次印刷
开　本 / 710 mm × 1000 mm　1/16
字　数 / 290 千字
印　张 / 20.25
书　号 / ISBN 978 - 7 - 5426 - 7715 - 0/F·863
定　价 / 78.00 元

敬启读者,如发现本书有印装质量问题,请与印刷厂联系 021 - 63779028